BECKER · GIACOMO MEYERBEER

Universal Bibliothek

BIOGRAFIEN

Meyerbeer um 1854. Nach einem Ölgemälde von Jäger

Heinz und Gudrun Becker

GIACOMO MEYERBEER

Ein Leben in Briefen

1987

Verlag Philipp Reclam jun. Leipzig

Mit 84 Abbildungen

ISBN 3-379-00093-0

Lizenzausgabe des Verlages Philipp Reclam jun. Leipzig für die DDR und die anderen sozialistischen Länder

Reclams Universal-Bibliothek Band 1213
1. Auflage
Umschlaggestaltung: Friederike Pondelik
Lizenz Nr. 363. 340/114/87 · LSV 8384 · Vbg. 18,1
Printed in the German Democratic Republic
Grafischer Großbetrieb Völkerfreundschaft Dresden
Gesetzt aus Garamond-Antiqua
Bestellnummer: 6613646
00400

Für Mareike

Einleitung

Als Wolfgang Amadeus Mozart am 5. Dezember 1791 starb, war Giacomo Meyerbeer auf den Tag genau ein Vierteljahr alt; es verging nur ein guter Monat bis zur Geburt von Richard Strauss, als Meyerbeer am 2. Mai 1864 mitten aus der Probenarbeit zu seiner „Afrikanerin“ in Paris aus dem Leben abberufen wurde. Meyerbeers Lebenskurve überspannt die Kulminationszeit der Wiener Klassik, die Phase der Romantik bis hin zur Stunde des modernen Musikdramas. Es ist dies aber auch die Zeit der Emanzipation der Juden – nicht nur in Preußen – mit all ihren Hoffnungen und Enttäuschungen.

Jacob Liebmann Meyer Beer, der erst 1810 scinen Namen zu Meyerbeer zusammenzog, wurde in eine Umgebung hineingeboren, die sich durch ihren Wohlstand, mehr noch, durch ihren Reichtum auszeichnete. Der Vater, Juda Herz Beer (1769–1825), seit etwa 1785 in Berlin ansässig, hatte sich 1788 mit Amalia (vormals: Malka) Liebmann Meyer Wulff (1767–1854) vermählt, der ältesten Tochter des sogenannten „Krösus von Berlin“ Liebmann Meyer Wulff, der sein Vermögen durch Fourrage-Lieferungen für die Preußischen Truppen und als Chef der Preußischen Zahlenlotterie erworben hatte. Juda – Jacob, wie er später genannt wurde – Herz Beer wußte den Reichtum zu mehren; in seinem Hause in der Spandauer Str. 72 betrieb er eine Zuckersiederei; Niederlassungen bestanden in Hamburg und Gorizia (Österreich). 1815 galt Beer als die reichste Einzelperson der Stadt Berlin. Kulturell interessiert und um die Verbesserung der sozialen Lage seiner jüdischen Mitbürger bemüht, übernahm er wichtige Funktionen im Ältestenrat der Jüdischen Gemeinde von Berlin und war maßgeblich in der Bewegung der Judenemanzipation beteiligt. Meyerbeer wurde folglich schon während seiner Jugend mit den Problemen seiner jüdischen Abstammung konfrontiert. Im Gegensatz zur Familie Mendelssohn konvertierten die Beers nicht, und Meyerbeer legte 1812 ein förmliches Gelübde gegenüber seiner von ihm innig verehrten Mutter ab, stets in der Religion seiner Väter zu leben.

Die Mutter, der Friedrich Wilhelm III. aufgrund ihrer kari-

Der Vater, Jakob Herz Beer. Ölgemälde von unbekannter Hand

tativen Tätigkeit während der Freiheitskriege 1816 die Verdienstmedaille am Bande des Luisen-Ordens verlieh, richtete das elterliche Haus nach den herrschaftlichen Gepflogenheiten der Zeit ein. Sie verstand es, die Creme der Gesellschaft, Mitglieder des Hofes, Künstler und Gelehrte in ihr gastliches Haus zu ziehen, in dem ein eigener

Konzertsaal die Möglichkeit des Musizierens in einem attraktiven Rahmen bot.
Meyerbeer kam auf diese Weise schon frühzeitig mit den renommierten Künstlergrößen seiner Zeit in Berührung. Nach höfischem Vorbild wurde er von Hauslehrern erzogen – man war sich bewußt, daß der Weg in die Freiheit der Emanzipation nur mit Hilfe einer umfassenden Bildung bewältigt werden konnte. 1807 gab man ihm den jüdischen Gelehrten Aron Wolfssohn (geb. um 1754) als eine Art Haushofmeister zur Seite, der auch die ersten Schritte in die große Welt lenkte. Zu seinen Musiklehrern zählten seit 1798 der Klavierlehrer des Hofes Franz Lauska (1764–1825), zeitweilig auch Clementi (1752–1832) und Abbé Vogler (1749–1814), wenn sie im „Beerschen Hause" Quartier nahmen. Auf diese Weise erfuhr Meyerbeer eine hochherrschaftliche und außergewöhnlich umfassende und intensive Ausbildung, die ihm in seiner späteren Künstlerlaufbahn zustatten kam. Diplomatische Verbindlichkeit, die man später in seinem Verhalten rühmte, wurde ihm somit schon frühzeitig anerzogen. Die Frühreife des Knaben bestätigten schon die Kritiker anläßlich seines ersten öffentlichen Auftretens (1801) als klavierspielendes Wunderkind, wobei man explizit heraushob, daß Meyerbeer ein „Judenknabe" sei. Juden, die zu dieser Zeit in Preußen noch nicht einmal das Bürgerrecht genossen, hatten sich bisher im öffentlichen Musikleben nicht hervorgetan. Meyerbeer fiel die historische Aufgabe zu, die Beteiligung jüdisch Gläubiger in der europäischen Musikszene einzuleiten. Es war kein leichter Weg, und noch 1821 witzelte Carl Friedrich Zelter, als er Goethe den jungen Mendelssohn empfahl: „... es wäre wirklich einmal eppes Rores, wenn aus dem Judensohn ein Künstler würde."
1807 wird der zweijährige sporadische Kompositionsunterricht bei Carl Friedrich Zelter abgebrochen, da Meyerbeer von Anbeginn an der dramatischen Komposition zustrebt. Er wechselt in die Obhut des Königlichen Opernkapellmeisters Bernhard Anselm Weber (1766–1821), wächst ihm jedoch schon nach kurzer Zeit künstlerisch über den Kopf, so daß Weber seinen Adepten an die erste musiktheoretische Kapazität Deutschlands weiterempfiehlt, an den Abbé Joseph Georg Vogler in Darmstadt. In Gemeinschaft mit Carl

Maria v. Weber und Johann Gänsbacher durchlebt Meyerbeer hier seine künstlerische Gesellenzeit und eignet sich umfassende Kenntnisse im Kontrapunkt und in der dramatischen Komposition an. Daneben fördert er konzentriert und energisch seine pianistischen Fähigkeiten auf einen solchen Leistungsstand, daß ihn Carl Maria v. Weber 1816 als den „vielleicht besten Klavierspieler Europas" apostrophiert. 1812 beendet Meyerbeer die Ausbildung bei Vogler und lenkt, nach Zwischenstationen in München, Wien, Paris und London, 1816 seine Schritte nach Italien. Acht Jahre lang durchstreift er das Land der Sonne und bringt mit wachsendem Erfolg sechs im italienischen Stil Rossinis geschriebene Opern zur Aufführung. Die Erfolge steigern sich bis zum Triumph des „Crociato" (1824), der das Publikum zur „Raserei" stimulierte, wie Heinrich Heine später staunend bekundete. Meyerbeers Name bekommt Klang in Europa. Als er 1824 die Einladung in der Hand hält, seinen „Crociato" in Paris persönlich einzustudieren, hat er das Ziel seiner Jugend erreicht: Paris.

Der Tod seines Vaters am 27. Oktober 1825 ist Anlaß für Meyerbeer, als nunmehr ältestes männliches Mitglied seiner Familie, sich einen eigenen Hausstand zu gründen. Am 25. Mai 1826 verehelicht er sich in Berlin mit seiner Kusine Minna Mosson (1804–1886), der Tochter einer jüngeren Schwester seiner Mutter. Die gelegentliche Unterzeichnung in den Briefen an seine Frau mit „Dein Mohr" deutet auf den dunklen Teint Meyerbeers.

Die erstgeborenen Kinder Alfred und Eugenie sterben noch im Babyalter, die drei nachfolgenden Töchter, Blanka (1830–1896, spätere Baronin v. Korff), Cäcilie (1837–1931, spätere Baronin Andrian Werburg) und Cornelie (1842–1922, verehelicht mit dem kaiserlichen Hofmaler Gustav Richter), überlebten die Eltern.

Obwohl Meyerbeer seinen ständigen Wohnsitz in Berlin niemals aufgibt, ist er mehr in Paris zu Hause als in seiner Vaterstadt. Alle späteren Uraufführungen seiner Opern – ausgenommen „Das Feldlager in Schlesien" – finden in Paris statt. Hier gelingt ihm 1831 mit der Premiere von „Robert le Diable" („Robert der Teufel") eine bis dahin nicht gekannte Opernsensation. Der Erfolg dieser Oper eilt in kürzester Zeit um die Welt, und Meyerbeer ist mit einem

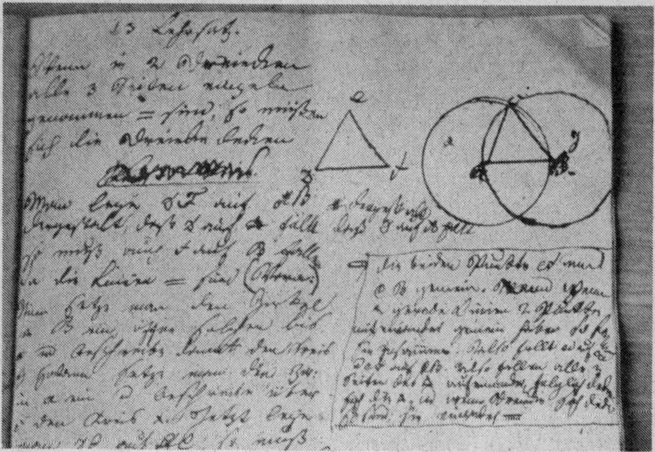

Seite aus einem Schulheft Meyerbeers aus dem Jahre 1806

Schlage der renommierteste Opernkomponist seiner Zeit. François Le Sueur, der Lehrer von Berlioz, stellt lapidar fest, das Zeitalter des vergnüglichen Musizierens sei nun dem Zeitalter der charakteristischen Musik gewichen. Rossini, der 1829 mit dem „Wilhelm Tell“ seine umfangreichste und sorgfältigste Opernpartitur komponiert hatte, stellt das Opernschaffen ein – bis zum Auftreten Richard Wagners und Giuseppe Verdis bleibt Meyerbeer ohne eigentliche Rivalen, ohne bedrängende Konkurrenz.

Die „Hugenotten“ (1836) überflügeln noch den spektakulären Erfolg des „Robert“, bis 1900 erreichen sie in Paris 1000 Aufführungen. Obwohl Meyerbeer der erste – und einzige – gebürtige Berliner Komponist ist, der es zu Weltruhm bringt, verschließt Berlin den „Hugenotten“ die Pforten seines Theaters. Das Oberzensurkollegium lehnt die Aufführung der Oper aus religiösen Gründen ab. In München und in anderen Städten katholischer Länder kann das Werk, dem stofflich das grausame Geschehen der Bartholomäusnacht zugrunde liegt, wenigstens mit verändertem Sujet und unter anderen Titeln aufgeführt werden. Erst mit dem Regierungsantritt Friedrich Wilhelms IV. (1842) lockern sich die Zwänge der Zensur in Preußen ein wenig, und nun lernen auch die Berliner die berühmte Oper ihres Landsmannes kennen. Noch im gleichen Jahr beruft der neue König Meyerbeer als Nachfolger Spontinis zum Generalmusikdirektor nach Berlin. Überall horcht man auf: Mit Meyerbeer tritt 1842 zum ersten Male ein Ungetaufter in

Giacomo Meyerbeer im Alter von elf Jahren.
Ölgemälde von Friedrich Georg Weitsch, 1802

Preußen ein öffentliches und noch dazu hohes Amt an. Meyerbeer steht nicht nur an der Spitze der Hofoper, sondern leitet auch die private Hofmusik des Königs. Die Ernennung wird von der Verleihung des Ordens Pour le Mérite der Friedensklasse begleitet. Die Leitung der Kirchenmusik trägt der König Felix Mendelssohn Bartholdy an, der das Amt jedoch nicht übernimmt und nur sporadisch in Berlin tätig wird. Auch Meyerbeer scheidet schon 1846 de facto aus seinen offiziellen Funktionen aus und wird auf unbestimmte Zeit beurlaubt, lediglich die Leitung der Hofmusik behält er bei, gleichwohl ein Amt von repräsentativem Rang. Von seiten der königlichen Familie, vor allem der Prinzessin Augusta – der späteren Kaiserin –, erfährt Meyerbeer jede nur denkbare Unterstützung und Anerkennung, die Berliner Öffentlichkeit und im weiteren Sinne die deutsche Musikwelt verhält sich dagegen reserviert, gelegentlich, in der Musikkritik, sogar feindlich. In einer Zeit des wachsenden Nationalismus und im Nachhall der Napoleonherrschaft kann man dem Hauptvertreter der französischen Großen Oper in seinem Heimatland nicht unbefangen gegenübertreten. Schumanns ablehnende „Hugenotten"-Rezension ist ein Pamphlet mangelnder Einsicht, Rellstabs Sottisen gegen Meyerbeers Schaffen grenzen an persönliche Beleidigung, und Wagners spätere Ausfälle, die in seiner Schrift „Das Judentum in der Musik" (in der Meyerbeer angesprochen, aber nicht namentlich genannt wird) gipfeln, bringen in gefährlicher Weise die Komponente des Antisemitismus ins Spiel. In Frankreich hingegen wird Meyerbeer, der 1849 nach der Premiere des „Propheten" zum Kommandeur der Ehrenlegion ernannt wird, als eine Art Nationalkomponist anerkannt, obwohl man ihn als Haupt der „deutschen Schule" apostrophiert. Die in Meyerbeers Opern erkennbare Verflechtung unterschiedlicher Nationalstile, die man bei Mozart als Universalismus bewundert und in Frankreich als schrankenbrechenden Internationalismus feiert, dient Meyerbeers Gegnern in Deutschland, ihn als bloßen Eklektiker zu desavouieren. Daß Meyerbeer der Oper des 19. Jahrhunderts entscheidende Impulse gibt, daß seine Opern, gemessen an dem späteren Aufgebot musikalischer Mittel, eher noch bescheidene Ausmaße und Dimensionen erkennen lassen, wird in Deutschland kaum erkannt und noch weniger anerkannt. Gerade die experimentelle Seite seines Schaffens beginnt erst heute allmählich ins Bewußtsein zu dringen. Daß Meyerbeer durch die Verwendung der seinerzeit neuesten Instrumente – Baßklarinette, Baßtuba, Sax-Hörner –, durch ausgefallene, elitäre Klangwirkungen der Entwicklung des modernen Klangfarbenbewußtseins entschieden und konzeptionell vorgearbeitet hat, daß ohne ihn Wagners Musikdrama und Wagners ästhetische Konzeption, die sich gelegentlich wie ein programmatisches Kehrbild zu Meyerbeers Standpunkt ausnimmt, gar nicht denkbar wäre, hat man wissentlich und willentlich unterschlagen. Meyerbeer hat Bühnenszenen (Erkennungs-Szene und Exorzismus-Szene im „Propheten") und Bühnenrollen (Marcel in den „Hugenotten", Fides im „Propheten", Selica und Nelusko in der „Afrikanerin") kreiert, die ohne Vorbild sind, die sich nicht wiederholen lassen, ohne daß die Imitation kenntlich würde. Meyerbeer hat einen eigengeprägten Werkstil. Daß

Die „Beersche Villa" mit der Privatsternwarte Wilhelm Beers im Berliner Tiergarten. Von 1855 bis 1857 Seekadetten-Institut der Preußischen Marine. Aquarell um 1856

es ihm nicht gelang, in seinen Großen Opern diesen Werkstil generell durchzuhalten, mag man als Schwäche ansehen, die man aber nach damaliger Auffassung kaum empfand. Das Durchflechten seiner Bühnenwerke mit herkömmlichen Nummern – Arien, Duetten, Chören, Balletteinlagen – diente nicht nur der glanzvollen Präsentation der Sänger und Tänzer, es rechtfertigte sich auch aus kommerziellen Erwägungen und Rücksichten auf Verleger und Operndirektoren. Die Pariser Oper war, um existieren zu können, auf den Besuch der „breiten Masse" angewiesen, in die auch die Grisetten und Loretten mit ihren Galans eingeschlossen waren. Mit dem Verkauf der Klavierauszüge, der zahlreichen Bearbeitungen der Favoritstücke für Klavier, für zwei Instrumente oder gar für Flöte solo, finanzierte man den Druck der teuren Partituren und diente zugleich der Verbreitung des Werkes.

Rossinis ästhetisches Credo, das er noch 1868, kurz vor seinem Tode, verkündete: der „Diletto", das Vergnügen, habe letztlich das wahre Ziel aller Musik zu sein, ließe sich nicht als künstlerisches Bekenntnis für Meyerbeer in Anspruch nehmen. Meyerbeer hat sich zunächst und vor allem den Bedingnissen und Ansprüchen seiner textlichen Vorlage gebeugt, an der er stets selber intensiv mitarbeitete. Man braucht nur eine Opéra comique wie die „Dinorah" gegen den „Propheten" zu halten und wird erkennen müssen, welche Breite des Ausdrucksspektrums Meyerbeer zur Verfügung stand. Gleiches gilt für seine zahlreichen Romanzen und Mélodies, Lieder im italienischen, deutschen oder französischen Stil. Wagners wegwerfende Behauptung gegenüber Schumann, es gäbe nichts „Meyerbeerisches", Meyerbeer verfüge also über keinen Personalstil, über nichts Eigenes und Unverwechselbares, ist wider besseres Wissen formuliert, und in seinem Aufsatz über Meyerbeers musikästhetischen Standpunkt sah es Wagner auch anders. In der Kunst des Verknüpfens kontrastierender Formteile, im Abwechslungsreichtum der musikalischen Übergänge, in der Weitung harmonischer Prozesse und in der experimentellen Entwicklung moderner Orchesterfarben hat Meyerbeer späteren Opernkomponisten zwingend vorgearbeitet. Auch in Verdis Schaffen, bis hin zum „Don Carlos", zum „Othello", sind Meyerbeerismen unüberhörbar.

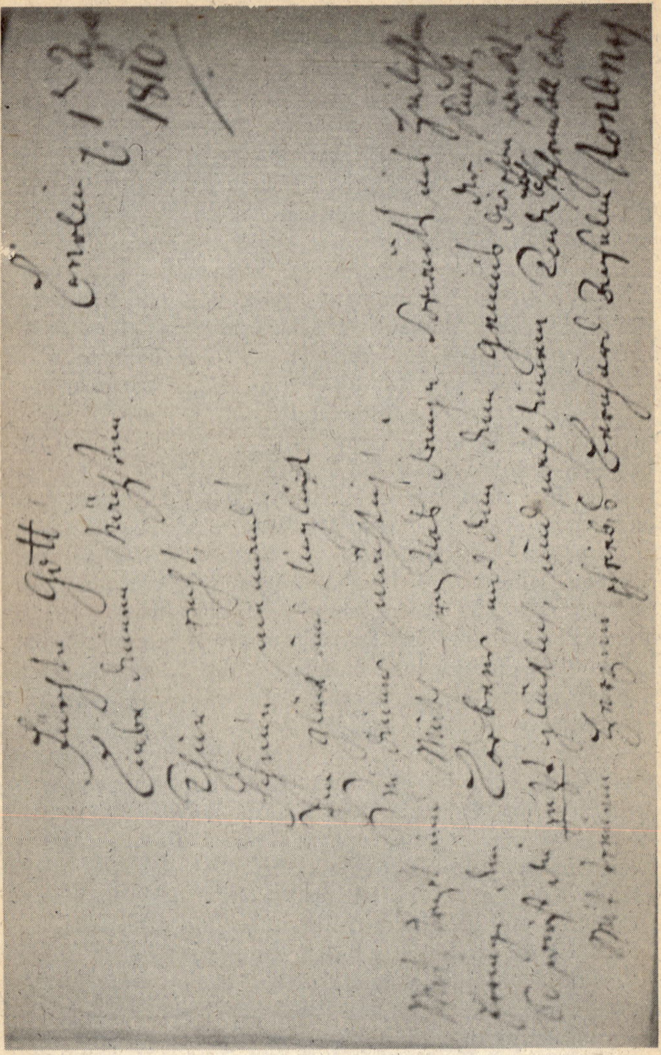

Aus dem Poesiealbum Meyerbeers, Eintragung von B. A. Weber

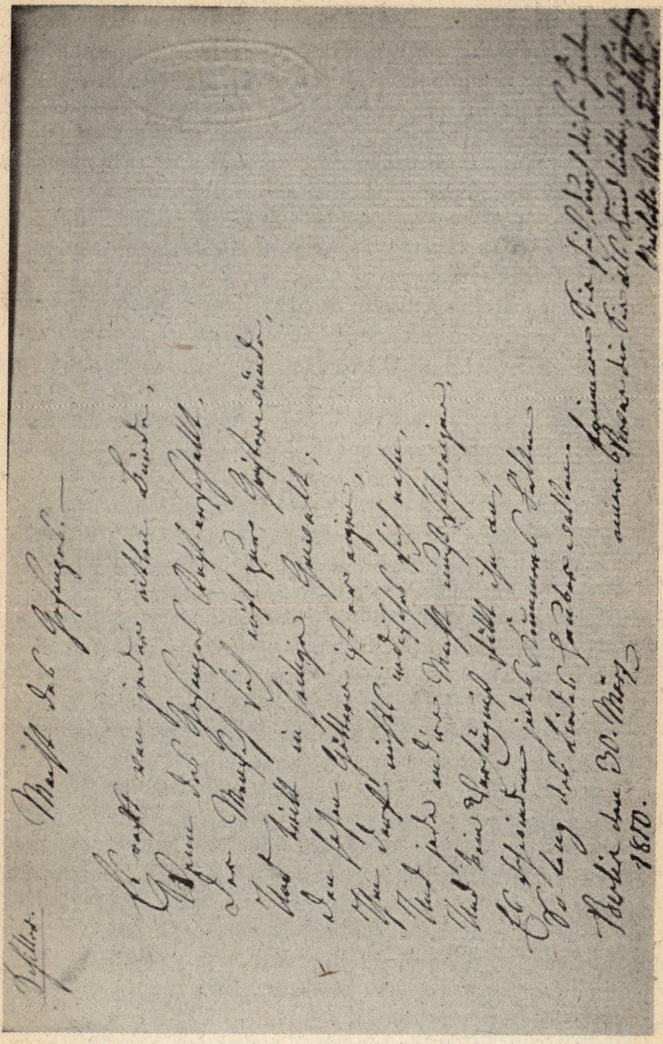

Poesiealbum Meyerbeers, Eintragung von Charlotte Bischofswerder

Meyerbeers wahrer geschichtlicher Stellung wurde durch die singuläre Violenz, mit der man sein Schaffen und seine Person in Deutschland bekämpfte, bislang kaum Gerechtigkeit zuteil. Falsch verstandener Nationalismus und antisemitisches Denken trübten den Blick. Schumanns „Hugenotten"-Rezension und Wagners Schriften und Aussprüche über Meyerbeer prägten nachhaltig und verhängnisvoll das Meyerbeer-Bild. Dennoch: Nur Bedeutendes und Erfolgreiches erregt Widerstand – Unbedeutendes erledigt sich von selbst.

Der Tod ereilt Meyerbeer am 2. Mai 1864, mitten in den Vorbereitungen zur Premiere der „Afrikanerin". Er sollte die Uraufführung seiner letzten Oper nicht mehr erleben. Scribe, der Librettist, war bereits 1861 verstorben. Als sich am 28. April 1865 in der Pariser Großen Oper der Vorhang zur postumen Uraufführung der „Afrikanerin" hebt, erweist nicht nur das französische Kaiserpaar, sondern auch die politische und kulturelle Prominenz Europas Meyerbeer die Ehre der Gegenwart. Man feiert das Werk mit stürmischen Ovationen. Der Beifall ist anhaltend – auch diese Oper wird ein Welterfolg.

Meyerbeers Tod wird als das Ende einer Ära empfunden. Der Ton der Nekrologe in den deutschen Zeitungen ist zwiespältig, wie immer, wenn es um eine Wertung Meyerbeers ging. In Paris dagegen ist man ehrlich betroffen. „Die Musik ist ohne Meister", schreibt Nestor Roqueplan, der Operndirektor, in seinem Gedenkartikel. Schärfer denn je erkennt man hier Meyerbeers völkerverbindende Mission und die Bedeutung seiner kosmopolitischen Gesinnung in der Musik, die in der damaligen Zeit einen hochpolitischen Akzent erhält. Der Abgeordnete und spätere Kabinettschef Émile Ollivier hebt in seiner Abschiedsrede an der Bahre des Toten während der Trauerzeremonie an der Gare du Nord (am Nordbahnhof); der eine unübersehbare Menschenmenge beiwohnt, gerade diese Komponente in Meyerbeers Wirken hervor:

„Er schafft eine harmonische Verbindung zwischen den beiden Nationen. Möge sowohl der Name Meyerbeers als auch die Erinnerung an unsere Trauer, die sich mit derjenigen verbindet, die wir von jenseits des Rheines empfangen, diesen teuren Bund zwischen zwei Schwesternationen stiften, die nichts mehr trennen sollte. Möge sich das starke und dauerhafte Band fester und fester winden um das Vaterland Beethovens, Mozarts und Meyerbeers und jenes von Hérold, Halévy und Auber."

1863 hatte Meyerbeer für den Fall seines Ablebens aus Sorgfalt für die Wahrung der Vertraulichkeit die Schließung seines Nachlasses verfügt, um nicht durch die Veröffentlichung von Briefen noch lebende Zeitgenossen zu kompromittieren. Während die Notenmanuskripte, die Tagebücher und die recht stattliche Bibliothek 1916 aufgrund der testamentarischen Verfügung der Preußischen Staatsbibliothek als Depositum überantwortet wurden, blieb der Dokumentennachlaß, der Briefbestand, in der Verfügung der Familie und wurde erst 1952 auf Veranlassung des letzten Enkels, Hans Richter († 1955), dem Staatlichen Institut für Musikforschung, Stiftung Preußischer Kulturbesitz, als Depositum übergeben. Dieses „Meyerbeer-Archiv" enthält große Teile von Meyerbeers Korrespondenz, darunter mehrere Hunderte seiner Briefe, die nach dem Tode des Komponisten an die Familie zurückgegeben oder auf Auktionen von der Familie zurückgekauft worden waren. Es enthält ferner die Taschenkalender, die Meyerbeer sehr sorgfältig führte, mehrere „Brouillons", das heißt Brief-Konzept-Bücher, und eine Abschrift der Tagebücher, die Wilhelm Altmann, damals Direktor der Musikabteilung der Berliner Staatsbibliothek, 1916 eigenhändig angefertigt hatte. Die von Altmann beabsichtigte Veröffentlichung dieser Tagebücher scheiterte am Einspruch der Erben.
Während der Kriegswirren, die das Archiv in privater Obhut in Berlin überdauerte, und auch in der Nachkriegszeit entstanden geringe Verluste im Bestand des Archivs, dennoch sind schon zu Lebzeiten Meyerbeers wichtige Korrespondenzteile und wertvolle Notenautographe in fremde Hände gelangt.
Auffällig ist das Fehlen der Briefe Richard Wagners, die mit einer einzigen Ausnahme bis heute verschollen blieben, obwohl Georg Kinsky einen großen Teil dieser Briefe 1934 in der Schweizerischen Musikzeitung veröffentlichte, ohne jedoch das Geheimnis des derzeitigen Besitzers zu lüften. Schon 1886 war in der Zeitschrift „Der Zeitgeist" Wagners

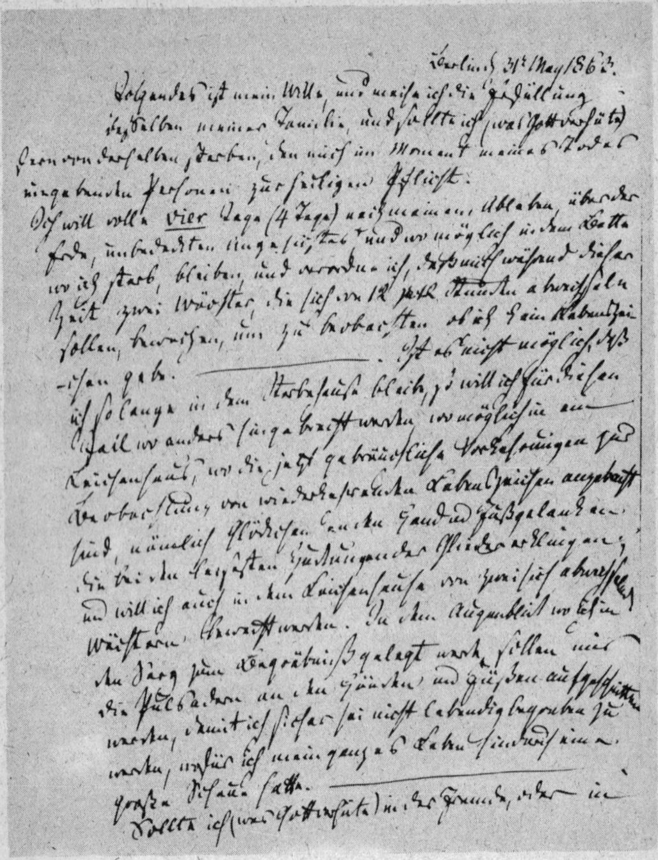
Berlin d. 31t May 1863.
Folgendes ist mein Wille, und mache ich die Erfüllung desselben meiner Familie, und sollte ich (was Gott verhüte) fern von derselben sterben, den mich im Moment meines Todes umgebenden Personen zur heiligen Pflicht:

Meyerbeer. Eigenhändiges Testament

Königsberger Brief vom 4. Februar 1837 abgedruckt worden. Wenn sich auch eine Reihe von Briefen Carl Maria v. Webers im Archiv erhalten hat, so wissen wir inzwischen aufgrund der Notizen in seinen Tagebüchern, daß auch hier erhebliche Verluste zu beklagen sind. Webers Briefe an Meyerbeers Eltern und Brüder fehlen vollständig. Auffälligerweise ist auch bisher kein einziger Brief, den Meyerbeer an seinen Duzfreund Weber richtete, wieder ans Licht ge-

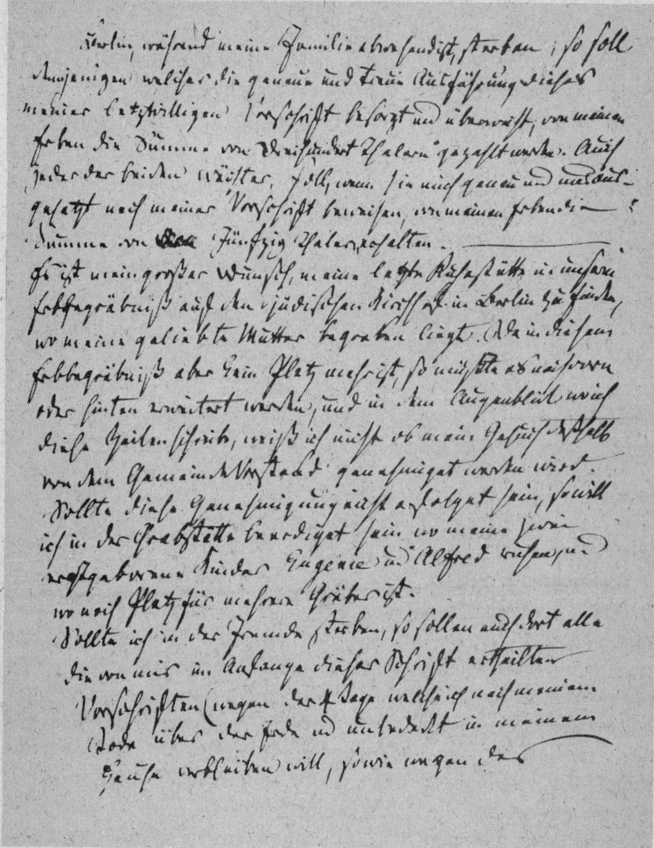
Berlin während meine Familie abwesend ist, sterben; so soll demjenigen welcher die genaue und treue Ausführung dieser meiner letztwilligen Vorschrift besorgt und überwacht, von meinen Erben die Summe von dreihundert Thalern gezahlt werden. Auch jeder der beiden Wächter, soll, wenn sie mich genau und unausgesetzt nach meiner Vorschrift bewachen, von meinen Erben die Summe von fünfzig Thalern erhalten.
Es ist mein grosser Wunsch, meine letzte Ruhestätte in unserm Erbbegräbniss auf dem jüdischen Kirchhof in Berlin zu finden, wo meine geliebte Mutter begraben liegt. Da in diesem Erbbegräbniss aber kein Platz mehr ist, so müsste es nach vorn oder hinten erweitert werden, und in dem Augenblick wo ich diese Zeilen schreibe, weiss ich nicht ob mein Gesuch deshalb von dem Gemeinde Vorstand genehmigt werden wird. Sollte diese Genehmigung nicht erfolgt sein, so will ich in der Grabstätte beerdigt sein wo meine zwei erstgebornen Kinder Eugenie und Alfred ruhen und wo noch Platz für mehrere Gräber ist.
Sollte ich in der Fremde sterben, so sollen auch dort alle die von mir im Anfange dieser Schrift ertheilten Vorschriften (wegen der 4 Tage welche ich nach meinem Tode über der Erde und unbedeckt in meinem Hause verbleiben will, sowie wegen der

langt. Auch in der Familienkorrespondenz gibt es große Lücken; Meyerbeers Briefe an seinen Bruder Wilhelm, der über viele Jahre seine künstlerischen Interessen in Berlin wahrnahm, wenn Meyerbeer in Paris weilte, könnten uns heute wesentliche Fragen erschlüsseln. Die Korrespondenz zwischen Meyerbeer und seiner Frau ist wohl infolge der ständigen Reisen beider Partner nur bruchstückhaft überliefert. Während die offiziellen Schreiben Meyerbeers in den

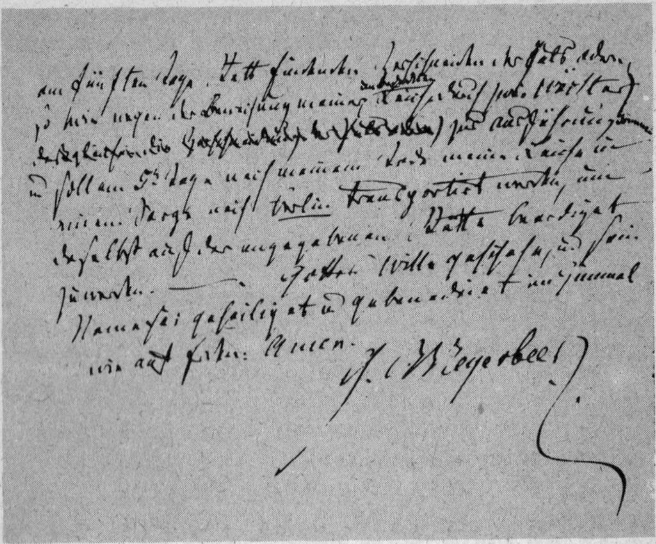

preußischen Staatsarchiven erhalten blieben, hat sich manches Private in den „Brouillons“ bewahrt. Vergleiche mit entsprechenden Autographen und Tagebucheintragungen ergaben die Genauigkeit der Konzepte, die daher zur Dokumentation herangezogen werden konnten. Anhand dieser Briefkonzepte und Tagebucheintragungen konnten dagegen die von Jean F. Schucht in seiner 1869 veröffentlichten Meyerbeer-Biographie angeführten Briefe Meyerbeers, die auch durch ihren Stil und Inhalt von den übrigen Briefen des Komponisten erheblich abweichen, eindeutig als Fälschung identifiziert werden. Schucht, der mit der Erstveröffentlichung dieser „bisher ungedruckten“ Briefe für sein Buch werben wollte, hatte mit Meyerbeer lediglich wegen eines Darlehens und einer Anstellung korrespondiert. Sein Täuschungsversuch deutet auf das lebhafte Interesse, das sich nach Meyerbeers Tod auf seinen Briefnachlaß richtete.

Große Teile der einst außerordentlich umfangreichen Korrespondenz gelangten durch Schenkung oder Erwerb an die Bibliothèque Nationale und die Bibliothèque de l’Opéra in

Paris, an die Preußische – jetzt Deutsche – Staatsbibliothek in Berlin (DDR), an die Stadtbibliothek Wien bzw. an die Nationalbibliothek Wien, an die Washington Library in USA und viele andere Bibliotheken. Einzelbestände sind heute über die ganze Welt verstreut und gelangen aus dem Privatbesitz hin und wieder in den Autographenhandel.
Zur Unterstützung der wissenschaftlichen Ausgabe der Briefe und Tagebücher Meyerbeers im Verlag Walter de Gruyter, Berlin, haben die Direktoren des Staatlichen Instituts für Musikforschung in Berlin (West), Alfred Berner und Hans-Peter Reinecke, sowie der Direktor der Musikabteilung in der Staatsbibliothek Stiftung Preußischer Kulturbesitz, Rudolf Elvers, zahlreiche Autographen Meyerbeers erworben.

Aus Fürsorge für seine Mitwelt hatte Meyerbeer die Einsichtnahme in seine hinterlassenen Briefschaften und Tagebücher für lange Zeit verwehrt. Mit der Erfüllung dieser Verpflichtung nahmen es die Erben in Kauf, daß vieles in Meyerbeers Leben dunkel blieb, daß bloße Vermutungen und Verleumdungen das Bild des Komponisten verfälsch-

Das „Etablissement“ von Kroll im Berliner Tiergarten. Im Hintergrund die Beersche Villa. Zeichnung von Lütke

ten, daß Publizisten und auch Wissenschaftler, oft in dem Wunsch, den eigenen Protagonisten hervorzuheben und zu rechtfertigen, Meyerbeers Persönlichkeit verunglimpften. Erst die Erschließung des Dokumenten-Nachlasses seit 1952 ermöglicht eine zuverlässige Darstellung seines Lebens und somit zugleich einer wesentlichen Epoche der europäischen Musikgeschichte, die Meyerbeer entscheidend mitprägte.

Briefe sind Gespräche, Gespräche mit einem fernen Partner, in denen sich das unmittelbare Reagieren, der spontane Affekt, die geistige und seelische Einstimmung auf den Adressaten mitteilen, in denen der Schreibende seine innerliche Beziehung zum Gegenüber preisgibt, indem er sich auf die Reaktion seines Partners einstellt, diesen umwirbt, ermahnt, drängt, belehrt, bittet. Tonfall, Stil und Wortwahl lassen nicht nur auf den Briefpartner rückschließen, sie vermitteln auch das Klima der Beziehungen, verraten Sicherheit und Anspruch, Devotheit und Zuneigung. Briefe sind gelebtes Leben und weit mehr als bloße Information. Eine flüchtig gekritzelte Zeile enthüllt oft mehr als eine kalligraphische, sorgsam formulierte, aber geschwätzige Epistel. Als der Spiegel eines Lebens geben Briefe mehr als eine bloße Autobiographie, jene oftmals aus der Erinnerungsschwäche verfälschte Rückschau. Briefe tragen die Aura ihrer Gegenwart und somit des Echten.
Meyerbeers Leben in Briefen in einem enger gesteckten Rahmen darzustellen, entsprang dem Wunsch, seine Persönlichkeit und zugleich seine geschichtliche Stellung einem größeren Kreis Interessierter nahezubringen, da die von den Autoren herausgegebene mehrbändige wissenschaftliche Ausgabe des Meyerbeer-Briefwechsels im allgemeinen nur in größeren Bibliotheken zur Verfügung steht und auch, wegen der langwierigen Vorarbeiten, noch nicht abgeschlossen ist. Der mehrsprachige, in weiten Teilen französische Text dieser wissenschaftlichen Ausgabe verwehrt heute zudem selbst Studenten und jungen Wissenschaftlern oft deren Benutzung. So bot sich in der vorliegenden Auswahlausgabe willkommene Gelegenheit, Briefe aus diesem Bereich in deutscher Übersetzung vorzustellen, wobei sich die Autoren bemühten, dem Originaltext so

nahe wie möglich zu kommen. Andererseits konnten auch Briefe in diese Dokumentation einbezogen werden, die in der mehrbändigen Ausgabe erst in einigen Jahren erscheinen würden; sie bereichern den vorliegenden Band als Erstveröffentlichungen und werden als solche auch kenntlich gemacht. Ebenso konnten Briefe, die erst nach Erscheinen des Briefwechsels über den Autographenmarkt oder aus Nachlässen wieder ans Licht traten, aufgenommen werden, auch sie sind, wie die Briefe an Pezzi, Erstveröffentlichungen. Die Autoren haben versucht, durch eine wohlerwogene Auswahl aus den vielen Hunderten von Meyerbeer-Briefen möglichst alle Stationen seines Lebensweges sichtbar und zugleich auch das Werk verständlich zu machen. Es galt, Meyerbeers Einbindung in die Familie, die Beziehung zu den Eltern, insbesondere zu der Mutter, der „Nonne", wie sie nach italienischem Sprachgebrauch als Großmutter im Familienkreise genannt wurde, zu seiner Frau Minna, zu den Töchtern, zu Freunden, Kollegen, Operndirektoren, zum Adel und zum Preußischen Königshaus offenzulegen. Briefe an Heinrich Heine bezeugen das Eintreten Meyerbeers für den Dichter, andere die Fürsorge für Richard Wagner. Fragen des Judentums, die Meyerbeer zeitlebens bewegten, durften nicht ausgespart bleiben, das soziale Engagement des Millionärs Meyerbeer mußte angesprochen werden, nicht zuletzt aber galt es, Meyerbeers musikdramatische Konzeption und damit auch den Anteil des Komponisten bei der Ausarbeitung der Libretti herauszustellen. Hier geben u. a. die Briefe an die Librettisten Scribe und Dumas Aufschluß.

Jede Auswahl bedeutet Verzicht auf Vollständigkeit, es bleiben Lücken, die man gern geschlossen sähe. Andererseits erwies sich diese Konzentration auf das Wesentliche durchaus als Chance: sie gewährt Verdichtung. Wichtiges, das im Kontext des Vielerlei und Allerlei und der Gegenkorrespondenz in dem mehrbändigen Briefwechsel, wo es im Hinblick auf die Entstehungsgeschichte der Werke auf Details ankommt, leicht verdeckt wird und verlorenzugehen droht, tritt plastischer hervor, gewinnt an Nähe. Deutlicher rückt hier die Persönlichkeit Meyerbeers ins Licht. Die Jahrzehnte, Jugend und Alter, werden zusammengedrängt; das läßt die Konturen des Lebensweges schärfer hervortre-

Meyerbeer um 1825. Lithographie von C. Constans nach einem Gemälde von Pierre Roch Vigneron

ten. Es zeigt sich, wie planvoll, wie sicher und mit welcher Entschlußkraft Meyerbeer, tief in seiner Religion wurzelnd und moralisch gefestigt, unbeirrt von Anbeginn an seinen Lebensweg verfolgt. Diese Sicherheit zeigt sich auch in seinen Formulierungen, in der oft diplomatisch-abwägenden Sprache, die aber gelegentlich auch literarische Qualitäten erreicht.

Zum Verständnis der Briefe und zur Erhellung des Hintergrundes werden in Zwischentexten die notwendigen Informationen gegeben. Die Briefe wurden nur gelegentlich gekürzt, um allzu Ephemeres auszuschalten. Es wurden auch

Briefkonzepte aus den sogenannten „Brouillons“, den äußerst korrekt geführten Brief-Konzept-Büchern, verwendet, zumal ein Vergleich mit erhaltenen Originalbriefen die Zuverlässigkeit dieser Konzeptbücher mehrfach bestätigt hat und Tagebücher sowie Taschenkalender Inhalt und Absendung beweisen. Diese „Brouillons“ enthalten quasi die „Durchschläge“ von Meyerbeers Briefen. Bei diesen Dokumenten fehlen begreiflicherweise die entsprechenden Grußformeln. – Die Autoren haben sich für die moderne Orthographie entschieden, um die Lektüre zu erleichtern – für eine wissenschaftliche Nutzung steht die mehrbändige Briefausgabe mit originaler Orthographie zur Verfügung. Daher konnte hier auch auf das wissenschaftliche Beiwerk der Anmerkungen verzichtet werden. Sperrungen verweisen auf Unterstreichungen im Original. Alle kursiv bzw. kursiv und in [ ] gesetzten Texte, Ergänzungen usw. stammen von den Autoren.

Bochum/Grindelwald, Chalet Guarda val 1982

Zur vorliegenden Ausgabe:

Das Meyerbeer-Archiv, das sich seit 1952 als Depositum im Staatlichen Institut für Musikforschung Berlin (West) befand, wurde im Oktober 1984 wieder in die private Obhut der Erben zurückgenommen und steht daher den Wissenschaftlern zur Zeit nicht mehr zur Verfügung.

Reinbek-Krabbenkamp 1987 *Heinz und Gudrun Becker*

Giacomo Meyerbeer

Ein Leben in Briefen

Meyerbeer befand sich im Mai 1811 noch unter der Obhut seines Lehrers Abbé Vogler in Darmstadt. Soeben, am 8. Mai, war in Berlin im Königlichen Nationaltheater unter Leitung von Bernhard Anselm Weber Meyerbeers Lyrische Rhapsodie „Gott und die Natur" nach einem Text des Heidelberger Professors Dr. Aloys Schreiber aufgeführt worden. Der Erfolg ermutigte den jungen Komponisten, weitere Konzerte in seiner Heimatstadt zu planen, diesmal auch mit Werken seiner im „Harmonischen Verein" zusammengeschlossenen Freunde, die ihre Rezensionen unter vereinbarten Pseudonymen veröffentlichten. Zu diesen zählte auch Gottfried Weber (1779–1839), Jurist und herzoglicher Generalstaatsprokurator in Mannheim, der später als Musiktheoretiker einen geachteten Namen errang. Das in dem Brief erwähnte Doppelkonzert von dem „großen Manne", von Meyerbeer, wird in einer Rezension in der „Allgemeinen musikalischen Zeitung" von 1813 erwähnt: Die Komposition „von dem genialen Meyer-Beer" erschien den Zuhörern aber als „zu dunkel, und fand daher nicht allgemeinen Beifall". Daß Meyerbeer sich bei dem geplanten Konzert der Mitwirkung der ersten Virtuosen und Sänger sicher war, erklärt sich aus der herausragenden Stellung des Hauses Beer in Berlin. Gottfried Weber, wohl der eifrigste Mitarbeiter des „Harmonischen Vereins", lancierte seinen Bericht über Meyerbeers Oratorium sogar in die seinerzeit sehr weit verbreitete „Zeitung für die elegante Welt", er nennt Meyerbeer darin einen „vortrefflichen Klavierspieler" und „bekannten Komponisten", der mit diesem Werk „den schönsten Ruhm" erworben habe.

An Gottfried Weber

Hessen-Darmstadt, d. 22. Mai 1811

Lieber Bruder!
Wer denn der Herr Henning ist, frägst Du? Ein recht braver Komponist und ein sehr braver Violonist, der sogar schon einmal das Glück hatte, mit dem großen Manne ein Doppelkonzert für Violin und Pianoforte zusammen zu komponieren. Ich will dem Jungen ein Konzert im nächsten Herbst ausstatten, daß sich ganz Berlin wundern soll, und Du Hund es Dir zur großen Ehre rechnen, daß Deine Werke in einem solchen Konzerte aufgeführt werden. Ich werde ihm zu diesem Ende senden 1. eine neue Symphonie aus Es-dur von mir, 2. Voglers Trichordium (das man noch nie in Berlin gehört hat), 3. muß Weberl dazu seine türkische Ouver-

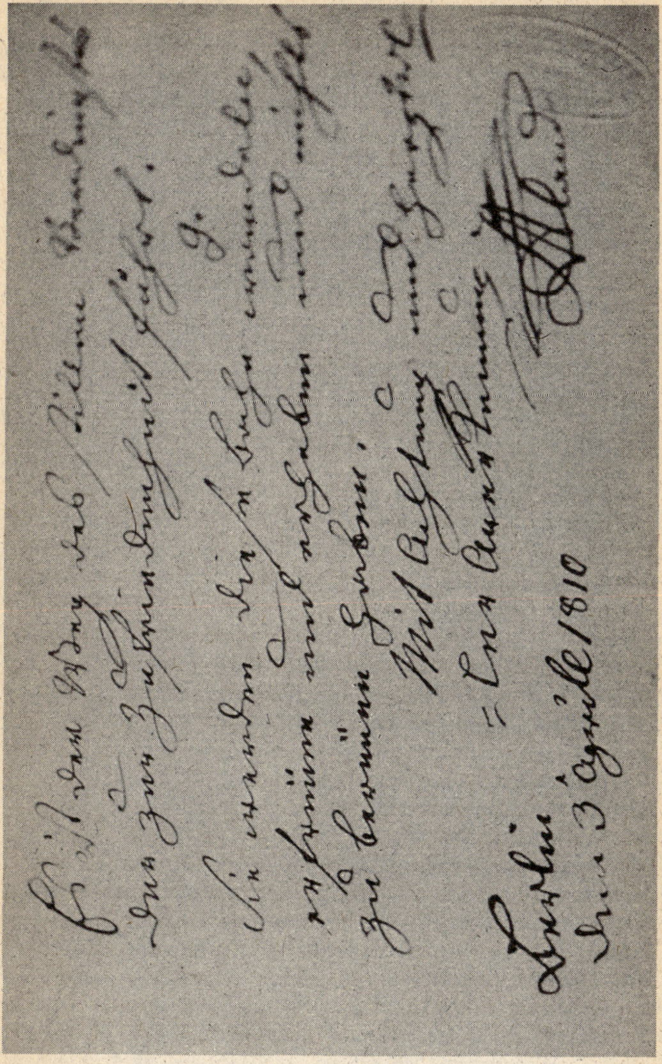

Poesiealbum Meyerbeers, Eintragung von A. W. Iffland

türe aus „Abu Hassan“ geben, 4. das Dir bereits oben genannte Doppel-Konzert von mir und Henning, welches er mit einem Eleven von mir exekutieren wird, und 5. endlich Dein „Deucalion“, weshalb ich an Iffland expreß schreiben werde, damit er die Deklamation übernimmt, und welches alsdann mit einem Orchester und Chor von 60 Personen unter des trefflichen Kapellmeister Webers Leitung aufgeführt werden soll. Rechne dazu noch einige Konzerte und Arien der ersten Virtuosen und Sänger. Ich gebe Dir mein Wort: noch ehe die Kasse geöffnet wird, müssen sich die Menschen schadweise zu Tode drücken. Für die nach dem Konzerte zu exekutierenden Posaunenstöße werde ich sorgen.
Ich bin der Meinung, daß Du die Musik vorher nicht in Mannheim aufführst, doch überlege Dir das. Ich rechne indes zwischen hier in 14 Tagen auf Deine bestimmte Erklärung, ob Du mir das Werk bis zum Herbste liefern wirst oder nicht; in letzterm Fall wäre es Dein großer Schade, weil ich über 2 Jahren gewiß nicht mehr in Deutschland bin und alsdann nicht mehr so tätig für Dich wirken kann.
Vom [*C. M. v.*] Weberl habe ich 2 Briefe nebst 3 Exemplaren seines „Momento capricioso“ erhalten. Wahrscheinlich sollen zwei davon für Dich sein. Ich sende sie Dir deshalb mit der nächsten fahrenden Post nebst seinen Briefen an mich. Zu gleicher Zeit werde ich alsdann eine kleine ‚Cantate‘ von mir beilegen, welche ich vorige Woche auf das Geburtsfest meines Vaters komponiert habe. (Nota bene in $3^1/_2$ Tagen.) Ich kann mich nun einmal über meine Sachen nicht freuen, bis ich weiß, ob sie Dir, verfluchter Seehund, gefallen oder nicht.
Wie mein Oratorium gefallen hat, frägst Du mich? Der Erfolg davon hat meine allerkühnsten Erwartungen übertroffen. Schon in den Proben machte diese Musik ein solches Aufsehen, daß die Musikliebhaber haufenweise herzuliefen. Die Aufführung entsprach dem Succes, den die Komponisten ihr schon in den Proben vorausgesagt hatten. Freunde und Feinde, Fremde und Bekannte waren von gleichem Enthusiasmus ergriffen. Den Morgen nach der Aufführung schrieben mehrere berühmte Komponisten und Dichter (worunter sich sogar meine erklärte[*n*] Gegner befanden) die schmeichelhaftesten Billete und Briefe an mich;

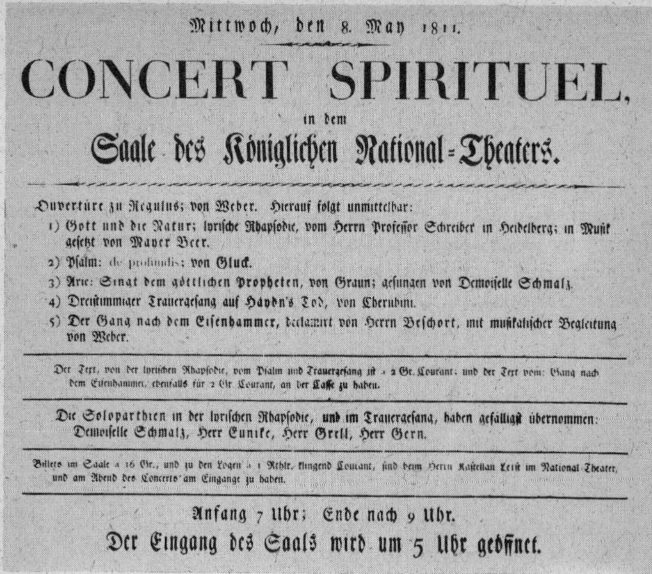

Mittwoch, den 8. May 1811.

CONCERT SPIRITUEL,

in dem

Saale des Königlichen National-Theaters.

Ouverture zu Regulus; von Weber. Hierauf folgt unmittelbar:

1) Gott und die Natur; lyrische Rhapsodie, vom Herrn Professor Schreiber in Heidelberg; in Musik gesetzt von Mayer Beer.

2) Psalm: de profundis; von Gluck.

3) Arie: Singt dem göttlichen Propheten, von Graun; gesungen von Demoiselle Schmalz.

4) Dreistimmiger Trauergesang auf Haydn's Tod, von Cherubini.

5) Der Gang nach dem Eisenhammer, declamirt von Herrn Beschort, mit musikalischer Begleitung von Weber.

Der Text, von der lyrischen Rhapsodie, vom Psalm und Trauergesang ist à 2 Gr. Courant; und der Text vom: Gang nach dem Eisenhammer, ebenfalls für 2 Gr. Courant, an der Casse zu haben.

Die Solopartien in der lyrischen Rhapsodie, und im Trauergesang, haben gefälligst übernommen: Demoiselle Schmalz, Herr Eunike, Herr Grell, Herr Gern.

Billets im Saale à 16 Gr., und zu den Logen à 1 Rthlr. klingend Courant, sind beim Herrn Kastellan Leist im National-Theater, und am Abend des Concerts am Eingange zu haben.

Anfang 7 Uhr; Ende nach 9 Uhr.

Der Eingang des Saals wird um 5 Uhr geöffnet.

Konzertprogramm mit der Ankündigung der lyrischen Rhapsodie „Gott und die Natur" von Meyerbeer

unzählige Gedichte wurden auf mich und sogar auch auf Schreiber gemacht (ich lege Dir ein paar von diesen dummen Dingern in Abschrift mit bei, ein paar andere findest Du in der mitkommenden Zeitung, auch die Rezensionen in den beiden Berliner Zeitungen, die ich Dir mitsende, wirst Du schmeichelhaft genug finden, welches um so mehr zu verwundern ist, da sie beide von Feinden von mir verfaßt sind, und die eine sogar (welche ich angestrichen habe) meinen berüchtigten Gegner Rellstab zum Autor hat, der einige Monate vorher so beißend über mich abgeurteilt hat. Welche Demütigung für diesen Elenden, so fast wider seinen Willen mich loben zu müssen!

Die Aufführung war vortrefflich von Seiten der Instrumente sowohl als auch des Chors. Die Schmalz, Gern und Eunike sangen herrlich, besonders letzterer. Als man ihm in der Probe zurief, er hätte seine Arie wie ein Engel gesun-

gen, antwortete er darauf: „Aber die Musik dazu kömmt auch vom Himmel.“ (Na, Du Seehund, verzieh nur nicht so malizieuse die Lippen, indem Du dieses liest.)
Es sind mir auch schon seit der Zeit 7 Opernsujets angeboten worden; kurzum das Publikum ist toll und voll von der Musik.
Ich bin es überzeugt, daß Du nicht glaubst, es geschehe aus miserabler Eitelkeit, daß ich Dir alle diese Details mitteile; denn wer weiß wohl mehr als wir, von wie vielen elenden Zufällen das Gelingen oder Mißfallen eines Werkes abhängt, und welche unrichtige und schiefe Ansichten meistenteils das Urteil des Publikums leiten, wie wenig man sich also auf das Reussieren eines Werkes zugute tuen darf. Allein in den Verhältnissen, wo wir stehen, halte ich es sogar für Schuldigkeit, Dir aufs allergenaueste zu referieren, und habe das auch ebenso treulich getan, als mein „Psalm“ nicht gefiel. Doch genug davon. So wie die Sachen jetzt stehen, kannst Du mit Überzeugung 8 bis 10 pompöse Zeilen ins „Badische Magazin“ von der Musik einrücken, um die Mannheimer darauf begierig zu machen; denn da die Musik jetzt gewiß gestochen wird, so gehört es unter meinen Hauptwünschen, sie [*noch*] einmal zu hören, um mich von unzähligen Sachen, über die ich noch schwanke, zu überzeugen.
Im Fall Du es irgend möglich machen kannst und Dich vielleicht das Ausschreiben genieren sollte, so will ich das wohl besorgen, denn ich habe hier einen exzellenten Kopisten. Allein es müßte bald sein, spätestens in 4 Wochen, denn erstens verreise ich bald und zweitens kann auch mein Verleger nicht mehr sehr lange warten.
Ich habe nun mit Dir über meinen Lieblingswunsch ganz frei gesprochen; sage Du mir nun ebenso frei, ob nicht vielleicht Hindernisse und Verhältnisse Dich verhindern, ihn zu erfüllen. Im Falle Du es aber mit Besiegung einiger Schwierigkeiten aufführen könntest, so fürchte nur nicht, daß ich Dir alsdann immerwährend mit meinen Musiken über den Hals laufen werde. Im Gegenteil; sogar will ich Dir zu mehrerer Sicherheit das schriftliche Versprechen geben, nie wieder einen Fuß in Mannheim zu setzen.
Ich habe vor kurzem wieder ein neues Blatt gesehen: „Süddeutsche Miszellen für Leben, Literatur und Kunst“. Es

Gottfried Weber

kommt in Karlsruhe heraus und hat, wie man sagt, einen Herrn Rehfuß zum Redakteur. Warum ist dieses Blatt noch nicht unser? Karlsruh liegt in Deinem Departement; schreibe hin oder laß den Unknown [*A. v. Dusch*] das geliebte Beest, schreiben; dieser Bruder tut gar nichts für den Bund.

Ad vocem schreiben und rezensieren. Du wirst aus den Berliner Zeitungen ersehen, daß diese Menschen nicht einmal vernünftig loben können. Das „Chor der Elemente" berühren sie gar nicht, und ich wette darauf, sie können nicht einmal dessen Konzeption entziffern. Ebenso geschah es mit dem Choral No. 10. [*„Er war er ist, und er wird seyn Kraft."*] Wie wäre es daher, wenn Du Dir aus Deinem trefflichen gediegenen Brief an mich über diesen Gegenstand zwei Auszüge machtest, einen kleinen und einen großen. Den ersten könntest Du nach dem „Morgenblatte" senden, den zweiten aber (da Du mit der „Musikalischen Zeitung" broulliert bist) an Weberl, damit er denselben unter seinem Namen an Härtel schickte. (Ich schicke Dir zu diesem Ende heute Deinen Brief wieder zurück.) Du müßtest aber die Gefälligkeit haben, Dich gleich an diesen Auszug zu machen, damit Dir die Berliner Rezensenten nicht zuvorkommen. Was die Rezension des übrigen Teils des Konzerts enthält, so kannst Du Dich ja ganz an die Berliner Zeitungen halten, welche ich übrigens morgen schon zurückerwarte, weil ich sie höchst nötig brauche. Hörst Du? Du kannst sie Dir aber auf meine Kosten abschreiben lassen, denn sie müssen ja ohnedem ad acta kommen. Ich hoffe übrigens nicht, daß Du der Journalisten halber Anstand nehmen wirst, ein in Berlin gegebenes Werk zu rezensieren, weil Du in Manheim bist. Du kannst ja dort deine Korrespondenten haben oder selbst auf kurze Zeit da gewesen sein.
Was macht denn der Bruder Rock? Warum ist er nicht in Tätigkeit? Laß ihn an Castelli in Wien schreiben (qua Reisender), den Personalbestand der Mannheimer Bühne einsenden (das empfiehlt), über den Verfall der Kirchenmusik klagen und dabei Deiner „Messen" rühmlichst erwähnen. Auch etwas über Berlin kann er sagen: die „Vestalin" von Spontini und „Deodata" vom Kapellmeister Weber kann er exzentrisch loben, denn sie sind Lieblingsstücke des dortigen Publikums, das erste wegen seiner genialischen Vermischung des italienischen und französischen Genres, indem sie einen göttlichen Gesang mit braver Deklamation und kunstreichen Behandlung des Orchesters vereinet (letztere nur etwas zu chargiert); das zweite seiner energischen Akzente halber, auch wegen der kraftvollen Deklamation und des echt dramatischen Geist, der sich in allen Chören aus-

spricht. Der „Taucher" von Reichardt hat nicht gefallen; den muß er etwas bedauern, da Reichardt ein verdienstvoller Mann ist. Auch etwas von [*B. A.*] Webers Concert spirituel kann er sagen und dabei meines Oratoriums erwähnen, wozu Du ihm die nötige Anleitung geben kannst.
Ein Konzert in Darmstadt zu geben, halte ich für jetzt fast unmöglich, allein es wird mir doch lieb sein, Herrn Tollmann kennen zu lernen; empfiehl ihn mir also.
„Samori" wird vor 3 bis 4 Wochen nicht gegeben werden.
Die „Hymnen" sind noch nicht mein.
Dusch danke ich tausendmal für sein Gedicht. Nächstens werde ich ausführlicher darüber schreiben, denn für heute muß ich schließen.

Dein treuer Bruder Philodikaios.

Ich brauche meinen Hut notwendig. Um Gottes willen, so mache doch, daß ich ihn bekomme.

Carl Maria v. Weber, Meyerbeers ehemaliger Mitschüler bei Vogler und gleichfalls Mitglied des „Harmonischen Vereins", brach Mitte Februar gemeinsam mit dem berühmten Münchner Klarinettisten Heinrich Joseph Baermann zu einer Konzertreise nach Berlin auf, wo er am 20. Februar eintraf und bei den Eltern Meyerbeers in der Spandauer Str. 72 Logis nahm. Dagegen verzögerte sich Meyerbeers Reise mit Vogler bis Anfang März. In Würzburg, der ersten Station ihrer Reise, vollendete er am 6. April seine Oper „Jephtas Gelübde". Sie wurde am 23. Dezember 1812 in der Münchner Hofoper aufgeführt. – Eine Mitarbeit Meyerbeers in der „Allgemeinen musikalischen Zeitung" ist nicht nachgewiesen, die entsprechende Rezension über die Komposition von Gottfried Weber (29. Juli 1812) wurde von G. Kaiser Carl Maria v. Weber zugesprochen.

An Carl Maria v. Weber

Hessen Darmstadt 8. Januar 1812

Lieber Bruder. Danke schön für den Neujahrswunsch, und wünsche Dir soviel Glück und Segen als ein Mensch nur ertragen kann … Du legst mir in Deinem Briefe die scharfsinnige philosophische Frage vor, ob Du oder ich ein Esel

Königliches Hof- und Nationaltheater.

Mittwoch den 23. December 1812.

(Zum erstenmale)

Jephta's Gelübde,

eine ernsthafte Oper in drei Aufzügen mit Ballet.

Gedichtet von Professor Aloys Schreiber.

Zu Musik gesezt von J. Meyerbeer.

Personen:

Jephta, ...	Hr. Lanius.	Drei Bothen, ...	Hr. Unhoch. Hr. Herm. Augusti. Hr. Friedr. Augusti.
Sulima, seine Tochter, .	Mad. Harlas.	Volk.	
Tirza, ihre Vertraute, .	Mad. Flerx.	Leviten, Krieger.	
Asmaveth, ein Krieger, .	Hr. Weixelbaum.	Ammonitische Gefangene.	
Abdon, Vorsteher eines Stammes, ...	Hr. Mittermayr.	Jungfrauen, Kinder.	
Der hohe Priester, . . .	Hr. Schwadke.		
Drei Vorsteher der Stämme,	Hr. Schack. Hr. Mears. Hr. Muck.		

Der Text dieser Oper ist an der Theater-Kassa für 12 kr. zu haben.

Preise der Pläze:

I. Parterre	48 kr.	Mittelloge im 4ten Range	15 kr.
II.	24 kr.		

Der Anfang ist um 6 Uhr, das Ende gegen 9 Uhr.

Da das Logen-Abonnement sich lediglich auf die in den Kontrakten benannten Personen beziehet, so muß jede andere, wenn ihr von einem Logen-Inhaber der Eintritt gestattet werden will, das geeignete Billet, und zwar im 1ten, 2ten und 3ten Range um 1 fl., im 4ten Range aber um 48 kr. an der Kassa lösen. Ein gelöstes Parterre-Billet giebt aber kein Recht zu dem Eintritte in eine Loge, so wie auch den Logen-Abonnenten kein Anspruch auf einen Plaz im Parterre gebühret. Zur Aufrechthaltung dieser höchst nöthigen Ordnung werden besonders die Titl. Herrn Logen-Inhaber um ihre gefällige Mitwirkung geziemend ersucht.

Theaterzettel zur Aufführung von „Jephtas Gelübde" 1812

seiest? Nachdem ich nun alle Systeme von Aristoteles bis Schelling verglichen habe, glaube ich endlich eine gründliche Antwort gefunden zu haben; keiner von beiden. – Doch nun Scherz bei Seite, wenn einer von uns beiden gefehlt hat, so bin ich's gewiß nicht. Ich habe schon vor mehrern Monaten einen Brief an Gottfried Weber geschrieben der ganz von Deinen Angelegenheiten handelte, und den ich ihm auftrug Dir zu senden, welches er auch, wie er mir schrieb, getan hat. Darauf bist Du mir auch die Antwort schuldig. Übrigens würde mich das nicht gehindert haben Dir zu schreiben, wenn nicht ein anderer wichtiger Umstand dazugekommen wäre, nämlich, die Faulheit. Doch Du warst auch faul, das ist ein Glück, und nun genug davon. – Da ich Deinen Brief erst gestern erhielt, doch sehr wünschte, daß Dich meine Antwort noch in Leipzig träfe, so schreibe ich heute an einem Tage, wo ich sehr viel zu tun habe. Ich kann Dir daher meine Nachrichten nur ganz kurz und bündig mitteilen. –

1) Deine Briefe nach Berlin [= *Empfehlungsbriefe*] werde ich in ein paar Tagen anfangen und sie Dir dann nach einem von den 4 Orten, die Du mir angegeben hast, senden, an welchen weiß ich noch nicht, frage nur an allen vieren auf der Post nach. –

2) Es versteht sich von selbst, daß Du in Berlin bei meinen Eltern logierst, sie freuen sich schon sehr darauf, u. haben mich mehremale in ihren Briefen angefragt, wann Du denn kämest? –

3) „Samori" [*Oper von Abbé Vogler*], der seit dem Oktober gegeben werden sollte, wird künftigen Sonntag d. 12. gewiß gegeben – 8 Tage darauf ist die erste Vorstellung von „Hermann von Unna" [*Oper von Abbé Vogler*], und 4 Tage darauf reisen wir nach München.

4) Meine Oper wird in 14 Tagen ganz fertig. Sie wäre es schon vor einem Monate gewesen, wenn ich nicht einen Teil der Sujets verändert hätte, weshalb ich auch viele Musikstücke umarbeiten mußte.

5) K. Wagners Oper [*„Nitetis"*] d. 26. Dezember gegeben worden. Text sowohl als Musik haben ganz mißfallen. (Übrigens wünsche ich, daß Du keinen öffentlichen Gebrauch von dieser Notiz machst.

6) Wohlbrück ist nach München berufen und wird im Okto-

ber Regisseur des Vorstadttheaters werden. Er ist ganz für mich, ergo auch für Dich eingenommen.
7) Der Posaunist in den Berliner Blättern soll schon in 8 bis 12 Tagen eingeweiht sein. –
8) Die Alte, Papas [= *Voglers*] Schwester ist vor 14 Tagen gestorben.
9) (welches das wichtigste ist). Sprich mit Härtel von mir als einem Mann von dem es sehr wünschenswert wäre Aufsätze zu haben, denn ich will ihm nächstens Rezensionen über Giustos [= *Gottfried Weber*] Singquartette und französische Singschule schicken. Wenn Du etwas über die Quartette in der musikalischen Zeitung sagen wolltest, so tue es lieber in einer andern Zeitung, denn ich kann mich in dieser Rezension sehr ausbreiten und ... möchte doch gern bei der Redaktion der M[*usikalischen*] Z[*eitung*] recht brillant auftreten, damit ihnen die Verbindung mit mir lieb wird. –

Am 22. April 1812 notierte Meyerbeer in seinem Tagebuch: „Mittags speiste ich am Table d'hôte. Grazien verwundeten mich dort bis ins Innerste meiner Seele und knickten meinen Mut und Frohsinn für den ganzen Tag. Wann werde ich doch endlich lernen, mich in das Längsterkannte und Unvermeidliche ruhig zu schicken?" *Zeitlebens litt Meyerbeer unter dem „Richesse", dem Judenhaß, dennoch blieb er seinem angestammten Glauben treu, wie er es angesichts des Todes seines Großvaters Liebmann Meyer Wulff gelobt hatte.*

An Amalia Beer

München d. 30. August 1812.

Liebe Mutter! Bei meiner vorgestrigen Zurückkunft fand ich die traurigen Briefe mit der gräßlichen Gewißheit, daß mein bisheriges Hoffen, Träumen war. Trösten kann und mag ich nicht, denn ich bin zu erschüttert, um nicht selbst zu fühlen, wie wenig die kalten Vernunftgründe gegen die lebhaften Ausbrüche eines so kummervollen Gefühls vermögen. Allein, teure gute Mutter, bedenke, daß unser aller scharfer Schmerz sich bis zum Wahnsinn spannen könnte, wenn auch Deine Gesundheit unter diesen Gram litte.

Die Mutter, Amalia Beer, geb. Liebmann Meyer Wulff.
Ölgemälde von Carl Kretschmar

Gehe daher wenigsten den sinnlichen Erinnerungen aus dem Wege, und gib Dich willig solchen Mitteln hin, die den Stachel stumpfen können; mit heißen Tränen bitte ich Dich darum.

Wolff's Brief hat mich innig ergriffen. Ja, wenn irgendein

Schimmer von Bewußtsein den armen Großvater auf seinem Totenbette begleitete, so muß es seine letzten Augenblicke versüßt haben, zu wissen, daß seine Kinder den Glauben nie verlassen werden, an dem er so warm hing. Darum nimm auch von mir in seinem Namen das feierliche Versprechen, daß ich stets in der Religion leben will, in welcher er starb. Ich glaube nicht, daß wir durch irgend etwas anderes sein teueres Andenken mehr ehren können. Verzeih! ich vermag heute nicht weiter zu schreiben

Lebe wohl
Meyer B

Noch zu dieser Zeit schließt Meyerbeer die Laufbahn eines Klaviervirtuosen nicht aus: Schon als Vierzehnjähriger hatte er mit einem Klavierkonzert von Mozart Begeisterungsstürme in Berlin entfacht, Vogler gedachte ihn zu einem der ersten Orgelvirtuosen Europas heranzubilden, und Carl Maria v. Weber apostrophierte ihn 1808 in seiner Zueignung des „Momento cappriccioso" als „Compositore e Professore di Cembalo". 1815 nennt Weber Meyerbeer „einen der ersten, wenn nicht vielleicht den ersten Klavierspieler unserer Zeit".
Aus der gemeinsamen Reise mit Johann Baptist Gänsbacher (1778–1844) wurde allerdings nichts, der Ausbruch der Freiheitskriege 1813/14 vernichtete alle Reisepläne. Meyerbeer wandte sich nach Wien, um hier das Ende des Krieges abzuwarten und weitere Studien zu betreiben.

An Johann Baptist Gänsbacher

Mannheim, 16. Januar 1813

Lieber Bruder!
Wie unendlich es mich erfreut hat, bei meiner Ankunft allhier Deinen lieben Brief vorzufinden, kann ich mit Worten nicht beschreiben. Deine Teilnahme für mich, Du gute treue Seele, kann übrigens nicht größer sein als meine innige glühende Liebe, mit der ich für jetzt und immer an Dir hänge. Auch der Professor, der Dich herzlich grüßt, hat sich unendlich gefreut, wieder einmal etwas von Dir zu vernehmen. Daß mein „Jephta" glücklich in die Scene gegangen ist, weißt Du also, wie ich aus Deinem Brief ersehe, nicht

Carl Friedrich Zelter. Lithographie von Heine nach einem Gemälde von Begas

aber, wie unendlich viel Mühe und Verdruß ich hatte bis es dahin kam. Dem Himmel sei Dank, daß ich es endlich überstanden habe. Vor meiner Abreise spielte ich noch einmal in einem der vom Orchester gegebenen Konzerte, und mit einem Beifall, den, wie die Leute behaupten, noch nie ein Klavierspieler, so lange München existiert, gehabt hat. Das Publikum applaudierte nicht mehr, es schrie und gebärdete sich wie rasend. Ich muß gestehen, daß diese enthusiasti-

sche Aufnahme meines Spieles mich selbst frappierte. Nach der zweiten Vorstellung meiner Oper ließ mir die Königin durch ihre Hofdame (Gräfin Taxis) in den verbindlichsten Ausdrücken einen herrlichen Brillant-Ring überreichen.
Es wäre mir sehr lieb, wenn Du dieses in die Prager Zeitung, oder sonst in ein österreichisches Blatt brächtest. Ich weiß wohl, daß man in einer politischen Zeitung keine musikalischen Notizen nimmt, aber es brauchten nur zwei Zeilen zu sein (könnten ja auch am Schluß der politischen Artikel aus Bayern hineingeschoben werden), etwa so: „in München ward am 23t Dezember 1812 zum erstenmale ‚Jephta's Gelübde', eine große Oper von der Komposition des Herrn J. Meyerbeer mit großem Beifall aufgeführt. S. M. die Königin beschenkte den Kompositeur nach der zweiten Vorstellung mit einem kostbaren Ring."
Dieses wäre mir hinlänglich genug lieber Bruder, denn meine Erfahrung hat mich belehrt, daß 2 Zeilen in einer politischen Zeitung mehr Wirkung machen als 2 Seiten in einem litterarischen Blatt.
Und nun zu unsrer italienischen Reise: Diese war eigentlich der Grund, warum ich Deinen lieben Brief so lange unbeantwortet ließ. Ich wollte Dir immer gar zu gern etwas Bestimmtes darüber sagen, und konnte es doch nicht, indem man mich, wie Du weißt, immerfort mit meiner Oper trainierte. Jetzt aber kann ich es, denn ich gehe morgen früh direkt nach Paris, bleibe dort 6 Wochen, längstens 2 Monate, und treffe daher allerspätestens Anfang April in Italien ein, wenn übrigens bis dahin die politischen Verhältnisse diese Reise nicht verbieten. Ich werde Dir daher auch noch einmal von Paris aus darüber schreiben. –. Aber Kerl, reitet Dich denn der Teufel, daß Du mir schreibst, die italienische Reise müßtest Du für dieses Jahr unterlassen – und warum? weil Du von Bozen aus die Unterstützung, die Du erwartetest, nicht erhalten hast. Also, was Du von Fremden anzunehmen nicht scheuest, das würdest Du doch dem liebenden Freunde, dem Bruder erlauben müssen Dir anzubieten. Und im Fall Dir Deine überzarte Delikatesse Dir (wie Du es leider in München merken ließest) dieses verböte, so wirst Du mir doch wenigstens erlauben, Deinen Bankier zu machen und Dir (da Du, wie Du schreibst, aller Wahrscheinlichkeit nach übers Jahr erst die gehörigen Mo-

neten von Bozen zu hoffen hast) dieses Jahr vorzuschießen, was Du mir künftiges Jahr wiedergeben wirst. Ich will sogar Zinsen nehmen, wenn Du willst, und zwar recht wucherische; nämlich für jede hundert Gulden, eine neue Canzonette.
Aber Scherz bei Seite lieber Bruder, zertrümmere nicht durch Deine übergroße Delikatesse den Genuß und großen Nutzen, den uns diese nie wiederkehrende Gelegenheit einer gemeinschaftlichen Reise durch Italien darbietet. Denke, wie wir uns gegenseitig zur Arbeit befeuern, wie doppelt lehrreich uns das Gehörte durch den Austausch unsrer jederseitigen Ansichten werden wird. Und rechnest Du die Seeligkeit an Freundes Arm diese paradiesischen Fluren zu durchwandern für nichts? Ich hoffe ungeduldig auf Deine recht baldige Antwort, die Du so gut sein wirst nach Paris, per Adresse des Herrn Worms de Romilly zu richten. Ich wiederhole Dir übrigens meine in München schon getane Bitte, unser Projekt so geheim als möglich (selbst vor unsern Brüdern) zu halten.
Mein Oratorium „Gott und die Natur" erhältst Du von hier aus mit der fahrenden Post, ebenso die Canzonetten.
Gottfried Weber und Dusch, mit denen ich einige vergnügte Tage verlebt habe, grüßen Dich herzlich.

Der Deinige
Meyerbeer

Der Breslauer Gelehrte Aron Wolfssohn, der 1804 eine Schrift über die „... unparteiische Beleuchtung der dem Judentume neuerdings gemachten Vorwürfe" veröffentlicht hatte und für die Neuordnung der jüdischen Lebensverhältnisse eintrat, wurde 1807 von der Familie Beer als Erzieher und Lehrer Meyerbeers und seines Bruders Heinrich gewonnen; er war es, der die beiden nach Darmstadt zu Vogler als eine Art „Haushofmeister" nach höfischem Vorbild begleitete und das uneingeschränkte Vertrauen des jungen Komponisten besaß, wie mehrere erhaltene Briefe oder Briefkonzepte zeigen. Der Brief an die Mutter bezieht sich auf den Jahresbeginn nach jüdischer Zeitrechnung am 1. des Monats Tischri, 22. September 1814.

Abbé Vogler

An Professor Aron Wolfssohn

[*Wien, September 1814*]

... Dies Stillschweigen ist auch die Ursache, weshalb ich noch immer einen weitläuftigen und wichtigen Brief, den ich an Mutter zum Neuenjahr schrieb, zurückbehalte, weil ich die endliche Lösung ihres Stillschweigens abwarten will. In diesem Briefe hatte ich die Beantwortung mehrerer verdrüßlicher Anfragen zusammengedrängt, welche ich einzeln abzutun immer von einer Zeit zur andern verschoben hatte, weil man, wie Sie selbst wissen werden, das Verdrüßliche gern verschiebt. Der Hauptpunkt betraf eine Frage, die, als sie mir von Mutter gemacht ward, Ihnen gewiß vorher mitgeteilt worden war, weshalb die Kenntnis meiner Antwort derselben (so wie sie in diesem Briefe enthalten ist) Ihnen vielleicht nicht uninteressant sein dürfte. – Es ist dies die Aufforderung nach Berlin zu kommen, um dort die Oper „Jephta“ aufzuführen. – Als die preußische Regierung voriges Jahr die sämtliche Jugend des Landes zum freiwilligen Kriegsdienst aufforderte, da glaubte ich meinen Ansichten der Lage der Dinge nach, und auch meiner Persönlichkeit halber, daß es ein Gewinn für mich sein würde, wenn ich mich demselben entziehen könnte. Diese meine Ansichten sind zwar dieselben geblieben, allein ich bin (leider zu spät) zu der Überzeugung gekommen, daß man in einem Momente wie jener, gar keine Ansichten haben darf, indem der Moment selbst entscheidet und festsetzt, und alle Berechnung der Verhältnisse zur Vergangenheit und Zukunft in solchen Krisen unzweckmäßig sind. Dieser Folgerung gemäß kann ich es mir nicht verhehlen, daß ich eigentlich dem Staate meine Person veruntreut habe, und ich fürchte, daß ich mir mit dieser Erinnerung einen Skorpion in meine Brust gesetzt habe, der während meines ganzen übrigen Lebens an mein Ehrgefühl nagen wird. Fügen Sie zu dieser Selbsterkenntnis hinzu, daß ich von meinem Bruder Wolff und von Reisenden, die in Berlin waren, weiß, wie aufgebracht und erbittert die Berliner gegen alle Landsleute sind, die nicht mit fochten, welchen unangenehmen Auftritten in Händeln aller Art ich daher in Berlin entgegenzusehen hätte. Doch gesetzt man machte mit mir eine Ausnahme und verschonte mich, mein Selbstgefühl würde mich doch peinigen. Von dem stummen Haufen würde ich mich verspottet wähnen, das Lispeln des Baumes würde mir Hohngelächter zuzuwehen scheinen, in jeder entfernten Beziehung würde ich Vorwürfe zu finden glauben, und jeder Witz würde mich in Wut bringen. Ich kann daher: jetzt nicht nach Berlin kommen, kann nicht eher kommen, bis wenigstens Jahr und Tag Friede gewesen ist, die Bürger seit Jahr und Tag die Waffen in die Scheide gesteckt, und den bramabarsierenden Heldenton wieder vergessen haben. Die Rückkehr unter den jetzigen Umständen schien mir so schrecklich, daß, wenn z. B. die Regierung uns Auswärtige jetzt zur Wiederkehr in die Heimat aufforderte, oder die Eltern mit Gewalt meine Rückkehr verlangten, ich mir ohne Zweifel eine Kugel durch den Kopf jagen würde, wenn ich keinen Ausweg fände den Befehl zu umgehen.

Graf Ferdinand Palffy von Erdöd hatte 1813 die alleinige Leitung des Theaters an der Wien und des Kärtnertor-Theaters übernommen, wo am 20. Oktober 1814 Meyerbeers Oper „Wirt und Gast" unter dem Titel „Die beiden Kalifen" – später in Dresden auch „Alimelek" genannt – herauskam. Der Erfolg blieb dem Werk verwehrt – die schludrigen Vorbereitungen, über die Meyerbeer klagt, lassen es ahnen. Der auffallend sicher formulierte Brief des Dreiundzwanzigjährigen läßt den späteren Probenfanatiker erkennen, der keine Mühen scheute, wenn es um die Einstudierung eigener oder fremder Werke ging.

An Graf Ferdinand Palffy v. Erdöd

[*Wien, etwa 15. Oktober 1814*]

Ew. Excellenz haben mir vor 3 Tagen auf meine dringende Vorstellung, daß meine Verhältnisse mir nicht erlauben längere Verzögerungen meiner Oper abzuwarten, die bestimmteste Versicherung erteilt, daß die Aufführung am Freitage statt finden sollte. Demohnerachtet lassen Sie mir heute sagen, daß dieselbe vor Dienstag nicht statt finden könne, und nicht genug an dieser Nachricht, die mir hinlänglich beweist, wie wenig Ernst es mit den mir gegebenen Versicherungen ist, so erklären sich auch zugleicherzeit die Dekorateure, daß sie auch bis Dienstag nicht fertig werden würden, indem sie mit andren Arbeiten beschäftigt wären, und die Probe löste sich auf, ohne daß eine Note probiert worden ist, indem die Hälfte des Personals gar nicht erschienen war. Unter solchen Umständen muß sich auch wohl dem Unbefangenen die Idee aufdrängen, daß diese Verzögerungen zum Teil vorsätzlich sind. So nachgiebig mich Ew. Excellenz bei allen unwillkürlichen Verzögerungen gefunden haben, durch stete Verschiebung meiner Reise die Aufführung der Oper nicht zu hindern, so fest bin ich nun aber auch nach meinen jetzigen traurigen Erfahrungen entschlossen unwiderruflich von dem mir schriftlich zugestandenen Rechte der Zurücknahme Gebrauch zu machen, wenn die Oper nicht gewiß bis künftigen Mittwoch zur Aufführung kommt. Dieses ist aber nur bei folgender Verteilung der Proben möglich. Da Herr Stegmaier täglich mit dem Chore Probe von „Moses" halten wird, so müssen die beiden Vormittage von Donnerstag und Freitag jedesmal für 2 Proben eingeteilt werden, so daß von 9 bis 10 Uhr die Chöre den „Moses" probieren, und dann meine Oper, welches nicht zu fatigant wird, wenn Donnerstag nur der erste, Freitag nur der zweite Akt vorgenommen wird, wo die Chöre dann jedesmal um 1 Stunde expediert sein können. Montag und Dienstag wären dann Probe von allen beiden Akten zugleicherzeit, und dann könnte Mittwoch die Oper, gut einstudiert zur Aufführung kommen. Sind Ew. Excellenz und die Herren Regisseure der Oper mit dieser Verteilung der Proben zufrieden, so will ich gern durch die abermalige Verschiebung meiner Reise Ew. Excellenz diesen neuen Beweis meiner Ergebenheit geben; finden Sie aber dieselbe nicht zulänglich, so kann nach meiner Einsicht die Oper nicht Mittwoch sein, und dann bin ich leider durch meine Verhältnisse gezwungen, die Oper von der Bühne zurückzunehmen. Welches auch der Entschluß Ew. Excellenz sein mag, so bitte ich inständigst mir denselben im Laufe dieses Tages gnädigst schriftlich zukommen zu lassen, damit, im Falle daß diese Proben, und folglich also auch die Oper nicht Statt haben könnte, ich meine Reise nicht unnützerweise verschiebe, um so mehr, da ich vor derselben es mir und meinen Freunden im Publikum schuldig [*bin*], die Gründe

Wien um 1850

eines Schrittes zu erklären, welches vielleicht diejenigen befremden könnte, die nicht wissen, daß diese Oper schon seit d. 20. Aug[*ust*] auf der Bühne sein soll, und ich seit dieser Zeit deshalb meine Reise aufschieben muß.

Meyerbeer, der sich während seines 1½jährigen Aufenthaltes in Wien seinen Studien widmete und gelegentlich in Privatsalons konzertierte, traf auch mit Beethoven zusammen. Tomaschek überlieferte den vielzitierten Ausspruch Beethovens nach der Uraufführung der Schlachtensinfonie: „Jenem jungen Manne war die große Trommel zu Teil geworden. Ha! Ha! Ha! – Ich war gar nicht mit ihm zufrieden; er schlug sie nicht recht und kam immer zu spät, so daß ich ihn tüchtig heruntermachen mußte. Ha! Ha! Ha! – Das mochte ihn ärgern. Es ist nichts mit ihm; er hat keinen Mut, zur rechten Zeit darein zu schlagen." Erfreulicher verliefen dagegen die Begegnungen mit Louis Spohr, der zu jener Zeit in Wien an seinem „Faust" arbeitete und Meyerbeer öfter bat, ihm die neuen Teile seines Werkes aus der Partitur vorzuspielen – Spohr selbst war Geiger –, „worin dieser sehr excellierte". Nun aber drängte Meyerbeer auf die Verwirklichung seiner Pläne, das Studium in Frankreich fortzusetzen – noch Mitte November verließ er Wien und reiste über München nach Paris.
Bei diesem Brief an den Vater könnte die Unterschrift „Dein treuer M" irritieren. Das „M" bedeutet jedoch nicht „Meyerbeer", wie manche zwangsläufig vermuten werden, sondern „Meyer". Dies war der eigentliche Vorname des Komponisten, der auch im Geburtsregister eingetragen ist und mit dem Meyerbeer innerhalb der Familie bis zur Umbenennung in „Meyerbeer" angesprochen wurde. 1811 unterschreibt Meyerbeer bereits „J. Meyerbeer" = „Jacques Meyerbeer", demonstriert also schon zu dieser Zeit seine Hinwendung nach Frankreich. Nur in der Familienkorrespondenz wird der Vorname „Meyer" noch beibehalten. Die italienisierte Form „Giacomo" begegnet erstmals in einem Vertrag vom 15. Dezember 1820, also in Meyerbeers italienischer Zeit, und wird nun auch von der Familie übernommen.

An Jacob Herz Beer

[*Wien, November 1814*]

Vierundzwanzig Stunden, nachdem ich das vorige geschrieben, erhalte ich auf einmal 2 Briefe zugleicherzeit vom 11t und 15t Oktober von Dir. Sage mir bester Vater, wie ist es möglich, daß Du mir den Vorschlag machen kannst, in die Mitte meiner Reise umzukehren, um in Berlin eine Oper von mir zu hören, die ich hier schon satt habe; oder in Berlin einen Arzt aufzusuchen, da es ihrer hier zu Dutzenden (berühmte und unberühmte) gibt. Du weißt von Jahren her, daß ich Paris als den ersten und hauptsächlichsten Punkt für meine dramatisch-musikalische Bildung betrachtet habe, kennst meine leidenschaftliche Vorliebe für die französische Opernbühne, und weißt, wie sehr ich mich dahin gesehnt habe. Ist es meine Schuld, daß der Krieg ein Jahr lang mich daran verhinderte; hast Du selbst mir damals nicht nach Mannheim geschrieben und mich dringend gebeten umzukehren und in Wien den Frieden abzuwarten mit der heiligen Versicherung, daß mich dann nichts hindern sollte meine Reise fortzusetzen (ich besitze diesen Brief noch). Du konntest mir den einzigen Vorwurf machen warum ich nicht gleich nach dem Frieden meine Reise fortsetzte, auch war dieses mein Vorsatz: allein wenn Du wüßtest wie unwohl ich mich im Frühling befand, würdest Du mich gewiß entschuldigen, und späterhin kam die mise en scene meiner Oper, die sich wie Du weißt so sehr verzögerte. – Freilich ist eine solche anderthalbjährige Verzögerung äußerst kostspielig für Dich, allein war diese Verzögerung meine Schuld oder die der Zeitbegebenheiten? Übrigens habe ich Dich so oft schon gebeten über diesen Punkt offenherzig zu sein, und es doch mir und keinem andren zu sagen, wenn Du glaubst, daß ich zuviel Geld ausgebe. Ein Wort, und ich schränke meine Ausgaben auf soviel ein als Du selbst bestimmen magst, denn ich mache mir gar nichts aus der Pflege des Körpers, und ihr noch mehr zu entziehen, würde mich wenig Überwindung kosten. Ich merke übrigens wohl ungefähr welche Ursache diesem plötzlichen Verlangen zum Grunde liegt. Aus dem letzten Briefe des Herrn Professor [*Wolfssohn*] sehe ich, daß man einen 2ten Kapellmeister für das Berliner Theater braucht, und daß

[*B. A.*] W[*eber*] nicht ungeneigt scheint, mich dafür in Vorschlag zu bringen. Wahrscheinlich fürchtet er eben so sehr, daß ein großes Talent an diesen Platz kommen und eignen Willen mitbringen werde, als er hofft, daß ich ein kleines Talent sein, und seinem Willen folgen werde. In beiden Punkten sollte er sich übrigen's geliebt es Gott, in mich geirrt haben: Doch das ginge mich nichts an (Der Irrtum wäre nur sein Schade) und ich würde den Platz ganz ehrenwert und annehmungswürdig finden, wenn ich meine musikalischen Studien ganz abgeschlossen und vollendet hätte. Allein Du weißt es, daß ich dazu von jeher für ganz unerläßlich die gründliche Kenntnis des französischen und italienischen Theaters rechnete, und deshalb kann ich mich unter keiner Bedingung entschließen eher nach Berlin zurückzukommen, als bis ich diese beiden Reisen gemacht. Ich finde das meiner musikalischen Überzeugung nach unumgänglich notwendig, und würde daher meine Reise in diesem Augenblick um keinen Preis der Welt aufhalten, müßte ich sie auch zu Fuß machen, hätte ich gegen die Wut aller Elemente zu ringen. – Mit schmerzlichem Bedauern sehe ich, daß ich seit einiger Zeit gar nicht mehr im Stande bin, etwas nach Deinem Wohlgefallen zu tun, selbst wenn es mit Deinen früheren Ansichten übereinstimmte. So z. B. beklagst Du Dich früher, daß ich nichts von mir hier auf den Bühnen brächte u. jetzt geschieht's und nun schreibst Du mir, daß Du nicht begreifst, daß ich eine Oper gebe, da man sie nicht vor August studiert. Früher warst Du ganz und gar mit meinem Reiseplan einverstanden, jetzt, da die musikalische Lage der Sache noch auf ein Haar so steht wie ehemals (denn die politische Lage hat darauf kein Einfluß), wünschest Du auf einmal wieder, daß ich umkehren soll. – Laß mich, ich bitte Dich flehentlich, diese letzte Schritte meiner Künstlerbildung in Ruhe vollenden, und verbittere nicht durch Deine stete (mir höchst schmerzliche) Unzufriedenheit den einzigen lichten Punkt im Focus meines Leben's, das freie Studium und die Ausübung meiner Kunst. Nimm mir dieses und der einig alleinig ungetrübte Quell meiner moralischen Lebenspraxis ist versiegt – Lebe wohl für heute. Es ist zu spät wieder durchzulesen, was ich hingeschrieben habe, allein ich spüre es schon ungefähr an dem Klopfen und Leben meiner Pulse, daß ich unwillkürlich wohl wieder in jene Stimmung hineingetreten sein mag, wo ich unbewußt zu viel, zu heftig und zu bitter spreche. Ist dies der Fall gewesen, so nimms nicht so genau damit. Überhaupt, mein guter Vater, habe freundlich Geduld mit mir, bis die Veränderung der Luft, des Ort's und der Menschen meine Nerven den Ton und meinem Gemüte die Fassung wieder gegeben haben werden, die das mannigfaltigste Spiel der Bosheit seit 6 Wochen mir ganz geraubt hat. Denn wahrlich nicht das Mißfallen der Oper hat mich so affiziert; als Theaterkomponist, als junger Theaterkomponist, würde ich es mir als förmliche Unbescheidenheit zurechnen, wenn ich mir nicht bei jedem neuen Werk die Möglichkeit des Mißlingens dächte; allein die unaufhörlichen Falschheiten, Neckereien und Kabalen, die vom Momente der Annahme bis zur Aufführung mich zu bestürmen gar nicht aufhörten und gegen die ich notgedrungen mich immerfort wehren mußte, diese nun haben mich wahrhaft angegriffen, erschöpft. –

Dein treuer M.

Ende Dezember 1814 trifft Meyerbeer in Paris ein. Paris, die Metropole Europas, die Weltstadt, begeistert und berauscht den jungen Komponisten: „Die Wunderwerke der Kunst und Natur und besonders die Theater haben sich meines ganzen Wesens mit solcher Wut bemächtigt, es ist eine solche geistige Genußsucht in mich gefahren, daß ich von Museum zu Museum, von Bibliothek zu Bibliothek, von Theater zu Theater etc. mit einer Rastlosigkeit wandre, die dem ewigen Juden Ehre machen würde", *schreibt er an Gottfried Weber. Halbe Tage verbringt er in der Bibliothek, um Partituren und musiktheoretische Werke zu studieren. Am 30. November 1815 bricht er gemeinsam mit seinem Bruder Wilhelm nach London auf. Auch hier sitzt er Abend für Abend im Theater, studiert Sänger und Orchester, besucht Museen und sucht vor allem die Begegnung mit den nambaften Pianisten der Zeit, mit Ries, Klengel, Cramer, Kalkbrenner, um seinen eigenen Rang in der Phalanx der Klaviervirtuosen zu erkennen. Am 31. Dezember 1815 setzen die Brüder Beer wieder den Fuß auf französischen Boden, nur wenig später, Anfang des Jahres 1816, reist Meyerbeer nach Italien – konsequent gedenkt er hier seine Aus-*

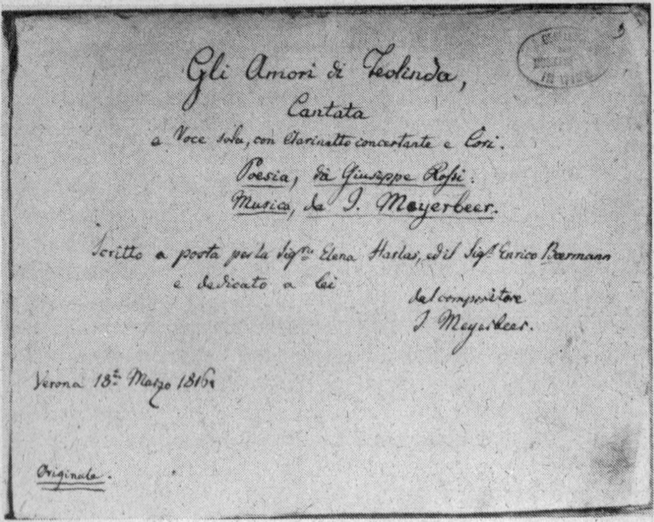

Partitur der Kantate „Gli Amori di Teolinda". 1816
Widmung und Beginn der Introduktion

bildung zu vollenden. Rossinis Stern beginnt zu dieser Zeit aufzuleuchten, während sich um ihn Mittelmäßigkeit breitet. Meyerbeer durchstreift Italien bis hinunter nach Sizilien, wo er Volkslieder sammelt. Er knüpft Bekanntschaften mit dem Librettisten Gaëtano Rossi, mit dem Korrespondenten der Leipziger „Allgemeinen musikalischen Zeitung", Pietro Lichtenthal und dem Schriftsteller und Journalisten Franz Sales Kandler (1792–1831). 1817 bringt Meyerbeer seine erste italienische Oper auf die Bühne, „Romilda e Costanza", ihr folgen 1819 „Semiramide" in Turin und am 26. Juni „Emma di Resburgo" in Venedig, die es auf 74 Aufführungen bringt und Meyerbeers Ruhm in Italien begründet. Kandler berichtete in der Österreichischen „Allgemeinen musikalischen Zeitung", Meyerbeer habe einen vollendeten Sieg über seinen gepriesenen Vorgänger – Rossinis „Edoardo" – errungen. Kenner sähen in ihm den Mann, der für die Reformation der italienischen Oper Wichtiges leisten könnte.

An Franz Sales Kandler

[*Venedig, 27. Juni 1819*]

Mein sehr teurer Freund!
Ihr freundliches geistreiches Blatt von gestern hat mich in den letzten Momenten einer langwierigen Arbeit, die mich fast erschöpft hatte, gleich liquore annodino [*schmerzstillendes Mittel*] wieder belebt, und mir den Mut wiedergegeben, den ich fast verloren hatte. Ihr gütiges Billet von heute erfüllt mich mit Freude und Dankbarkeit. Ihnen sagen zu wollen, daß Ihr Beifall mir schmeichelhafter ist, als der eines leichtsinnigen unwissenden Parterres, wäre überflüssig: Sie kennen sich und mich. Aber wofür ich Ihnen herzlich danke, das ist die Nachsicht mit der Sie übersehen, was ich für das Publikum tun mußte, und der wahrhafte Freundeseifer, mit dem Sie das hervorsuchen, was ich in dieser Oper für die Kunst zu tun gestrebt habe, denn ich bin mehr als überzeugt, daß Ihrem Scharfblick nicht entgangen ist, was anders hätte sein sollen. – Ich werde die „Emma" meine glücklichste Produktion nennen, wenn sie mit dazu beigetragen hat, ein recht enges Band der Freundschaft und künstlerischen Verbindung unter uns zu knüpfen. Ich

achte Sie so sehr, daß ich Sie ein wenig fürchte, mein teurer Freund, und bei jeder schwachen Stelle habe ich gestern Abend's mit Herzklopfen an Freund Kandler gedacht. – Ich werde heute Abend's präzis 6 Uhr bei Ihnen sein, um die Introduction unsrer stundenlangen Kunstgespräche zu beginnen, und zugleicherzeit Sie über alles, was Sie wegen „Emma" in musikalischer Hinsicht verlangen, zu befriedigen: Die Partitur, wenn Sie sie begehren (um wie Sie sagen Beispiele für Ihr Urteil daraus auszuziehen), irgend ein ganzes Stück, wenn Sie es vielleicht als Musikbeilage der Wiener musikalischen Zeitung senden wollen, kurz alles worüber ich zu gebieten habe, das steht zu Ihrem Dienste, nur mein Herz nicht mehr, denn das haben Sie mir schon früher gestohlen.
Ich grüße Sie und küsse Sie im Geiste, bis zur reellen Umarmung, heute Abend's
P. S. Schelten Sie Ihren Boten nicht, daß er lange ausgeblieben ist: ich habe unter meinen Papieren gesucht, ob ich nicht irgend einen meiner kleinen Rätselkanons fände, ihn gleich auf Ihr Blättchen zu schreiben: das hat mich so lange

Bühnenbild zu „Semiramide riconusciuta" von Antonio Basoli

aufgehalten. Ich habe aber nichts gefunden, und muß Ihre Nachsicht noch für 24 Stunden in Anspruch nehmen. Nochmals Adieu, Ihr Freund mit Leib und Seele

Meyerbeer

im Bette um 11 Uhr!

Das Engagement des seinerzeit wohl bedeutendsten französischen Bassisten Nicolas Prosper Levasseur (1791–1871), der 1820 die Rolle des Carlo Belmonte in Meyerbeers Oper „Margherita d'Anjou" in Mailand kreiert hatte, kam nicht zustande. Levasseur aber war es wohl, der für Meyerbeer die Beziehungen zur Pariser Oper knüpfte. Ganz auf seine Individualität abgestimmt, konzipierte Meyerbeer wenige Jahre später für Levasseur die Rolle des Bertram in seiner Oper „Robert le Diable", die 1831 seinen Weltruhm einleitete.

An Nicolas Prosper Levasseur

Venedig, 21. Mai 1823

Mein Herr!

Mit dem größten Vergnügen erinnere ich mich stets der vornehmen Art, mit der Sie Ihre Rolle in meiner „Margherita d'Anjou" gestaltet haben, und ich habe sehr oft danach gewünscht, noch einmal von Ihrem großen Talent zu profitieren. Die Gelegenheit ergibt sich vielleicht in diesem Moment. Die Direktion des großen Theaters la Fenice in Venedig hat mich eingeladen, für den nächsten Karneval eine neue Opera seria zu komponieren. – Ich weiß, daß diese Herren noch keinen Bassisten engagiert haben, und daß sie selbst in der Wahl ein wenig unsicher sind, weil sie einen ganz vorzüglichen Sänger haben wollen. Ich wünschte sehr, Sie vorschlagen zu können, aber bevor ich dies tue, müßte ich wissen, ob es Ihre Verpflichtungen in Paris Ihnen erlauben, zur Karnevals-Saison nach Italien zu kommen, und welches Honorar Sie verlangten. Die Saison beginnt am 26. Dezember und dauert dieses Mal bis zum 20. März, aber die Sänger müssen sich schon Anfang Dezember zum Beginn der Proben in Venedig einfinden. Ich erinnere mich, mein lieber Freund, einmal von Ihnen gehört zu haben, daß

„Margherita d'Anjou", Klavierauszug

Sie nur ein Engagement von 6 Monaten oder einem Jahr zur Rückkehr nach Italien bewegen könnte. Ich muß Sie davon in Kenntnis setzen, daß das Teatro la Fenice Ihnen kein vergleichbares Angebot machen könnte, weil dieses Theater nur einmal im Jahr geöffnet ist, während des Karneval. Wollen Sie mich möglichst schnell mit einer Antwort beehren, damit ich Sie der Direktion mitteilen kann; wie

Prosper Levasseur als Robert in „Robert le Diable". Le Charivari Bruxelles 1839, Pantheon Charivarique

auch immer diese Angelegenheit ausgehen mag, glauben Sie, daß ich außerordentlich glücklich wäre, Sie wieder zu sehen, Sie zu hören und für Sie eine Rolle in meiner Oper zu schreiben.
Ich bitte Sie, Ihre Antwort nach Florenz, an die Herren Samuel Guerber & Comp. für Herrn Jacques Meyerbeer zu richten. In Erwartung dieser habe ich die Ehre mit der vollkommensten Bewunderung mich als Ihr ergebenster Diener und Freund zu bezeichnen.

Jacques Meyerbeer

An Nicolas Prosper Levasseur

Mailand, 5. Juli 1823

Mein Herr!
Ihr Schweigen hat uns auf die Folter gespannt. Es kann höchstens zwanzig Tage dauern, um Antwort aus Paris auf

einen Brief aus Venedig zu erhalten, und wir waren noch am 36. ohne Nachricht von Ihnen. Ich habe alles getan, was ich konnte, um das Engagement eines anderen Bassisten hinauszuzögern, und ich muß bekennen, daß Herr Crivelli seinen besten Willen bei dieser Gelegenheit gezeigt hat, weil er sehr erfreut wäre, Sie zu besitzen; aber schließlich konnte er seine Wahl nicht mehr hinauszögern, da er die Verpflichtung hat, Ende Juni die Liste des kompletten Ensembles seiner Direktion vorzulegen. Er hat daher am 25. an Ihrer Stelle einen gewissen Herrn Zuccoli engagiert – und am 28. kam Ihr Brief. Ich habe ihn sofort Herrn Crivelli mitgeteilt, und er ist wie ich verzweifelt, daß wir Sie für dieses Jahr durch die Verzögerung Ihrer Antwort verloren haben. Er hat mich indessen beauftragt, Ihnen zu sagen, daß er das große Theater von Venedig für 5 Jahre gepachtet habe und es sich vorbehalte, Sie für die nächste Saison zu verpflichten, und daß er Ihnen direkt darüber schreiben würde. Das ist alles schön und gut für ihn und für Sie, aber mir, mir entgeht unterdessen das Vergnügen, in diesem Karneval für Sie zu schreiben. Ich habe auch Seine Exzellenz den Herrn Gouverneur von Mailand (unter dessen Aufsicht sich z. Zt. das Teatro alla Scala befindet) über Ihre guten Absichten nach Italien zurückzukehren, informiert. Er bewundert Sie sehr und wäre erfreut, Sie für den nächsten Frühling gewinnen zu können, für den Fall, daß Herr Remorini, mit welchem man schon seit langer Zeit wegen eines Engagements verhandelt, für diese Saison nicht kommt, was durchaus eintreten könnte. Das wird sich bald entscheiden, und ich habe die Ehre, Sie umgehend darüber zu informieren.

Sehr hat mir eine Passage Ihres Briefes geschmeichelt, in der Sie mir von der guten Meinung des Herrn Direktors der französischen Opéra über mein schwaches Talent berichten. Sie fragen mich, ob es für mich nicht ohne Reiz wäre, für die französische Bühne zu arbeiten? Ich versichere Ihnen, daß es für mich weit ehrenvoller wäre für die französische Oper zu schreiben, als für alle italienischen Theater zusammen (den bedeutendsten von diesen Theatern habe ich übrigens meine Werke gegeben). Wo anders als in Paris findet man diese immensen Mittel, die die französische Oper dem Künstler bietet, der danach trachtet, eine wahr-

Prosper Levasseur, Adolphe Nourrit und Marie Cornélie Falcon bei der Reprise der Oper „Robert le Diable" 1835.
Gemälde von Lepaulle

haft dramatische Musik zu schreiben. Hier fehlen uns vor allem gute Operndichtungen und das Publikum goutiert nur ein einziges Genre der Musik. In Paris gibt es excellente Dichtungen, und ich weiß, daß Ihr Publikum unterschiedslos für alle Arten der Musik Verständnis zeigt, wenn sie voller Erfindungskraft sind. Es bietet sich somit dort ein weitaus noch unbestellteres Feld für den Komponisten als in Italien. Sie werden mich vielleicht fragen, warum ich bei meiner Ansicht bisher noch nicht danach gestrebt habe, für Paris zu schreiben? Nun, weil man uns hier die französische Oper als ein Feld darstellt, das mit Schwierigkeiten übersät ist und wo man gewöhnlich mehrere Jahre warten muß, ehe man mit einer Oper herauskommen kann, und das macht einen ängstlich. Ich gestehe auch, daß ich in dieser Hinsicht vielleicht von Italien verwöhnt bin, wo man sich bisher sehr um mich bemüht hat, obgleich ich bekenne, daß das eher eine Folge der außergewöhnlichen Nachsicht meines Publikums ist, als mein eigenes, sehr kleines Verdienst.

Nehmen Sie die Versicherung meiner vollkommensten Hochachtung, mit der ich die Ehre habe zu sein

Ihr ergebenster Diener
Jacques Meyerbeer

Die Uraufführung der Oper „Il Crociato in Egitto", von deren Premiere in Florenz Meyerbeer dem Kritiker und Redakteur der „Gazetta di Milano" berichtet, hatte am 7. März im Teatro La Fenice in Venedig stattgefunden. Meyerbeer wurde stürmisch gefeiert und erregte erstmals internationale Beachtung. „Habe ich jemals menschliche Raserei gesehen, so war es bei einer Aufführung des ‚Crociato in Egitto'", schrieb Heinrich Heine einige Jahre später über seine Eindrücke in Italien, „wenn die Musik manchmal aus dem weichen, wehmütigen Ton plötzlich in jauchzenden Schmerz übersprang. Jene Raserei heißt in Italien furore." – Mit dem „Crociato" neigt sich eine langwährende Ära der italienischen Operngeschichte ihrem Ende zu: die Ära der Kastraten. In tiefer Bewunderung seiner unvergleichlichen Gesangskunst und seiner würdevollen Rollengestaltung hatte Meyerbeer die Titelrolle des Werkes für den letzten berühmten Kastraten, Giovanni Battista Velutti (1780–1861) geschrieben, dem er auch noch in späteren Jahren voller Verehrung zugetan blieb.

An Francesco Pezzi

Florenz, 3. Juni 1824

Mein guter Freund!
Haben Sie mich ganz vergessen? Schon vor einer Ewigkeit habe ich die zwei Stücke Ihrer schönen Kantate beendet, aber die restlichen Stücke kommen nicht, obgleich Sie sie mir (mit einer anderen Dichtung des Lamento) 8 Tage nach meiner Abreise nach Florenz senden wollten. Hatte ich nicht Recht zu fürchten (wie ich sagte, als wir darüber sprachen), daß Sie mit mir noch nicht Ihren vollen Frieden gemacht und mir Ihr Vertrauen geschenkt hätten? Falls Sie den Rest der Kantate ganz fertig haben, wollen Sie ihn mir nach Florenz senden, wo mich Ihr Brief noch antreffen wird, wenn Sie ihn nicht zurückhalten möchten und ich nehme ihn selbst mit, wenn ich in 12 Tagen auf der Reise nach Berlin durch Mailand komme. –

Meyerbeer. Karte des Weltpostvereins nach einem frühen Gemälde aus der italienischen Zeit

Sie haben mir erlaubt, Ihnen Nachrichten über meine Oper in Florenz zu geben, und ich kann es mit Vergnügen tun, weil ich Ihnen einen der brillantesten Erfolge ankündigen kann, den ich bisher errungen habe. Die Oper ist mit wahrem Enthusiasmus aufgenommen worden. Während der 3 ersten Vorstellungen hat mich das Publikum jeden Abend 4mal auf die Bühne gerufen, dieselbe Ehre wurde auch den Sängern nach ihren Favoritstücken zuteil. Velutti, der keinen Erfolg in der „Ginevra" [*von Simon Mayr*] hatte, weil er fortwährend krank war, hat in meiner Oper von neuem den ganzen Charme seines großen und flexiblen Talents entfaltet. Von einem Augenblick zum andern zart und energisch hat sein Gesang Beifallsstürme entfacht, selbst bei seinen ausgesprochenen Gegnern. Unsere Tosi war bei der ersten Vorstellung indisponiert und konnte nicht so singen, wie das Publikum mit Recht von ihr erwartete (unter uns gesagt, war auch ein wenig Böswilligkeit im Spiel, weil es zwischen ihr und Velutti wegen der Rollen Verstimmung gegeben hatte). Während der zweiten Vorstellung, wo sie besser bei Stimme war, hat sie allerdings ausgezeichnet gesungen und das Publikum hat ihr unendlich applaudiert. Der Tenor Reina hat sich die größte Ehre gemacht. Er hat mit höchster Vollendung die Art von Crivelli imitiert, für den diese Rolle geschrieben wurde, und das Publikum hat ihm mit Begeisterung applaudiert. – Im Moment wo ich dieses schreibe, gibt es noch keine Artikel über meine Oper in den Zeitungen von Florenz. Ich werde meinen Brief nicht abgehen lassen, bis etwas erschienen ist, um es ihnen beizufügen. Weil ich doch weiß, daß man hier überaus schlecht schreibt, so hoffe ich, daß Sie nur die notwendigsten Dinge stehen lassen und daß Sie den größten Teil verändern, in dem Sie ihm das magische Kolorit Ihrer eleganten Feder leihen, mit der sie auf alle Dinge, die angesprochen sind, zu antworten weiß.

Ich wage zu hoffen, daß Sie mir diesen erbetenen Dienst erweisen wollen, wie Sie die Güte hatten, mir spontan bei meiner Abreise aus Mailand zu versprechen. Eine andere Bitte, die ich noch hinzufügen möchte, wäre, Ihren Artikel sobald als möglich zu veröffentlichen, damit er vor meiner Ankunft in Mailand in Ihrer Zeitung erscheint. – Mein guter Freund, ich fühle, daß es unbescheiden ist, Sie um alle diese Dinge zu bitten, aber Ihre Freundschaft und Güte machen mir Mut, Ihnen alle meine Wünsche auszusprechen, die auf Ihr Wohlwollen und Ihre Freundschaft rechnen. Adieu, ich spreche meinen Dank im voraus aus und bezeichne mich für das ganze Leben als Ihren aufrichtigen Freund

Jacques Meyerbeer

Am 30. Juli 1824 hatte Rossini die Leitung der italienischen Oper in Paris übernommen – ermuntert durch den strahlenden Erfolg des „Crociato" in Italien, lud der Oberintendant Sosthène de la Rochefoucauld Meyerbeer umgehend ein, seine Oper in Paris zu inszenieren. Meyerbeer hatte sein Ziel erreicht: am 23. Februar 1825 traf er in Paris zur Vorbereitung der Pariser Erstaufführung ein. Im Mai kehrte er für einige Zeit zur Einstudierung seines „Crociato" in Padua nach Italien zurück, versagte sich aber die Reise nach London, da die Seriosität der Aufführung des „Crociato" im King's Theatre durch Barbajas Truppe und Velutti garantiert wurde. Der Erfolg der Oper in London war so bedeutend, daß die englische Musikzeitung „The Harmonicon" dem Werk einen ungewöhnlich ausführlichen Bericht mit einer Notenbeilage von nahezu 60 Seiten widmete.

An Francesco Pezzi

Paris, 10. Juli 1825

Mein teurer und liebenswürdiger Freund!
Sicherlich hätte ich nicht so lange gezögert, Ihrem liebenswürdigen Wunsche zu entsprechen, gleich nach meiner Ankunft in Paris zu schreiben, hätte ich nicht zugleich Nachrichten über das Schicksal meines „Crociato" in London geben wollen, der dort am 29. Juni in Szene ging. Da ich aus langer Erfahrung das Interesse kenne, das Sie aus Freundschaft am Erfolg meiner schwachen Werke hegen, so glaube ich Ihnen Freude zu bereiten, wenn ich Ihnen mitteile, daß der „Crociato" in London einen brillanten und vollen Erfolg errungen hat. Velutti hat dabei debütiert: er mußte am ersten Abend gegen eine starke Opposition kämpfen. Diese Opposition war nicht gegen sein Talent ge-

„Il Crociato in Egitto“, Klavierauszug

richtet, sondern gegen seine Person, weil ein Teil des Publikums es unanständig und wider die Moral fand, einem Kastraten zu erlauben auf der Bühne zu erscheinen. Velutti behielt die Nerven, sich nicht durch das Murren und Pfeifen abschrecken zu lassen, er besiegte glorreich alle seine Gegner und machte Furore. Die englischen Zeitungen, deren Berichte ich Ihnen in Übersetzung beilege, melden, daß die zweite und dritte Vorstellung dieses großen Künstlers einen allgemeinen Enthusiasmus erregten. Es scheint mir nicht angebracht, Ihnen gegenüber von dem Erfolg der Musik zu sprechen, aber ich kann Ihnen wenigstens von einem Faktum berichten, das zeigt, wie populär sie in so kurzer Zeit geworden ist: Acht Tage nach der Premiere des „Crociato" hat man eine englische Oper „Broken promises" („La promesse rompue") gegeben, in die man schon das Trio und die Romanze („Giovinetto cavalier") des „Crociato" mit englischem Text eingefügt hat; man hat mein Werk auf der Stelle adaptiert.

Ich habe die Ehre in diesen Brief einige Auszüge aus englischen Zeitungen zu legen, die man im Drapeau blanc und im Corsaire veröffentlicht hat. Ich habe sie ausgewählt, weil sie ein wenig detaillierter sind als die im Journal des Débats, im Courier français oder in anderen Blättern publizierten. Sie wissen, welche großen Stücke ich auf Ihr Journal halte. Ich wäre sehr erfreut, wenn Sie einen Artikel in Ihr Feuilleton aufnähmen, Sie könnten dem italienischen Publikum den Erfolg des „Crociato" in London bekanntmachen. Sie haben so oft mit Ihrem Blatt wirksam bei der Verbreitung meines kleinen Ruhmes mitgeholfen, daß ich zu hoffen wage, Sie werden mir auch bei dieser Gelegenheit dasselbe Wohlwollen bekunden.

Empfangen Sie, mein teurer und liebenswürdiger Freund, auch die Grüße meines Bruders, der im Moment hier ist, und sehen Sie in mir auch weiterhin Ihren

ergebenen Diener und Freund
Meyerbeer

Die Pariser Erstaufführung des „Crociato" am 25. September 1825 verlief äußerst glanzvoll. Der eindeutige Erfolg des Werkes beeindruckte Friedrich Wilhelm III. von Preußen, der einen Tag nach der Premiere eintraf und der zweiten Vorstellung beiwohnte. Schon am 9. Oktober erließ er eine Kabinettsorder, in der er Meyerbeer zur Komposition einer deutschen Oper aufforderte. Am 17. Oktober bat Graf Brühl Meyerbeer, seinen „Crociato" auch in Berlin einzustudieren. Dieser wußte jedoch sehr wohl, daß er in seiner Heimatstadt die ersehnte Anerkennung nur bei einem vorbehaltlosen Erfolg errin-

gen konnte. Andererseits mochte ihn jetzt, wo er sich am Ziel seiner Wünsche sah, das heißt wo er sich anschickte, eine französische Oper für die Pariser Opéra zu schreiben, ein Kompositionsauftrag für Berlin wenig locken. Auch die im Brief genannte Oper für das Teatro San Carlo in Neapel „Ines de Castro" kam nicht zur Ausführung.

An Karl Graf von Brühl

... [*Berlin, 11. Dezember 1825*]

Dero Anfrage, ob es bereits eine deutsche Übersetzung der Oper „Il Crociato in Egitto" gibt, glaube ich mit ‚Nein' beantworten zu können; wenigstens ist mir keine bekannt. Es haben mir zwar bereits zu diesem Zwecke mehrere Dichter die Partitur begehrt, allein ich habe sie stets abgeschlagen, da es meine feste Überzeugung ist, daß der „Crociato" in deutscher Übertragung auf deutschen Bühnen nur einen gänzlich ungünstigen Erfolg haben kann. Meine Gründe für diese Ansicht beruhen z. T. auf der Dichtung, die trotz der unendlichen Komplikation des Dramas dennoch so monoton und ermüdend, so unmotiviert und fragmentarisch ist, daß von dieser Seite nur Mißfallen zu erwarten wäre. Besonders würde dieses mit der ganz eingeschobenen Rolle der Felicia der Fall sein, die ein so dramatisches Publikum als das Berliner kaum wohl dulden dürfte, und doch ist in musikalischer Hinsicht (besonders der Ensemblestücke halber) diese Rolle so wichtig geworden, daß sie trotz ihrer dramatischen Nullität nicht nur nicht hinweggelassen werden könnte, sondern (des Terzetts halber) nicht einmal der Charakter derselben umgeformt werden könnte. – In der Musik selbst würden gewiß viele Einzelfragen der Gesangsformen (durch die Individualität der italienischen Sänger und den Geschmack des italienischen Publikums bedingt) ein deutsches Publikum, besonders als Produkt eines deutschen Tonsetzers nicht ansprechen, und doch sind wiederum diese Gesangsformen, wie zufällig und außerwesentlich sie auch erscheinen mögen, so fest in der Wesenheit des Ganzen eingewoben, daß auch die kleinste Änderung derselben ohne Zerstörung der Totalwirkung nicht geschehen kann ...

So höchst unangenehm es mir daher sein müßte, wenn

Friedrich
Wilhelm III.
Gemälde von
Franz Krüger

der „Crociato“ in deutscher Übertragung in Berlin gegeben würde, ebenso erfreulich würde es mir sein, ein eigenes Werk für die Kgl. Bühne meiner Vaterstadt auf die Individualität der Berliner braven Sänger und den Geschmack des Publikums berechnet, zu komponieren. Die Aufforderung S. M. des Königs erfüllt mich daher nicht nur mit ehrfurchtsvoller Erkenntlichkeit für das ehrenvolle Zutrauen meines gnädigen Monarchen, sie begegnet auch meinen Wünschen, und ich nehme sie daher um so dankbarer an. Diese Oper soll meine erste Arbeit sein, sobald ich meine beiden früheren Verpflichtungen gelöst habe, zu deren Erfüllung ich kontraktmäßig gebunden bin. Es sind dies eine italienische Oper für das Kgl. Teatro San Carlo zu Neapel und eine französische Oper für die Académie royale de musique zu Paris. Die letzte der beiden Opern bin ich verpflichtet vor dem gänzlichen Schlusse des künftigen Jahres auf die Bühne gebracht zu haben. Von 1827 an kann ich also einzig und allein meine Kräfte der Komposition eines Werkes für Berlin weihn.

Jakob Herz Beer war am 27. Oktober 1825 in Berlin verstorben, während Meyerbeer noch in Paris weilte. Schon kurze Zeit später, am 28. November 1825, verlobte er sich in Berlin mit seiner Kusine Minna Mosson, um als nun ältestes männliches Mitglied der Familie nach jüdischem Brauch so rasch wie möglich einen eigenen Hausstand zu gründen. Über die bisherigen Beziehungen der jungen Liebenden zueinander geben die erhaltenen Briefe und Dokumente keine Auskunft. Die Hochzeit fand am 25. Mai 1826 in Berlin statt.
Die für Neapel geplante Oper „Ines di Castro" nach einem Libretto von Gaetano Rossi gedieh nicht über Skizzen hinaus. Meyerbeers wachsende Reputation in Paris trug dazu bei, daß er sich schließlich aller Verpflichtungen in Italien entledigte: Ein bemerkenswertes Eingeständnis, daß ein Opernerfolg in Paris, der heimlichen Hauptstadt Europas, durch keinen noch so spektakulären Bühnentriumph in Italien aufgewogen wurde.
Die Erstaufführung des „Crociato" in italienischer Sprache war in München schon im Juli 1825 erfolgt. Meyerbeer empfiehlt Baermann nun seine für Paris konzipierte, erweiterte französische Fassung dieser Oper als Vorlage für die deutsche Übersetzung.

An Heinrich Joseph Baermann

Augsburg d. 9. März 1826

Mein geliebter Freund und Bruder!
Es hat mich unendlich gefreut durch Herrn Santini wieder einmal Nachrichten von Dir zu erhalten. Sehr leid tat es mir indes, daß Du wähnen kannst, die Liebe zu meinen alten Freunden sei geschwächt, weil ich meinen Weg nicht über München nach Mailand genommen habe. Es wäre wohl sehr ungerecht, ja sogar undankbar von mir, wenn ich, (abgesehen von meiner persönlichen Liebe zu meinen alten Münchner Freunden) nicht wahrhafte Anhänglichkeit und Dankbarkeit für München fühlen sollte, da man dort stets mit so vieler Nachsicht und Wohlwollen meine musikalischen Produktionen aufnahm. Allein mein teurer Bruder, ich bin Bräutigam, und ein recht inniger sogar: ich habe daher bis auf den letzten Augenblick meine Abreise nach Italien aufgeschoben, und bin dann dort hingeeilt, um meine bestehende Verbindlichkeit mit den dortigen Theatern nicht zu erfüllen, sondern davon dispensiert zu werden,

Minna Meyerbeer, geb. Mosson

wenn es anginge. Es ist mir auch wirklich gelungen für die neue Oper, die ich in Neapel schreiben sollte, von Barbaja einige Monate Aufschub zu erlangen, und die, welche ich in Mailand alla Scala schreiben sollte, habe ich ganz abgeschüttelt, indem es mir vergönnt worden ist, statts ihrer meinen „Crociato in Egitto" daselbst in die Scene zu setzen, welcher auch wirklich Donnerstag d 2. dieses in die Scene gegangen ist, und das Glück gehabt hat, einen Enthusiasmus zu erregen, dessen man sich seit vielen Jahren nicht in dem Teatro alla Scala erinnert. Ich bin jeden der 3 Abende, die ich sie dirigierte, 4 Maale herausgerufen worden. – Ich lege Dir die Mailänder Zeitung bei, welche Bericht über diese Aufführung erstattet, da ich ersten's durch den Herrn Faubel und Santini weiß, daß Du Dich noch wie früher mit Liebe für meine musikalischen Succes interessierst, und dann auch, weil es mir sehr angenehm sein würde, wenn Du einen Auszug davon in irgend eines der Münchner öffentlichen Blätter einrücken lassen könntest, da, wie Du mir schreibst, der „Crociato" in München bald deutsch gegeben werden soll, und es dann immer eine günstige Stimmung bei jedem Publikum erregt, wenn es vorher von einem großen Succes desselben Werkes (an einem so bedeutenden Theater wie die Scala) hört. Wenn Du mein teurer Bruder die Mailänder Zeitung zu dem obbenannten Zwecke benutzt haben wirst, so bitte ich Dich, sie mir nach Berlin zurückzusenden, da ich sie eigentlich meiner guten Mutter mitbringen wollte, deren einziger Trost es jetzt ist, wenn sie etwas rühmliches von ihrem Sohne hören und lesen kann. – Du wirst mich vielleicht nun fragen, warum ich denn nicht meine Rückreise über München gemacht habe. Allein, lieber Bruder, hätte ich nach 12jähriger Abwesenheit von München dahin kommen sollen, um 3 oder 4 Stunden dort zu bleiben? Hätte das mir, hätte das meinen Freunden nur irgend einige Freude gewähren können? Und länger hätte ich nicht bleiben können, da meine Braut den Tag meiner Abreise weiß und mir die Stunden bis zu meiner Wiederkehr nachzählt, ja mir wahrscheinlich sogar bis Leipzig entgegenkommt. Auch ich selbst eile mit ungestümer Sehnsucht dem Moment entgegen, der mein Geschick mit dem eines Wesen's vereinigen soll, von dem ich ein dauerndes Lebensglück hoffe. – Grüße mir warm und innig alle diejenigen meiner Münchner Freunde, welche sich meiner noch erinnern, vor allem aber meinen geliebten Freund Poißl. Sage ihm, daß ich erfahren habe, mit welcher Liebe, Freundschaft und Sorgfalt er meinen „Crociato" in München in die Scene gesetzt hat, und wie herzlich dankbar ich ihm dafür bin. Will er mich auf's allerhöchste verbinden, so soll er mit der deutschen Aufführung des „Crociato" noch ein paar Monate warten, damit ich ihm gleich nach meiner Ankunft in Berlin eine Abschrift der Partitur besorgen kann, mit alle den vielen Veränderungen, Kürzungen, Verbesserungen und neuen Stücken, die ich seit dem vorigen Jahre daran gemacht habe, und wodurch die Oper unendlich gewonnen hat. Ich bitte Dich mir darüber seine Meinung gleich nach Berlin zu schreiben, damit ich, auf den Fall seiner Zustimmung, gleich die Abschrift der Partitur besorgen lassen kann. – Nach alle dem was ich von München höre, soll auch M[*ada*]me Vespermann viel geeigneter zu der Rolle des Armando als D[*emoise*]lle Schechner sein. Ich hoffe daher Freund Poißl wird sie der erstern geben. – Wenn Du mir, wie ich hoffe, Auskunft über alle diese Punkte nach Berlin geben wirst, so vergiß nur nicht, wie Du es leider in Deinem letzten Briefe tatest, mich über Dein jetziges Leben und Wirken und über Deine künftige[*n*] Künstler-Pläne in Kenntnis zu setzen, die mich noch eben so lebhaft wie früher interessieren. – Erhalte mir ferner Deine Liebe und Freundschaft, und glaube mir, mein teurer Bruder, daß ich immer und ewig bleiben werde Dein wahrer Freund und Bruder

J. Meyerbeer

In Meyerbeers Taschenkalender wird „Robert le Diable", „Robert der Teufel", erstmals am 18. Februar 1827 erwähnt; die Oper war zunächst für die Opéra comique vorgesehen.
Meyerbeer wußte wohl, daß das Projekt einer „deutschen" Oper für Berlin an der Frage nach einem geeigneten Librettisten scheitern würde. Wer hätte das Libretto schreiben sollen? Es gab in Deutschland keine Librettisten von Rang – selbst die Gegner der „welschen" Opern beklagten die Langeweile deutscher Opernbücher. Der Anreiz, wie ihn Frankreich bot, fehlte: Erst 1844 führte man in Deutschland und Österreich nach französischem Vorbild die Zahlung von Tantiemen für Librettisten und Komponisten ein, das hieß $^1/_3$ für den Librettisten, $^2/_3$ für den Komponisten, die nun nicht nur an den Aufführungen ihrer Werke, sondern mit dem gleichen Anteil auch an dem Verkauf der Partitur, der Klavierauszüge und der Bearbeitungen beteiligt waren. Daß Scribe daher nicht auf seine Autorenrechte verzichten mochte, ist einsichtig.
Solange die Partitur nicht im Druck erschienen war, lagen die alleinigen Rechte bei den Autoren, die Aufführungen waren von ihrer Genehmigung abhängig. War diese erfolgt, wurde das handschriftlich

kopierte Aufführungsmaterial den Theatern zugestellt. Auf diese Weise genoß das neue Werk eine gewisse Schutzfrist, damit nicht unzureichende Kräfte den Erfolg der neuen Oper zunichte machten.

An Friedrich Wilhelm III. von Preussen

[*Berlin, 16. Juli 1828*]

Allerdurchlauchtigster Großmächtigster König und Herr!
Als Ew. Königl. Majestät vor zwei Jahren die hohe Gnade hatten, mir den ehrenwerten Auftrag zu erteilen, für die Königl. Bühne meiner Vaterstadt eine Oper zu komponieren, war es mein erstes und dringendes Bestreben einen guten Opern-Text zu finden, überzeugt, daß nur durch einen wahrhaft dramatischen Stoff eine echt dramatische Musik erzeugt werden kann, und ich natürlich von dem Wunsche beseelt war, das Beste zu leisten, was mein geringes Talent vermag, um der hohen Gnade Ew. Königl. Majestät nicht unwert zu erscheinen. –. Da ich nun zu gleicherzeit damals von dem Théâtre Feydeau in Paris die Aufforderung erhalten hatte, eine Oper für dasselbe zu komponieren, zu welcher die Direktion den berühmten Dichter Herrn Scribe veranlaßt hatte das Gedicht zu liefern, so vermochte ich Herrn Scribe einzuwilligen, daß ich diese Oper zuallererst im Königl. Theater zu Berlin, und dann erst in Paris produzieren dürfe. Allein eine langwierige Krankheit, welche Herrn Scribe bald nachher befiel, und späterhin andre theatralische Arbeiten, hinderten ihn über ein Jahr lang, diesen Operntext zu fertigen, und als er mir endlich denselben vor einigen Monaten zusendete, nahm er die früher gewährte Erlaubnis, die Oper vor der Pariser Darstellung in Berlin produzieren zu dürfen, zurück, indem er (seiner Angabe nach) seitdem erfahren hatte, daß diese Oper dadurch für Frankreich in die Kategorie der ausländischen Werke käme, für welche keine Droits d'Auteurs [= *Tantiemen*] bezahlt würden; diese seien aber in Frankreich im Fall eines Succes zu bedeutend, als daß er sie aufgeben könne. –. Da ich nun dieses vortreffliche Gedicht des Herrn Scribe, seines höchst romantischen Stoffes und Bearbeitung halber, sehr ansprechend für ein deutsches Publikum glaube, und es deshalb mein allerhöchster Wunsch ist, gerade damit mein erstes Debut auf der Königl. Bühne meiner Vaterstadt zu machen,

so geht meine alleruntertänigste Bitte dahin, daß Ew. Königl. Majestät geruhen wollen, diese Oper, trotz dessen sie nun zuerst in Paris gegeben werden muß, als diejenige anzunehmen, welche Höchstdieselben mir für Berlin zu komponieren aufzutragen geruheten. –. Die erste Vorstellung in Paris ist hinreichend, die Autorrechte des Herrn Scribe für Frankreich zu sichern, ich kann also gleich nachher Buch und Partitur nach Berlin absenden, und da kein andres Theater die Oper geben kann, ehe die Partitur gestochen ist, so würde das Berliner Theater lange vor allen übrigen dieselbe darstellen können, wenn diese meine untertänigste Bitte das Glück hat, Ew. Königl. Majestät allerhöchste Gewährung zu erhalten.

Ich ersterbe in tiefster Untertänigkeit

Ew Königl. Majestät

alleruntertänigster treuer Diener und Untertan

J. Meyerbeer

Die beiden ersten Kinder Meyerbeers, Eugenie und Alfred, starben schon im Alter von wenigen Monaten – Blanca Meyerbeer wurde am 15. Juli 1830 in Baden-Baden geboren, wo Minna Meyerbeer häufig die Sommermonate verbrachte. Der Brief an Marie Patzig, eine Angestellte im Hause Meyerbeers, steht hier als eines der zahlreichen Zeugnisse für Meyerbeers achtungsvolle und freundliche Haltung gegenüber Bediensteten.

An Marie Patzig

[*Paris, 20. Juli 1830*]

Mein wertes Fräulein!

Ich bin bereits im Besitze Ihrer beiden Briefe vom 16ten und 17ten dieses. Empfangen Sie meinen innigen Dank für die gütigen Mitteilungen, und genehmigen Sie meine dringende Bitte, mich auch noch in den nächsten 14 Tagen mit einem täglichen Bulletin über das Befinden der Mutter und des Kindes zu erfreuen. In diesen ersten paar Wochen, wo noch jeder Tag Veränderungen in dem Befinden der Wöchnerin und des Kindes herbeiführen kann, und ich daher Minna jede Stunde sehen möchte, erzeigen Sie mir daher nicht nur eine wahre Wohltat durch Ihre täglichen Mitteilungen, sondern das Außenbleiben derselben würde mich den Qualen ängstlicher und unglücklicher Vermutungen preisgeben, zu denen das menschliche Herz in der Entfernung von den Seinigen, nur allzu geneigt ist. Ich rechne also darauf, daß Ihr gutes Herz Sie zur pünktlichen Erfüllung meiner Bitte treiben wird, und bitte Sie im voraus die Versicherungen meiner innigsten Dankbarkeit zu genehmigen.

Mit der vollkommensten Hochachtung

Ihr ergebenster
Giacomo Meyerbeer

Darf man Heines Angaben in den „Briefen über die französische Bühne" vertrauen, so begegneten sich Meyerbeer und Heine erstmals 1829 in Berlin. Heine hatte 1828 eine freundliche Besprechung des „Struensee" von Meyerbeers jüngstem Bruder Michael Beer veröffentlicht, die ihm die Zuneigung des Hauses Beer eingetragen haben mag. Beide, Heine und Meyerbeer, begegneten sich 1831 in Paris wieder, das der Dichter zu seinem ständigen Wohnsitz wählte und wo er zahlreiche emigrierte deutsche Journalisten um sich versammelte. Hier nahm er Anteil an dem wachsenden Ruhm seines komponierenden Landsmannes, über dessen Erfolge er in der Augsburger „Allgemeinen Zeitung" berichtete. Aus Furcht vor den spitzen Waffen des Witzes und der Ironie, aber auch aus Fürsorge für den kranken Dichter fand sich Meyerbeer wiederholt bereit, Heine größere Summen zu zahlen. Mißverständnisse und Meyerbeers Saumseligkeit, durch die einige Volkslieder Heines unvertont blieben, führten schließlich zum Bruch zwischen beiden. – Meyerbeer setzte nur drei Gedichte Heines in Musik, vielleicht, weil er in Paris eher dem französischen dramatischen Chanson als dem deutschen Lied zuneigte. Heine arbeitete später die Meyerbeer betreffenden Feuilletons für die Buchausgabe so grundlegend um, daß sich das einstige Urteil meist in das Gegenteil verkehrte.

[*Paris, 25. Juni 1831*]

Verehrter Herr und Freund!
Ich höre, daß Sie viele neue Frühlingslieder gedichtet haben, die noch unbewundert vom Publico in Ihrem Pulte vergraben liegen. – Madame Valentin sagte mir, daß Sie einige Herrn Hiller gaben, andre aber noch musikalisch unverheiratet sind. Dürfte meine schüchterne Muse um diese reizenden Jungfrauen anhalten? Ich werde mir bei Madame Valentin Bescheid abholen.

Ihr Verehrer
Meyerbeer

„Die Partitur von ‚Robert der Teufel' ist nicht nur das Meisterwerk Meyerbeers, es ist eine bemerkenswerte Schöpfung in der Geschichte der Kunst … es stellt Meyerbeer unbezweifelbar an die Spitze der deutschen Schule. Er ist jetzt ihr Chef", urteilte François Joseph Fétis nach der glanzvollen Premiere der Oper am 21. November 1831 in der Pariser Opéra. Auch in anderen französischen Zeitungen wurde

Bühnenbild zu „Robert le Diable" von Pierre-Luc-Cherles Cicéri. Lithographie von Benoist und Bayot

Meyerbeer in begeistert lobenden Rezensionen ausdrücklich als deutscher Komponist apostrophiert. Mit dem sensationellen Erfolg dieser Oper errang Meyerbeer als Komponist Weltgeltung.

An Heinrich Heine

[*Paris, Dezember 1831*]

Werter Herr und Freund!
Der Wunsch des großen Dichters, meine Oper noch einmal zu hören, war mir zu schmeichelhaft, um ihn nicht in Erfüllung zu bringen suchen. Ich habe daher zur heutigen Vorstellung mir eine gute Stalle von meinem Cerberus von Direktor verschafft, und werde die Ehre haben, Ihnen dieselbe gegen 2 Uhr zu senden, da ich sie nicht früher erhalten kann. – Tausend Dank für die göttlichen Lieder: aber wo die Verse so viel Musik enthalten, wo sollen wir armen Notenschmierer noch melodischere Töne dazu finden. Indes ich werde es versuchen.

Mit ganzer Seele Ihr Verehrer
Meyerbeer

Meyerbeer wußte, daß ihm, gemessen an Paris, Berlin kaum gleichrangige Kräfte und Mittel für die Aufführung seiner Oper „Robert der Teufel" bieten konnte. Nur in Paris existierte schon ein ‚Conservatoire' von Rang, eine Musikhochschule nach heutigem Verständnis, aus der die Spitzensänger und Instrumentalisten für die Pariser Oper hervorgingen. Dennoch bestand für Meyerbeer kein Anlaß, an dem guten Willen des General-Intendanten, des Grafen Friedrich Wilhelm von Redern (1802–1883), zu zweifeln. Marie Taglioni (1804–1884) tanzte auch in Berlin die Rolle der sündigen Äbtissin Hélène in dem berühmten Nonnen-Ballett der Oper, das Edgar Degas später, 1871, in zwei meisterhaften Bildern verewigte. Erstmals dient das Ballett in dieser Oper nicht mehr nur als schmückendes Beiwerk, als eingeschobenes, unterhaltsames Divertissement, sondern ist integrierter, charakteristischer Bestandteil einer dramatischen Konzeption, mit der Meyerbeer die neue Gattung der ‚Grand Opéra' zukunftweisend prägt. Die Übersetzung für Berlin besorgte nicht Rellstab, sondern der Meyerbeer befreundete Theaterdichter Karl Winkler, genannt Theodor Hell.

Die Pariser Oper: Académie impériale de musique. Nonnenszene aus „Robert le Diable". Lithographie en couleur von J. Arnout

An Friedrich Wilhelm Graf von Redern

... [*Paris, 4. Februar 1832*]

Herr Baron von Humboldt ... teilte meine Meinung, daß nicht nur D^lle^ Taglioni's Darstellungen überhaupt von allerhöchstem Interesse für das Königl. Theater in Berlin sein würden, sondern daß es auch für den Erfolg von „Robert le Diable" in Berlin von größtem Nutzen wäre, wenn es sich so fügen wollte, daß das Einstudiren dieser Oper bis zur Anwesenheit des Herrn Taglioni und seiner Tochter in Berlin sich verzögern könnte, da derselbe nicht nur die Balletts dazu hier gemacht hat, sondern auch die höchst komplizierte mise en scène [= *Inszenierung*] leitete und außerdem alle Details der sehr schwierig auszuführenden, aber sehr effektvollen Dekorationen, Maschinerien, des magischen Mondscheins etc. kennt und angeben könnte. Außerdem ist auch die Rolle der Äbtissin Helene in dieser Oper für D^lle^ Taglionis Individualität von Herrn Scribe geschaffen worden, und sie hat sie mit unnachahmlicher Vollkommenheit in den ersten Vorstellungen getanzt, indem ein Fußübel sie nach der 4ten Vorstellung auf 6 Wochen von der Bühne entfernt hat …

Meine zweite Anfrage betraf zwei Dekorationen: die des Klosterkirchhofes mit den Gräbern im 3. Akt und die der Kirche im 5. Akt. Beide sind nach einem so neuen Systeme (namentlich auch in der Beleuchtungsprozedur) verfertigt und bringen eine so dioramenähnliche Wirkung hervor, daß schon mehrere fremde Theater allhier sich kleine Modelle davon verfertigen ließen. Meine Anfrage daher ging dahin, ob das Königliche Theater in Berlin die Ausgabe machen wollte, solche kleine Modelle von den beiden besagten Dekorationen von Herrn Ciceri zu bestellen, welche alsdann Herr Taglioni hätte mitbringen können.

Endlich habe ich auch noch die Bitte, an Ew. Hochgeboren die Bitte zu wagen, die Übersetzung dieser Oper Herrn Rellstab zu übertragen. Es war dieses immer mein Wunsch, und ich habe denselben Herrn Rellstab schon mitgeteilt, noch ehe ich vor 2 Jahren Berlin verließ. Stellen sich also diesem Wunsche keine Schwierigkeiten von Seiten des Theaters entgegen, so wage ich die Bitte, hochverehrter Herr Graf, meinen Wunsch zu berücksichtigen.

Die Partitur ist noch immer nicht gänzlich fertig. Ich hatte sie schon seit 6 Wochen abschreiben lassen, allein Herr Scribe hat während der Proben so viele Änderungen im Stück gemacht, daß sie par ricochet [= *indirekt*] auch auf die Partitur sich ausdehnten, und meine vorige Abschrift teilweise nicht zu gebrauchen war, indem ich natürlich die Oper gänzlich so, wie sie in Paris aufgeführt wird, nach Berlin senden wollte. Nun aber hat der Verleger meiner Partitur dieselbe auf so vielfältige Weise und für alle Instrumente arrangieren lassen, daß es mir drei Wochen lang nicht möglich war, dieselbe für meine Kopisten zu erhaschen. Es hat daran immer dahier nur par sauts et bonds [= *sporadisch*] geschrieben werden können. Übermorgen erhalte ich die letzten Nummern des fünften Aktes und kann daher mit Sicherheit den Abgang desselben in dieser Woche bestimmen.

Mit dem innigsten vollkommensten Vertrauen in Dero hohe und liberale Kunstansichten, in Dero gütige Gesinnung für mich, lege ich das Schicksal meines „Roberts“ in Ihre Hände, hochverehrter Herr Graf und fühle mich dop-

Pierre Luc Cicéri, bedeutender Bühnenbildner der Pariser Oper. Foto von Nadar

pelt glücklich, daß das wenigst unvollkommene meiner Werke zu gleicher Zeit das erste ist, welches unter Ihrer Leitung und unter Ihrer Protektion … in meiner Vaterstadt zur Aufführung kommt …

Alexandre Dumas (père) (1802–1870) hatte 1829 mit seinem Schauspiel „Henri III et sa cour" einen ersten Bühnenerfolg errungen. Meyerbeer erkannte mit feinem Gespür dessen dramatisches Talent und suchte nun die Zusammenarbeit mit dem jungen Dichter. Vielleicht erregte auch eine Bemerkung Spontinis Meyerbeers Aufmerksamkeit, er nähme einen Opernplan von Dumas mit nach Berlin – Meyerbeer berichtet in seinem Tagebuch darüber. Dennoch kam es zu keiner Zusammenarbeit: Dumas klagte später, Louis Véron habe ihm als Directeur der Zeitung „Revue de Paris" keine Aufträge erteilt und als Operndirektor bei dem Libretto für Meyerbeer ausdrücklich auf der Mitarbeit Scribes bestanden, so daß alle Pläne scheiterten.
Bei dem geplanten gemeinsamen Opernprojekt handelte es sich um die Oper „Les Brigands", zu der sich Notenskizzen Meyerbeers erhalten haben. Die Bemerkungen über die mitgeteilten Rhythmen enthüllen eine alte Opernpraxis, der Meyerbeer auch noch in späteren Jahren treu blieb: Meyerbeer komponierte Arien oder andere Gesangsnummern gelegentlich ohne Text, nur nach sogenannten „Monstres", das heißt rhythmischen Modellen. Vorgegeben war nur die Grundstimmung, der Charakter der Arie oder der Personen, das Wort-Ton-Verhältnis blieb dabei von untergeordneter Bedeutung.

An Alexandre Dumas

[*Paris, Frühjahr 1832*]

Mein lieber Mitarbeiter!
Ich schreibe Ihnen auf beiliegendem Bogen verschiedene Beispiele von guten musikalischen Rhythmen, die für die unterschiedlichen Genres geeignet sind, ich habe sie markiert – – –.
Ich wünschte, daß Sie einen Rhythmus oft anwendeten, weil er zu allem brauchbar ist, das ist der folgende:

O Seigneur / ta clémence	[O Herr / deine Gnade
a calmé / ma souffrance	hat gestillt / mein Leiden
ta grandeur / ta puissance	deine Größe / deine Macht
egalent ta bonté	sie gleichen deiner Güte]

Ich rechne noch immer auf Ihre Erlaubnis zwischen 4 und 5 Uhr zu Ihnen zu kommen
Mittwoch

Ihr ganz ergebener
Meyerbeer

Alexandre Dumas.
Foto von Nadar

Thomas Monck Mason hatte 1831 die Leitung des King's Theatre, der italienischen Oper in London, übernommen und sich sogleich die Aufführungsrechte für „Robert le Diable" gesichert. Doch bei der Premiere am 11. Juni 1832 war Meyerbeers Werk den Londonern längst bekannt. Nicht weniger als drei Bühnen hatten „Robert le Diable" – wenn auch in unzulänglicher Form und unrechtmäßig – in einem wahren Wettlauf mit der Zeit auf die Bühne gezerrt: am 23. Januar 1832 kam im Adelphi-Theater eine Parodie heraus, „Robert le Diable, The Devil's Son", am 20. Februar folgte das Drury-Lane-Theatre mit „The Daemon", am 21. Februar Covent-Garden mit „The Fiend-Father or Robert of Normandie". Der Operndirektor des Drury-Lane-Theatre hatte kurzerhand die bereits im Stich erschienenen Solo-Piecen der Oper mit Klavierbegleitung gekauft und sie von seinem Orchesterdirigenten nach Gutdünken instrumentieren lassen. Die Ensemblestücke, Rezitative und Orchesterteile wurden, da man an das Aufführungsmaterial nicht herankam, von englischen Komponisten ergänzt! Wenn auch die „Times" das Vorgehen als eine Art Vandalismus verurteilte, so konnte Meyerbeer eine derartige Verstümmelung seines Werkes doch nicht verhindern.

Meyerbeers Mutter wurde im Familienkreis „Nonne" genannt, das heißt Großmutter, nach dem italienischen „nonna".

An Minna Meyerbeer

London d. 4. Mai [*1832*]

Abgott meiner Seele!

Soeben erhalte ich Dein liebes Schreiben, woraus ich ersehe, daß Du endlich meine beiden Briefe aus Paris und Calais erhalten hast. Du wirst wohl bei Ansicht dieses auch schon welche aus London von mir erhalten haben, und mithin aller Angst enthoben sein. Hoffentlich hast Du Dich nun auch überzeugt, wie unschuldig ich an der Verzögerung dieser Briefe war. Sei überzeugt, meine Einzige, wie groß auch meine Schreibfaulheit sein mag, daß sie nicht bis zu Dir dringt. Es sind die glücklichsten Momente am Tage die, wo ich mich mit Dir, mein geliebtes Weib, unterhalten kann, und ich würde jeden Morgen damit beginnen, wenn

„Robert le Diable", Paris 1831, 3. Akt. Lithographie von Achille Devéria

ich es mir nicht als Erheiterung für die Mitte des Tages aufsparte. Da ich die Trennung von Dir einzig nur in der Absicht unternommen, der Aufführung meines Werkes hier nützlich zu sein, so können alle für jeden anderen wirkenden Reizmittel (tägliche Einladungen zu Diners, Soirées, Bällen etc) mir keinen Ersatz dafür bieten, daß der Ruf von „Robert“ durch die Aufführungen von Coventgarden und Drurylane so zernichtet worden ist, daß man auch in der italienischen Oper nichts mehr davon hofft, ja daß sogar mein Künstler-Ruf im allgemeinen darunter gelitten hat. Ferner wird meine Geduld durch Masons liederliche Wirtschaft 20 Male den Tag auf die härtesten Proben gesetzt. Er hat italienische und deutsche Oper, Ballett und nun noch „Robert“ zu besorgen. Halbe Tage lang muß ich mich im Theater umhertreiben, bis ich ihn zu sehen bekomme; dann verspricht er alles, denn er ist die gutmütigste Seele von der Welt. Aber eine Viertelstunde darauf ist alles wieder vergessen. Denke Dir, daß auch jetzt noch nicht einmal die Chorproben begonnen haben, und daß auch noch nicht einmal entschieden ist, ob die Oper französisch oder italienisch gegeben wird. Und dabei geht der Urlaub der französischen Sänger d. 15. Juni zu Ende. –
Was mich aber mehr als alles schmerzt, das ist ein Brief von Michael aus Berlin. Die alte bösartige feindliche Stimmung scheint leider noch nach wie vor gegen mich dort obzuwalten. Michael schickt mir einen Aufsatz von Berlin in der Leipziger musikalischen Zeitung, worin man mit der größten Bitterkeit und Schärfe rügt, daß ich so lange mit der Oper gefackelt habe, daß es Verachtung gegen den König ist, die Partitur so spät zu schicken, fürchterlich auf das Buch loszieht, welches aller Sittlichkeit und Religion Hohn spricht, daß man von meiner Musik freilich noch nicht urteilen könne, allein, daß die einzelnen Stücke, die man in Konzerten gespielt habe, gar nicht angesprochen hätten. Es steht den Leuten gut an, die mich jahrelang mit Füßen getreten, darüber zu zürnen, daß ich mich nicht auf den ersten Ruf zu ihren Füßen schmiege. Trotz aller dieser bösen Vorzeichen würde ich doch meinem Werke zuliebe d. 20ten von hier nach Berlin abreisen (denn so lange habe ich mich gegen Mason verpflichtet hier zu bleiben), selbst wenn die Oper hier noch nicht in Szene wäre, hätte ich nur

Hoffnung, daß die Oper in Berlin bis zum 15ten Juni aufgeschoben würde, weil außerdem meine Gegenwart da nichts helfen kann, wenn ich nicht wenigstens 18 bis 20 Tage probieren kann, allein Michael schreibt mir, daß die Oper in den ersten Tagen des Juni in die Szene gehen müsse, da die Schätzel abgeht, daß sie aber vielleicht mir zuliebe dann länger bleiben würde. Das sind faule Geschichten. Ich will in Gottes Namen sobald ich hier mein Wort gelöst habe (d. ist d. 20ten) meine Oper in London im Stiche lassen noch ehe sie gegeben ist, wenn ich dafür in Berlin nützlich sein kann. Allein hier fortzulaufen, um dort ein paar Tage vor der Aufführung anzukommen, wo ich dann auch nichts mehr helfen [*kann*], das hieße, das eine zu verlieren, ohne das andre zu retten. Ich bitte Dich, veranlasse die Nonne, daß sie ihm gleich in diesem Sinne schreibt, und schreibe ihm auch, daß er tue, was er kann (denn er scheint es nicht zu wollen) zu bewirken, daß die Oper bis d. 25ten erst gegeben werde. Mich dünkt, die Nonne und Du könnt ihm auch schreiben, daß ihr glaubt, London im Stich zu lassen ohne in Berlin nützlich sein zu können, wahrlich nicht geraten sei. Michaels Antwort kann noch immer vor d. 20ten hier eintreffen. – Ich habe bereits Mason erklärt, daß ich bis zum 20ten die Proben leite, aber auch dann mich aller Pflicht entbunden glaube, und jeden Moment den ich will abreise. – Die Nonne und Du könnt Euch in meinem Namen verpflichten, daß ich den 20ten abreise, wenn ich glauben kann, bis d. 15ten Zeit in Berlin zu probieren zu haben. Da ich 7 Tage zur Reise brauche, so wäre das doch nun nicht mehr als 16 Tage, und das ist wahrlich für solch ein Werk nicht zu viel. – Und nun, mein Abgott, zu dem Wichtigsten, welches ich eben seiner Wichtigkeit halber zum Schlusse lasse. Deine Gesundheit, Du bessere Hälfte meines Selbst, gehört nicht nur Dir, auch mir an. Ich bin tief betrübt, daß der Aufenthalt in Baden nicht besser auf Dich wirkt …

Adieu! Millionen Küsse unserm geliebten Engel Blanca. Ich sende Dir anbei die Rezension, damit Du siehst, ob ich Unrecht habe, alles von solchen Feinden zu fürchten. NB Gestern Abend sollen wirklich die Chorproben begonnen haben.

Meyerbeer traf am 31. Mai 1832 in Berlin zur Vorbereitung der Erstaufführung seines „Robert der Teufel" ein, die am 20. Juni stattfand. Anfang Juli reist er nach Baden-Baden zu seiner Frau, am 16. weiter nach Bad Ems zur Kur. Im August weilte er in Bad Schwalbach, verzichtete also auf die geplante Reise nach Spa. Meyerbeers Äußerungen über die geplante Oper „La branche d'if" („Der Eibenzweig") lassen erkennen, daß er damals noch ernsthaft den Plan einer deutschen Oper für Berlin erwog.

An Alexandre Dumas

[*London, 23. Mai 1832*]

Mein lieber Mitarbeiter!
Warum ist Ihr Brief nicht 15 Tage früher angekommen? Alles hätte arrangiert werden können, so wie Sie es vorschlagen. Aber jetzt verlasse ich übermorgen London, um nach Berlin zu reisen, wo ich kaum mehr als 12 Tage bleiben werde, und dann bin ich gezwungen eine andere Reise zu machen, so daß ein Treffen zwischen uns in Spa kaum vor Ende Juli stattfinden könnte, und das wäre zu lange für unsere gemeinsamen Interessen. Übrigens habe ich seitdem auch Informationen über Betourné bei Labarre eingeholt, für den er ein Operngedicht gemacht hat, und dieser hat mir gesagt, daß es die größte Leichtigkeit sei, alle Veränderungen und Schnitte zu machen, wenn man sie ihm angebe, aber was die musikalische Kürzung angehe, so verstünde er davon nicht viel. Was die Leichtigkeit betrifft, so verstehen Sie so viel von der Sache, daß er davon profitieren kann und wenn wir zusammen wären, so würden wir genug Personen sein. Dies wäre nicht das, was ich vorschlage. Die Zusammenarbeit zwischen Scribe und Ihnen ist zerbrochen, nachdem was Sie mir schreiben und er zieht sich von dem Werk zurück. Kommen wir doch zurück auf Ihre erste Idee, Nourrit zur Mitarbeit zu gewinnen, der sich vorzüglich auf die musikalischen Kürzungen versteht, der voller Intelligenz ist und darüber hinaus ein Mensch von sehr noblem und herausgehobenem Charakter ist. Indessen, da Sie schon ein Viertel Ihrer Rechte an Scribe abtreten, darf diese Zusammenarbeit Ihnen nicht neue, zu schwere Lasten auferlegen. Das wäre das, was ich mir vorstelle und wenn man Nourrit indirekt auf den Zahn fühlte, so bin ich sicher, daß

er die Bedingungen annimmt (denn er ist ein Bewunderer Ihres Genies, er liebt mich ein wenig und folgerichtig würde ihm die Zusammenarbeit mit uns sehr gefallen). Sie würden für sich selbst den Rest des Honorars [= $^3/_4$ *des Honorars für das Libretto*] und Ihren Anteil am Verkauf der Partitur wahren und er würde sich mit der Hälfte Ihrer Autorenrechte begnügen. Aber da Sie schon ein Viertel davon an Scribe abgegeben haben und ich nicht will, daß Sie in dieser Angelegenheit etwas verlieren, so werde ich ein Viertel meiner Autorenrechte an Nourrit abgeben und Sie ein Viertel Ihrerseits. Wenn Ihnen dies zusagt, ist die Sache abgemacht. Ich schreibe auf alle Fälle heute an Herrn Véron und sende ihm den signierten Vertrag. Aber wenn ich mich unter Kontrakt verpflichte, die Partitur zu einem fixierten Termin abzuliefern, werde ich meinerseits die Bedingung stellen, daß Sie mir in 6 Wochen das komplette Libretto liefern und daß Sie sich verpflichten, mir alle Veränderungen, um die ich Sie bitten werde, einen Monat nachdem ich sie Ihnen angezeigt habe, zu liefern. Ich denke, daß Herr Véron den Vertrag signieren wird, den ich ihm senden werde, denn ich bitte ihn nur darum, die Verteilung der Rollen allein nach meinem Willen machen zu können, um 3 Monate Probenzeit exklusive für mein Werk und die Versicherung, vor Ende 1833 in Szene zu gehen. Wenn sich Herr Véron entgegen aller Erwartung weigerte diesen Vertrag zu unterzeichnen, so würde ich Ihnen vorschlagen, zusammen „La branche d'if" zu machen. Wenn der Plan, nachdem sie ihn gemacht haben, mir gefällt, so verpflichte ich mich ein Honorar von 4000 Fr. zu zahlen, wenn Sie mir genehmigen das Werk in Deutschland zu geben, bevor es in Paris gegeben wird. Sobald Sie mir das Libretto geschickt haben werden, werde ich es dort [= *in Berlin*] vorlegen, und wenn es gefällt, werde ich es ihnen zurücksenden, begleitet von den ersten tausend Francs, und die weiteren 3000 Francs werden Ihnen an dem Tag gezahlt, an dem Sie das komplette Libretto abliefern. Es müßte mit Rücksicht auf den deutschen Geschmack mehr Aktionen und brillantere Dekorationen aufweisen als Ihre erste Idee anzukündigen scheint und ein glückliches Ende haben. Dies alles würde nicht übel sein, nicht einmal für [*das Théâtre*] Feydeau. – Wenn ich nicht in Paris sein werde, brauchen wir die Mitar-

Meyerbeer. Kohlezeichnung von Franz Krüger

beit eines Mannes, der in der musikalischen Kürzung versiert ist und ich glaube, daß Nourrit noch immer der wäre, der uns am besten gefiele und dies um so mehr, wenn er Ihnen allein das Honorar ließe und sich mit der Hälfte Ihrer Autorenrechte begnügte und Ihnen auch Ihren Anteil am Verkauf der Partitur allein überließe. Sie sehen, mein lieber Freund, daß wir auf alle Fälle zusammenarbeiten und zwar sofort, wenn Sie es wollen! – Ich habe indessen überhaupt keinen Grund zu glauben, daß sich Herr Véron weigern wird, den Vertrag zu unterzeichnen, weil ich ihn nichts unvernünftiges gebeten habe. Übrigens können Sie ihn selbst bitten (da ich ihm heute schreibe) und wenn Sie ihn nicht geneigt finden, so setzen Sie sich an „La branche d'if". Adolphe Nourrit verbleibt noch für 3 volle Wochen in London. Wenn Sie Lust haben sich zu zerstreuen und eine kleine Reise zu machen, warum wählen Sie nicht London als Ziel Ihrer Exkursion? In drei Wochen schaffen Sie zusammen mit Adolphe Nourrit sicher eine halbe Oper. Auf alle Fälle, mein teurer und liebenswürdiger Freund, lassen Sie mich so bald als möglich Ihre Entscheidung über meinen Vorschlag wissen und wollen Sie Ihren Brief nach Berlin (in Preußen) an Herrn J. H. Beer, für Herrn Meyerbeer adressieren.

Adieu – tausend Grüße

Ihr ganz ergebener J. Meyerbeer

Als sich am 12. Juni 1832 morgens nach 2 Uhr im Londoner King's Theatre der Vorhang senkte, hatte „Robert le Diable" einen „colossalen Succes", einen großen Erfolg errungen. Nourrit und Levasseur, die Damen Damoreau und Demerie, die Pariser Interpreten der Oper, wurden stürmisch gefeiert, selbst der Theaterdirektor Monck Mason, der keine Kosten und Mühen für prächtige Dekorationen und neue elegante Kostüme gescheut hatte, wurde hervorgerufen. Nur nach Meyerbeer rief man vergeblich – er war noch vor der Premiere nach Berlin gereist, weil er es sich, seiner Familie, seiner Heimatstadt und dem König schuldig zu sein glaubte, die letzten Proben seines Werkes selbst zu leiten. Aber in dem puritanischen Berlin, wo man die „welsche" Oper heftig befehdete, fehlten Meyerbeer die wirklichen Anhänger und Freunde – sie fand er nur in dem sehr aufgeschlossenen Königshaus. Rellstab kanzelte Meyerbeer wie einen Anfänger ab, wußte „kein einziges Stück anzugeben, das wir durchgängig ein gutes, geschweige ein schönes Musikstück nennen könnten". Es gab zwar auch lobende Rezensionen, aber Meyerbeer wußte nach dieser Aufführung, daß seine musikalische Heimat auch künftig nicht Berlin, sondern Paris sein würde.

[*Berlin, 24. Juni 1832*]

Teures angebetetes Weib!

Was wirst Du von mir denken, daß ich Dir so viele Tage nicht geschrieben habe? Allein in meiner ganzen vieljährigen musikalischen Karriere habe ich mich nie in einer ähnlichen Position [*befunden*]. Als ich in Berlin d. 31. Mai ankam, fand ich alles was meine Oper betraf in solcher grenzenlosen Verwirrung, daß, sollte nicht alles zugrunde gehen, alles von vorn angefangen werden mußte, nicht nur Musik sondern auch alle andren Accessoires, mise en scène [= *Inszenierung*], Kostüme, Dekorationen, Orgel etc. Dazu waren 18 Tage Zeit gegeben, denn den 20ten wußte ich, mußte die Taglioni abgehen; die Aufgabe war also, in 18 Tagen zustande zu bringen, wozu wir in Paris 4 Monate Zeit gehabt hatten. So unglaublich es scheint, so habe ich doch diese Riesen-Arbeit zustande gebracht, und auch außerdem noch ein neues Tanzstück für die Taglioni komponiert. Ich war aber auch à la lettre jeden Tag von 6 Uhr morgens bis 10 Uhr abends im Opernhause, und oft hatte ich 4 bis 6 Proben an einem Tage. Kam ich dann nach Hause, meine Einzige, dann fiel ich aber auch wie ein Sack schlafen hin bis die neue Probe anging, und so magst Du mir in Berücksichtigung dieser alle meine Kräfte übersteigenden Arbeit verzeihen, was ich noch nie getan und nie wieder tun werde, Dir 12 Tage nicht geschrieben zu haben. Trotz aller meiner herkulischen Anstrengungen aber wäre die gegebene Zeit viel zu kurz gewesen, wäre ich nicht durch einen guten Willen, Eifer und Fleiß der Sänger, Chöre, Orchester und des ganzen Theaterpersonals unterstützt worden, den ich wirklich nicht genug rühmen kann, und der sich bis zum letzten Moment bewährt hat. Auch der König, der Kronprinz und alle Prinzen des Hofes haben sich sehr liebenswürdig gegen mich benommen, und in den Proben, sowohl wie in der Vorstellung, mir die feinsten und schmeichelhaftesten Dinge vor allen Leuten gesagt. Das Publikum aber hat mich so schnöde behandelt wie früher. Trotz dessen, daß ich (auf den Wunsch des Grafen Redern) die Vorstellung selbst dirigierte, welches doch immer meinerseits eine Referenz für das Publikum, trotz dessen, daß die Vorstellung, das versichere ich Dir, von seiten des Orchesters und [*der*] Chöre vortrefflich, von seiten der Schätzel unübertrefflich, ja daß sogar gegen alle Erwartung die Seidler und Blume sehr erträglich waren, ward die Oper (deren erste Vorstellung gestern stattfand) mit einer solchen Lauheit aufgenommen, daß sich Akte lang kein Applaudissement hören ließ, und namentlich der ganze 5. Akt mit seinem Orgelstück und sogar dem Terzett ohne einen Händeklatsch vorüber ging. Ich ward zwar nach dem 3ten Akt herausgerufen, allein nach der Taglioni. Kurz, nach der gestrigen Vorstellung könnten wir eigentlich sagen Fiasco gemacht zu haben. Indes sind mehrere Fälle eingetreten, die vielleicht diese Aufnahme ohne Persönlichkeit gegen mich erklären lassen. Das ganze Parterre war in Sperrsitze verwandelt, die Hitze war drückend, und da die Maschinisten mit den Verwandlungen nicht eingeübt waren, so spielte die Oper von 6 bis nach 11 Uhr, eine für die Berliner unerhört späte Zeit. Ich will wünschen, daß diese Erklärung der lauen Aufnahme „Roberts", welche meine guten Freunde geben, die richtige sei, obgleich ich es bezweifele: die zweite Vorstellung wird es lehren. – Rellstab soll heute in der „Vossischen Zeitung" die Oper so heruntergemacht haben, daß ich meinen Brüdern das Versprechen geben mußte, sie nicht zu lesen. – Gestern ist die Antwort von Ems eingetroffen. Wir haben in den 4 Türmen ein Quartier vom 1ten Juli bis zum 15ten August, [*das*] durch Joseph Mendelssohn besorgt worden ist. Es muß sehr schön sein, denn es kostet 28 Franken täglich. Gebe Gott, daß die Witterung erlaubt, daß wir bald hingehen. Zwei bis 3 Tage muß ich hier noch ausruhen ehe ich abreise, denn ich bin über allen Ausdruck fatiguiert, dann eile ich mit Blitzesschnelle zu Dir, meine geliebte süße Lilie, und wir wollen, gefällt es Gott, ruhige frohe Tage miteinander und dem Kinde verleben. Morgen habe ich wieder eine große Konferenz mit Horn Deinethalben.

Brauchst Du denn noch die Molkenkur? Die Milder erzählt, daß sie von einer hartnäckigen Heiserkeit durch eine Molkenkur in Münstertal bei Baden kuriert worden ist.

Lebe wohl, mein einziges Weib, grüße die Nonne, Deine liebe Mutter und unsern Engel

Dein Giacomo

Bereits am 1. Oktober 1832 hatte Meyerbeer seiner Frau berichtet, er müsse zu seiner neuen Oper – den „Hugenotten" – „eine Menge historisch-musikalischer Studien" und Nachforschungen betreiben. Er versenkte sich in die Psalmen von Marot, um die „Couleur der Epoche", die „Couleur locale" zu erfahren, die für die Grand Opéra zum obersten Prinzip werden sollte.
Entgegen Meyerbeers Erwartung errang der „Crociato" bei seiner Berliner Erstaufführung im Königstädter Theater – der italienischen Opernbühne Berlins – am 15. Oktober 1832 einen glänzenden Erfolg.

An Minna Meyerbeer

[*Paris, 10. Oktober 1832*]

Teures angebetetes Weib!
Ich wollte schon gestern schreiben, allein eine Konferenz mit Scribe, Véron und Duponchel hat gegen meine Erwartung so lange gewährt, daß die Post-Zeit vorüber war, noch ehe wir auseinandergingen. Scribe hat fast den ersten Akt [*der „Hugenotten"*] fertig: er ist graziöse und geistreich, aber was ihm immer fehlt und diesesmal aber sehr nötig wäre, Couleur der gewählten Epoche, geht ganz ab. Den 16ten wird bestimmt der erste und auch sogar der zweite Akt mir ganz fertig abgeliefert. Der Traité [= *Vertrag*] ist noch im-

Berlin, Brandenburger Tor um 1840

mer nicht abgefaßt. Es grauet Véron so wie mir vor dem Augenblick, wo zwei Leute, die sich nicht trauen und nicht lieben, und doch sich gegenseitig nötig sind, wie ich ihm und er mir, ihre gegenseitigen Sicherheitsmaßregeln sich vorschlagen sollen. Indes ist der übermorgende Tag dafür bestimmt. – Ich habe Dir nichts von dem Sujet geschrieben, da es schwer zu beschreiben ist; die Fabel ist fast ganz erfunden, und nur die Epoche und der eigentliche Schluß des Stückes historisch, es ist nämlich „La St. Barthélemy" (das Massacre der Protestanten unter Karl IX 1572). Doch sind auch in den ersten 3 Akten sehr viele heitere und anmutige Szenen drin. Ich bitte Dich, süße Lilie, niemandem ohne Ausnahme etwas davon zu sagen, da dieses Ereignis bis jetzt noch nicht auf der Bühne behandelt worden ist. – Vorgestern war die 49. Vorstellung von unserm „Robert". Die Einnahme war 8600 Franken, wozu noch 600 Franken Abbonnement kamen, also 9200 Franken im ganzen: mehrere hundert Menschen konnten keine Plätze finden. Da die Sänger und das Orchester wußten, daß ich bald abreise, so haben sie mit wahrhafter Begeisterung gespielt und die Vorstellung war so ausgezeichnet, daß selbst die Journale davon gesprochen haben. – Boieldieu, der seit 15 Monaten von Paris abwesend war, hat „Robert" vorgestern zum ersten Male gehört und mir gestern beifolgendes Billett geschrieben. Ich läugne es nicht, diese Zufriedenheit von einem so ausgezeichneten Musiker hat mir große Freude gemacht, und ich sende Dir den Brief, denn ich denke er wird Dich auch freuen. Sei aber so gütig, wenn Du ihn gelesen hast, der Nonne nach Berlin zu senden; vergiß es aber ja nicht, geliebte Lilie, denn ich habe es ihr angezeigt, und die gute Nonne freut sich noch viel mehr wie wir selbst mit allem Guten, was man von uns sagt. – Von Wilhelm habe ich durch Dich einen Brief erhalten, worin er mir anzeigt, daß Cerf den „Crociato" gibt und nicht einmal mit Jaeger, sondern mit einem gewissen Holzmiller, einem ganz miserablen Tenoristen: außerdem hat er eine ganz verstümmelte Partitur, die furchtbar zusammengestrichen ist (aus Grätz glaube ich). Ich habe das dem Schuft in Berlin gesagt, und ihm angeboten aus meiner Original-Partitur das Fehlende abschreiben zu lassen, wenn er es wünschte; allein dieser erbärmliche Wicht hat mir nicht einmal geantwortet. Das

wird nun wieder den Berliner Rezensenten Wasser auf die Mühle sein, um mit dem Anschein von Recht schändliche Rezensionen zu machen. – Gestern habe ich deutsche und italienische Zeitungen gelesen und darin gefunden, daß die Pasta den „Crociato“ in Bergamo gesungen hat, und daß „Margarethe von Anjou“ in Prag gegeben worden ist: beides nur mit mäßigem Beifall.
Mit der größten Spannung sehe ich Deinem nächsten Brief entgegen, der hoffentlich Stieglitz's Antwort bringt. Eine Million Küsse Dir und dem Kinde und viele Grüße Deiner lieben Mutter und Mokka von Deinem

ewig verliebten Giacomo

Meyerbeer verließ Paris am 31. Oktober 1832 und begab sich zunächst nach Frankfurt, wo seine Frau den Winter zubrachte. Für kürzere Zeit hielt er sich im Laufe des Winters auch in Karlsruhe und Baden-Baden auf, wohin die Familie Anfang März übersiedelte. Am 22. März 1833 verstarb in München Michael Beer, Meyerbeers jüngster Bruder. Sein Tod veranlaßte Meyerbeer, nach

Paris, Place de la Concorde, Mitte des 19. Jahrhunderts

Berlin zu reisen, um der Mutter beizustehen. Seit dem 2. Juni weilte er in Bad Schwalbach.
Prinzessin Augusta von Sachsen-Weimar und Prinz Wilhelm von Preußen hatten im Juni 1829 geheiratet – erst als preußischer Generalmusikdirektor und Leiter der Hofmusik unter Friedrich Wilhelm IV. hatte Meyerbeer ständigen Zugang bei Hofe.

An Minna Meyerbeer

[*Bad Schwalbach, 22. Juli 1833*]

Abgott meiner Seele, süße Lilie!
Ich habe Dir seit 3 Tagen glaube ich nicht geschrieben, da auch nicht die geringste erwähnungswerte Sache sich in meinem hiesigen Pflanzenleben ergeben hat. Auch heute habe ich Dir nichts mitzuteilen, denn daß ich Dich anbete und ewig anbeten werde, das weißt Du, mußt es wissen. Daß Dir der Kesselbrunnen so sehr zu Kopfe steigt, tut mir des daraus entspringenden Malaise halber sehr leid, doch alle Leute, mit welchen ich darüber spreche, sind der Meinung, daß Emser Brunnen nur gute Nachwirkung tut, wenn er bei der Kur erschüttert, also lasse Dich frisch darauf los erschüttern, teures Weib. – Du schreibst mir in Deinen beiden letzten Briefen nichts vom Kinde. Es ist doch wohl nicht, Gott bewahre, unwohl. Ich habe (seitdem ich Dich das letztemal besuchte) schon ein paar Male recht ängstlich von dem Kinde geträumt. Bitte die Becker, daß sie den Engel keine Sekunde aus den Augen läßt. Träume können zuweilen Ahnungen, Warnungen sein …
Eine Geschichte von meiner Kurzsichtigkeit muß ich Dir noch erzählen, die mich in jämmerliche Verlegenheit gesetzt hat. Gestern Mittag, als ich nach dem Bade spazieren ging, tritt mir eine Frau entgegen, mit den Worten „sind Sie schon lange hier?“ erst erkenne ich sie nicht, dann scheint es mir, daß es Marianne Saling ist, und mit der Intimität, die ich mir bei einer so langjährigen Bekanntschaft wohl erlauben durfte, erwidre ich „oho, sind Sie auch hier?“ Doch Kinder und Bediente, die der Fragerin folgen, und ein näheres Ansehen überzeugen mich, daß ich irrte, und mich durchzuckt eine Ahnung, daß es Prinzeß Wilhelm sei, und dem war so. Sie unterhielt sich lange und sehr freundlich mit mir, und erkundigte sich mit großer Teilnahme nach

meinen neuen Arbeiten und Plänen, besonders aber nach der guten Nonne, von der sie mit wahrhafter Wärme sprach. Ich gestehe Dir aber, daß die Verlegenheit, ihre erste Frage so unziemlich erwidert zu haben, mir die Unterredung peinlich machte. Der Prinz war nicht dabei, er sowohl als sie waren mir niemals begegnet, wenigstens sind sie mir nicht aufgefallen. Um nun meine Unartigkeit wieder einigermaßen gut zu machen, nehme ich mir vor, von heute an jeden Mann der einen Schnurrbart trägt zu grüßen, weil der Prinz als General doch wahrscheinlich einen trägt. Sonderbarerweise ist der erste Schnurrbartträger, den ich grüße, wirklich der Prinz, und kaum hatte ich ihn gegrüßt, so trat er auf mich zu und unterhielt [*sich*] ebenfalls lange und sehr freundlich mit mir. Als er wegging sagte er, wenn Sie Ihrer lieben Mutter schreiben, grüßen Sie sie von uns allen. Wir schätzen und lieben alle diese würdige Frau. –
Ist das nicht eine rührende Geschichte für eine Royalistin deinesgleichen?

Adieu süße Lilie
Ewig Dein verliebter Mohr
Giacomo

Meyerbeer kann es sich nach dem glänzenden Erfolg des „Robert le Diable" leisten, den Zeitpunkt der Aufführung seiner neuen Oper selber zu bestimmen. Als es zu keiner Einigung mit Véron kommt, zahlt er ohne zu zögern die Konventionalstrafe von 30000 Francs und reist, die Partitur im Gepäck, mit seiner Frau Minna nach Italien, wo sie am 30. Oktober 1833 eintreffen. Unter dem tiefen und nachhaltigen Eindruck von Vincenzo Bellinis Oper „Norma" werden Teile der „Hugenotten" umgearbeitet, vor allem gewinnt die Rolle des Marcel neue, kräftigere Konturen.

An Minna Meyerbeer

[*Paris, 5. September 1833*]

Teures angebetetes Weib!
Ich kann meinen Geburtstag nicht besser feiern, als gleich bei dessen Anbeginn mich mit Dir zu unterhalten, meine süße Lilie. Dein liebliches Bild will ich besonders heute recht festhalten, um meine Melancholie zu bannen, denn

das soll man an seinem Geburtstage nicht. Und doch kann ich nicht läugnen sehr mißgestimmt zu sein. Véron hat sich hier so wie überall als ein brutaler nichtswürdiger Mensch erwiesen. Ich habe ihm wiederholt, was ich ihm bereits durch Schlesinger hatte sagen lassen, nämlich, daß die Gesundheits-Umstände meiner Frau sich verschlimmert hätten und der Befehl der Ärzte es ausdrücklich verlangte, daß wir den Winter in Italien zubrächten. Es wäre mir daher unmöglich eher nach Paris mit meiner Oper zu kommen als bis zu Ende des Frühlings, daß ich recht gut wüßte, daß mir mein Traité ein Dédit [= *eine Konventionalstrafe*] von 30tausend Franken auferlegte, die ich auch zahlen würde, daß ich mir aber nicht denken könnte, daß seine Loyalität dieses unter solchen Umständen verlangen könne, um so mehr, da ich meinerseits ihm vor 2 Jahren, als er bei Gelegenheit der „Philtre" seinen Traité mit mir verletzt hatte, ihm dieselbe Amende von 30t[*ausend*] Franken nicht abverlangt habe. Wolle er aber durchaus darauf bestehen, so würde ich sie zahlen, allein er könne darauf rechnen, daß er dann nie meine Partitur erhalten würde. Dir zu sagen, welche Masse von Schmeicheleien und elender kleinlicher Lügen er vorgebracht, um mir die Amende abzuzwacken und doch auch meine Partitur zu behalten, kann ich Dir nicht sagen. Wir haben zwei Entrevuen gehabt (deren Unannehmlichkeit Du Dir leicht denken kannst) und sind in der letzten ganz brouilliert von einander geschieden. Um ihm Zeit zu lassen sich zu besinnen, und doch auch mir nichts zu vergeben, habe ich gesagt, daß ich die Seebäder in Dieppe nehmen muß und dann zurück kommen werde über Paris, wo er, wenn er sich eines bessern besonnen habe, es mir sagen könne. – Ich gehe also nun morgen auf 8 oder 10 Tage dahin ab. Armand Bertin wird unterdessen ihn zu bearbeiten suchen. Armand Bertin ist übrigens der Meinung, daß das allerbeste mit einem Menschen wie Véron gewesen wäre, ihm die 30tausend Franken zu schicken und dabei zu sagen, den Tag, wo sie meine Oper wollen, können Sie sie haben, wenn Sie mir die 30tausend Franken zurückzahlen, und Bertin, der die Verhältnisse der Oper kennt, meint, daß er das tun muß, denn er hätte mich gar zu nötig, und er hoffte 200000 Franken mit meiner neuen Oper zu gewinnen. „Robert" ist mehr en vogue als je; die 82ste Vorstellung hat (mit Lafont) 7200 Franken, das Abonnement nicht mitgerechnet eingebracht, und Véron kennt nur den Succes. Gott gebe, daß Bertin recht hat. Bertin hat mir übrigens viele Komplimente gemacht, daß ich ein so vortrefflicher Ehemann sei, der Gesundheit seiner Frau solche große Summe und den Ruhm einer neuen Oper zu opfern. Und so entsteht meistens die Reputation in der Welt, sei es im Guten, sei es im bösen unter 100 Malen 90 Male auf eben so falsche Weise wie hier. Ich hoffe übrigens, geliebtes Weib, daß Du nun endlich mit Deinen vielfältigen Zweifeln über diesen Gegenstand ins Reine gekommen bist, und den wohltätigen Entschluß nun eisern festhalten wirst, Deiner Gesundheit das Opfer zu bringen, die Reise nach Italien anzutreten. – … Wie auch hier meine Sachen ausgehen, Ende dieses Monats reise ich zu Dir, meine süße Lilie. Adieu Abgott meiner Seele. Der Himmel schenke uns Freude und Segen durch die Wiederherstellung Deiner Gesundheit und die der guten Nonne, von der ich leider noch immer keine Zeile habe. Tausend Grüße Deiner lieben Mutter und dem Kinde

von Deinem verliebten Mohren

Giacomo

Die Ernennungsurkunde der Berliner Akademie der Künste trägt das Datum des 2. Mai 1833, sie wurde Meyerbeer jedoch erst am 18. Februar 1834 übersandt. Die gleichzeitige Ernennung von Mendelssohn und Meyerbeer zu Mitgliedern der Akademie erregte Aufmerksamkeit. Erst Napoleon hatte nach seinem Einmarsch in Preußen die Ausnahmegesetze für Juden beseitigt, erst 1812 wurden die Juden durch ein Emanzipationsedikt zu „Einländern und Staatsbürgern" Preußens erklärt. Obwohl zahlreiche Juden – u. a. auch Meyerbeers Bruder Wilhelm – an den Freiheitskriegen teilgenommen hatten, blieb ihnen die Anerkennung verwehrt. Mehrfach beklagte sich Meyerbeer bitter über den „Richesse", wie man den Antisemitismus seinerzeit nannte: „Von Individuum zu Individuum kann dies Wort für eine Zeitlang in Vergessenheit geraten (immer auch nicht), bei einem versammeltem Publikum nie, denn es bedarf nur eines, der sich daran erinnert, um der ganzen Masse ihr Naturel zurückzurufen …" *So bereitete ihm die Ernennung, an der Alexander v. Humboldt nicht geringen Anteil hatte, innere Genugtuung.*

Arietta „Soave istante“ für den Tenor Giovanni Battista Rubini. Autograph, 1833

An die Akademie der Künste Berlin

[*Mailand, 29. März 1834*]

Hochgeehrte Herren!
Es gereicht mir zum schönsten Lohn meiner schwachen Bestrebungen, mich dem geschätzten Kreise der Vaterländischen Akademie der Künste eingereiht zu sehen. Keine An-

erkennung hat mich je so erfreut, je meinen Eifer für die Kunst mehr erhöht. Denn es ist für jeden Künstler schmeichelhaft, Mitglied eines von dem gelehrten Europa so hochgestellten Kunst-Institutes zu sein, so ist es für mich von noch höherem Wert, da diese ehrende Wahl aus meiner Heimat, von großen und berühmten deutschen Kunstgenossen ausgegangen ist. Ich fühle, daß ich diesem Vorzug

nur dadurch würdig entsprechen kann, indem ich, soviel es in meinen beschränkten Kräften liegt, zu den künstlerischen Zwecken mitwirke, denen diese neue Sektion der Königl. Akademie gewidmet ist, und denen die andern Mitglieder gewiß genügend entgegenstreben.
Den verlangten kleinen Abriß meiner Lebensbeschreibung werde ich mir zur Pflicht machen baldigst einzusenden.
Das Schreiben der verehrten Königl. Akademie kam mir sehr verspätet zu, indem es von Berlin nach Nizza gesendet worden ist, während ich schon einige Zeit vorher nach dem nördlichen Italien abgereist war, und ich es hier in Mailand erst fand, wo ich vor einigen Tagen angekommen bin. Nur dieser von mir unabhängige Grund konnte die Verzögerung meines Dankes verursachen, den ich die hochgeschätzten Mitglieder der Königl. Akademie ergebenst bitte, wohlwollend genehmigen zu wollen.

J. Meyerbeer

Meyerbeer gehört noch zu den Komponisten, die nach alter Tradition die Rollen der Opern für ganz bestimmte Sänger schrieben, gleichsam maßgeschneidert. Er ließ sich oft von dem Timbre einer Stimme inspirieren, studierte Eigenheiten, Vorzüge und Schwächen seiner Sänger und Sängerinnen, ehe er die Arbeit an einem neuen Werk aufnahm. Stand die Besetzung für die Uraufführung der Oper nicht fest – wie etwa bei der „Afrikanerin" – so wurde die Komposition beiseite gelegt, bis die gewünschten Interpreten engagiert waren.

An Minna Meyerbeer

[*Florenz, 1. Mai 1834*]

Teures geliebtes Weib!
Ich habe nun auch gestern die Ungher in der „Parisina" von Donizetti gehört, und werde sie heute wieder hören. Ich könnte also morgen abreisen, wenn es nicht der fatale Freitag wäre. Ich gestehe, daß ich meinen Aberglauben gerade in diesem Jahre ungern Gehör versagen würde; ich werde also erst übermorgen Sonnabend abreisen, und also Montag Abend oder Dienstag am Tage bei Dir sein. Die Ungher ist

eine sehr große Künstlerin, voll der höchsten dramatischen Intentionen, und würde nicht leider schon ihre Stimme scharf und kastratenmäßig, so würde ich lieber für sie als für die extravagante Malibran komponieren. Aber auch so, wie sie ist, wollte ich unendlich viel darum geben, sie in Paris als Valentine zu haben. Auch Duprez ist im Ganzen ein recht guter Sänger und würde gewiß einen sehr guten Raoul abgeben. Wie arm auch Italien gegen ehemals an guten Sängern sein mag, doch bleibt ihnen der unendliche Vorrang gegen alle übrigen Länder der Welt sans exception, davon haben mich die wenigen Theater, die ich bis jetzt gehört habe, wieder überzeugt. Jeder Singkomponist muß von Zeit zu Zeit nach Italien gehen, nicht der Kompositionen, sondern der Sänger wegen. Nur von großen Sängern lernt man sangbar und vorteilhaft für die Menschenstimme schreiben, und ich halte es für eine wahre Kalamität für mich, diesen Karneval nicht haben eine größere Tour durch Italien haben machen zu können …

Adieu, geliebtes Weib. Gott tröste und stärke Dich, physisch und moralisch.

Tausend Küsse Dir und dem geliebten Kinde von

Deinem ewig treuen Mohren

Giacomo

Ungeachtet der Differenzen mit Véron hoffte Meyerbeer weiterhin, die „Hugenotten“ in der Pariser Opéra in Szene setzen zu können. Ein anderes europäisches Theater kam für Scribe wegen der französischen Autorenrechte nicht in Frage, und eine Aufführung in der Pariser Opéra comique scheiterte an den offiziellen Bestimmungen, nach denen in diesem Hause nur dreiaktige Opern mit gesprochenem Dialog gegeben werden durften.

Erst in Italien gab Meyerbeer der Rolle des Marcel, dem kraftvollen Gegenbild und Mentor des schwankenden Raoul – wahrscheinlich in Zusammenarbeit mit Gaetano Rossi –, die knorrige Gestalt eines Repräsentanten des „einfachen aber unerschütterlichen frommen Glaubens“, eines „Märtyrers“. Erst hier fügte er den Lutherchoral „Ein feste Burg“ als eine Art Leitmelodie Marcels ein, gleichsam als christliche Marseillaise: den Lutherchoral als „Anklang aus einer besseren Welt, als Symbol des Glaubens und Hoffens“. George Sand

nannte den Marcel „eine der ganz großen dramatischen Gestalten, eine der schönsten Personifikationen der religiösen Idee, die in unsrer Zeit in der Kunst hervorgebracht wurde".
Den Vertrag zur Opéra comique „Le Portefaix" hatten Scribe und Meyerbeer am 1. Februar 1831 geschlossen, Meyerbeer fand jedoch wenig Gefallen an dem Libretto, zumal es kaum Möglichkeiten für wirkungsvolle Chortableaus bot, und komponierte nur einige Nummern. Als Meyerbeer vom Vertrag zurücktrat, übergab Scribe das Libretto dem drittrangigen Komponisten José Melchor Gomis (1791–1836) zur Vertonung, der mit dem Werk jedoch keinen Erfolg errang (Uraufführung: 1835).

An Eugène Scribe

[*Baden-Baden, 2. Juli 1834*]

Mein lieber Freund!
Ihr liebenswürdiger Brief traf mich sehr unwohl infolge einer heftigen Kolik, einem Übel, an dem ich unglücklicherweise seit meiner schweren Erkrankung in Nizza sehr leide. Aus diesem Grunde mußte ich meine Antwort einige Tage hinauszögern.
Ich akzeptiere mit Dankbarkeit die freimütige und loyale Erklärung, die Sie mir gegeben haben, daß Sie mit allem übereinstimmen, was ich hinsichtlich unserer großen Oper wünschte, und daß Sie mir auch weiterhin dieses Libretto vorbehalten werden. Ich hoffe, daß Sie dafür durch das Werk selbst entschädigt werden. Wenn die Eigenliebe des Autors mich nicht blind macht, so hoffe ich, daß es das beste ist, was ich bisher in meinem Leben geschrieben habe und ich denke, daß dieses Werk große Aussichten auf einen Erfolg nicht allein an der Opéra, sondern auch an der Opéra comique hätte, falls Herr Véron nicht nachgibt und uns zwingt, es diesem Theater zu geben. Angenommen dieser Fall träfe ein, so wäre ich außerordentlich glücklich, wenn Sie mir für meine Musik, wie Sie mir in Paris zusicherten, ein neues Poème entwerfen könnten, obgleich ich zu dieser Stunde 3 Dichtungen für diesen Fall zur Verfügung habe, „La Dame du Louvre" nicht eingeschlossen. Nach dem, was mir ein Freund aus Paris schreibt, habe ich indessen allen Grund zu glauben, daß wir nicht nötig haben, diesen Ausweg wählen zu müssen, von dem ich nur in

Eugène Scribe.
Foto von Nadar
um 1850

dem Fall Gebrauch machen würde, wenn Herr Véron sich dezidiert weigerte, mir die Konventionalstrafe zurückzuerstatten, die er niemals hätte annehmen dürfen. Ende dieses Monats oder Anfang August werde ich gezwungen sein, für etwa 15 Tage nach Paris zu kommen, um mich einer schwierigen und diffizilen Zahnbehandlung zu unterziehen. Ich wäre sehr glücklich, Sie zu diesem Zeitpunkt in Paris anzutreffen. Schon bei meinem letzten Aufenthalt in Paris sagte ich Ihnen, daß Ihre Ausführung der Rolle des Marcel nicht der Idee des musikalischen Charakters der Rolle entspricht, die ich ihr zu geben wünschte, und daß darin außerdem zu viele Stücke ohne Frauenstimmen seien. Darauf antworteten Sie mir, daß Sie es mir frei stellten, das in meinem Sinne zu ändern, mit oder ohne gegenseitige Absprache, und daß Sie es mir zusagten, das Ganze nach meinen Veränderungen zu arrangieren, vorausgesetzt, daß ich Sie um diese Umarbeitung erst bäte, wenn alles auf einmal erledigt werden könnte und die Partitur beendet sei. Nun gut, mein Freund, ich habe nach Ihren Anordnungen gehandelt. Ich habe für meine musikalischen Erfordernisse die ganze Rolle des Marcel umgeschrieben (und zwar nicht in

deutsch, obgleich mir dies leichter gewesen wäre, sondern in italienisch, weil Sie diese Sprache verstehen). Ich habe auch die Mittel gefunden, um dem Mangel an Frauenstimmen in einer so großen Anzahl von Stücken abzuhelfen, und schließlich habe ich auch schon einige Veränderungen gefunden, wo es mir nötig schien, einiges fehlt aber noch. Es ist jedoch nötig, daß Sie das alles prüfen, arrangieren und beurteilen, ehe ich einem Operndirektor sagen kann, meine Partitur sei fertig, obgleich sie es im Grunde ist. Das wird Sie nicht viel Zeit kosten, für mich aber ist Ihre Endredaktion unerläßlich, da ich das Werk ohne diese nicht in die Kopie geben könnte. Ich wünschte aus diesem Grunde sehr, daß Sie Ihre freie Zeit dieser Tätigkeit opferten, oder mit ihr wenigstens während meines kurzen Aufenthaltes in Paris beginnen. Es versteht sich, daß Sie erst beginnen, wenn ich definitiv weiß, ob ich das Werk der großen Oper lasse oder ob ich den Weg zur Opéra comique einschlagen muß, weil in diesem letzteren Falle die Veränderungen anders gemacht werden müßten. – Wie auch immer sich die Verzögerungen infolge der medizinischen Behandlung, der ich jetzt unterworfen bin, auf meine Abreise nach Paris auswirken mögen, ich werde spätestens am 15. August dort sein. Ich möchte natürlich vor allem wissen, zu welcher Zeit ich Sie dort finde, damit Sie mir dann diese Veränderungen für unsere „Hugenotten“ machen können: Wollen Sie Herrn Gouin mit ein paar Worten informieren. –
Ich komme jetzt zur Beantwortung des 2. Punktes Ihres Briefes, der den „Porte-Faix“ betrifft. Sie erbitten meine Zustimmung, um über das Libretto verfügen zu können, und indem Sie bis zum Augenblick mit dieser Bitte warteten, haben Sie loyal und als Freund gehandelt, denn Sie hatten das Recht, im Januar darüber zu verfügen. Gewiß werde ich den Verlust Ihres reizvollen Librettos und meiner Musikstücke, die ich schon komponiert habe, tief bedauern, aber ich könnte mich keineswegs über Ihr Vorgehen beklagen, mein Freund, der Sie – ich wiederhole es – soviel Loyalität bewiesen haben. Zwei Gründe würden mich daran hindern, dieses Werk in einer so kurzen Zeit, wie Sie es fordern, der Opéra comique zu geben. Der eine Grund, den Sie schon kennen, da ich Ihnen schon bei unserer letzten Zusammenkunft in Paris darüber sprach, ist der, daß es mir nach mehr-

jährigem Schweigen nur ratsam erscheint, mit einem großen und bedeutenden Werk in die Arena zu treten, und daß ich infolgedessen dem Publikum den „Porte-Faix", der in musikalischer Hinsicht im Vergleich zu Ihrer „Valentine" [= *„Hugenotten"*] eine petite chose ist, erst dann präsentieren möchte, nachdem dieses Werk aufgeführt worden ist. Der andere Grund (der beinahe noch wichtiger ist) ist der, daß der augenblickliche Tenor der Opéra comique mit dieser Rolle des Porte-Faix, so wie ich sie, die Situationen und die bedeutendsten Musikstücke aufgefaßt habe, als Sänger kein Glück machen würde; meine Partitur also Fiasko erlitte. Sie haben Recht, mein lieber Freund, mit dem Libretto, das Sie schon vor langer Zeit für Hérold beendeten, nicht mehr warten zu wollen, aber Sie müssen auch meine Gründe verstehen, wenn ich dieses Werk erst nach der „Valentine" geben möchte und dann nur mit einem Sänger wie Duprez oder Chollet für den Porte-Faix.
Also, mein lieber Freund, disponieren sie darüber, wie es Ihnen beliebt. Ich schreibe Ihnen diese Worte traurigen Herzens, aber weil ich endgültig antworten muß, so muß ich Ihnen auch meine Intentionen aufrichtig bekennen. Im übrigen interessiert mich die Opéra comique sehr. Ich bin sehr erfreut, daß sie endlich in den Händen eines so aktiven und intelligenten Direktors wie dem jetzigen ist, und ich brenne geradezu darauf, so rasch als möglich für dieses Theater ein Werk zu schreiben, wo die Rollen diesen Sängern auf den Leib zugeschnitten wären. Ich wünsche es sehr, und um das schnell bewerkstelligen zu können, will ich ihnen zuerst ein Werk in einem oder in zwei Akten schreiben, das schon unmittelbar nach der „Valentine" gegeben werden könnte. Sobald ich in Paris bin, werde ich mich auf die Suche nach einem solchen Poème machen und wäre glücklich, wenn sich in Ihrem reichen dramatischen Portefeuille eine entsprechende Sache verfügbar fände.
Adieu, mein lieber Freund, ich hoffe sehr Sie in Paris zu sehen.

Ihr ganz ergebener Meyerbeer

Paris, Champs-Élysées, Stahlstich von E. Rouarge

Louis Gouin (1780–1856), ein höherer Beamter in der Pariser Postverwaltung, Aktionär eines Vaudevilletheaters, war Meyerbeer seit 1826 in Freundschaft verbunden, mehr noch, er war sein engster und uneingeschränkter Vertrauter, ein Stellvertreter gleichsam, wenn Meyerbeer oft lange Zeit fern von Paris in Berlin oder in irgendwelchen Bädern weilte. Gouin überwachte in Abwesenheit des Maestro die Aufführungen seiner Opern – vor allem, wenn es Umbesetzungen gab –, er überwachte auch die Recette, die Einnahmen der Abendkasse, und die Tantiemen, er verhandelte mit Operndirektoren, Sängern, Künstlern und Journalisten. Meyerbeers Kunstdiplomatie ist ohne das uneigennützige und unermüdliche Wirken Gouins nicht zu denken.

Auch hier gelang es Gouins diplomatischem Geschick, die Wogen zu glätten: bereits am 29. September 1834 wurde der Vertrag für die Inszenierung der „Hugenotten" einschließlich der Besetzungsliste unterzeichnet. Véron erstattete Meyerbeer die gezahlten 30 000 Francs Konventionalstrafe zurück.

An Louis Gouin

[*Paris, 1. September 1834*]

Mein lieber Freund!

Sie kennen den Brief, den ich von Nizza aus an Herrn Véron als Antwort auf den seinigen geschrieben habe. Sie haben mir dann berichtet, daß Herr Véron keine schriftliche Antwort geben wollte und daß er sich darauf beschränkte diese Worte zu sagen: „Sobald Herr Meyerbeer seine Partitur beendet hat, werden wir sehen." Zwischen uns herrscht also ein Zustand der vollkommenen Handlungsfreiheit. Trotzdem und zu meiner eigenen künstlerischen Genugtuung habe ich meine Partitur in Form einer Großen Oper vollendet und ich halte mich absichtlich einige Tage in Paris auf (bevor ich auf Anordnung der Ärzte die Seebäder in Boulogne nehme), um Herrn Véron meine Partitur anzubieten, wenn sie ihm willkommen ist, allerdings unter der ausdrücklichen Bedingung, daß er mir im Augenblick der Ablieferung der Partitur die dreißigtausend Francs der Konventionalstrafe zurückzahlt, und daß er mir einige kleine Bitten erfüllt, die ich hinsichtlich des Werkes (aber sie sind alle künstlerischer Art) ebenso wie der zeitlichen Festsetzung des Probenbeginns zu unserer gegenseitigen Zufriedenheit habe. Diese beiden letzten Punkte werden, so wie ich glaube, keine Schwierigkeiten entstehen lassen, und wir werden sie leicht diskutieren, wenn die Aufhebung der Konventionalstrafe bewilligt ist. Ich bin gestern bei Herrn Véron gewesen, um ihm meinen Besuch zu machen und zugleich mit ihm über diese Angelegenheit zu sprechen, aber ich habe ihn nicht angetroffen. Ich habe nun überlegt, daß es Herrn Véron, im Falle er meine Partitur unter diesen Bedingungen nicht wollte, vielleicht peinlich sei, mir dies ins Gesicht zu sagen, so wie es mir peinlich wäre, es zu hören. Ich nehme also meine Zuflucht zu Ihrer Freundschaft und bitte Sie, der Überbringer meiner Versöhnungsbotschaft zu sein und mir eine entscheidende Antwort zurückzubringen, damit ich meine anderen Dispositionen treffen kann, da ich gezwungen bin, am Donnerstag abzureisen – die Saison für die Seebäder neigt sich dem Ende zu.

Adieu und auf Wiedersehen

Ihr ganz ergebener Meyerbeer.

Der Bruder Michael Beer. Zeichnung von Wilhelm Hensel

Alfred de Musset, 1810 in Paris geboren, also gerade vierundzwanzig Jahre alt, hatte 1829 durch seine „Contes d'Espagne et Italie", Liebesgeschichten aus Spanien und Italien, aufhorchen lassen. Seine Liaison mit der sechs Jahre älteren George Sand und vor allem ihre gemeinsame Reise nach Italien 1833 mochten Meyerbeers ängstliche Phantasie beflügeln, der junge Dichter könne nun Stoff für neue Erzählungen sammeln wollen.

[*Paris, 6. Oktober 1834*]

Teures angebetetes Weib!

Vorgestern und gestern wollte ich Dir schreiben, habe aber immer gewartet, weil ich Briefe von Dir erwartete. In der Tat sind mir auch heute 3 dieser ersehnten Boten auf einmal zugekommen: ein Brief kam über Boulogne, die beiden andern direkt von Paris, obgleich mit verschiedenen Daten. Da hätte ich nun vieles zu beantworten, allein die Briefe sind mir zu spät zugekommen: für heute also nur das für mich wichtigste. Seitdem ich das Glück habe, Dein liebes Herz und Deine Hand zu besitzen, darf ich sagen, nicht nur die Qual der Eifersucht nicht gekannt zu haben, sondern auch die Furcht davor mir kaum denken zu können. Deine zarte innere Seelen-Reinheit, Dein würdevolles äußeres Benehmen, der strenge und richtige Maßstab, den Du von Frauenwürde und ihrem Standpunkt zu Männern anlegst, und endlich die unbegrenzte Liebe und Anbetung Deines Mohren, der nur in Deiner Gegenliebe und unserm Kinde das ganze Glück und den Zweck seines Lebens sucht, lassen die leiseste Spur von Eifersucht in mir nicht aufkommen, und ich glaube an Deine Tugend und Treue so fest, wie ich an alles Gute und Wahre glaube. Und doch genügt Deinem ungenügsamen Mohren dieser Glaube nicht, und ich wäre unaussprechlich unglücklich, wenn irgend ein Mensch auf der Welt, und sollte es die unbedeutendste Klatschschwester in Baden sein, ein Haarbreit anders als ich denken könnte. Nun schreibst Du mir von mehreren fremden jungen Leuten, von Männern, die Du selbst als Fatz und Dandy de naissance et par goût [= *dem Herkommen und der Haltung nach*] charakterisierst, die Dich besuchen, um das Kind kennen zu lernen. Deine mütterliche Eitelkeit kann das vielleicht glauben, aber wenn junge Leute eine schöne junge Frau besuchen, so wird das niemand anders als die Eltern auf den Wunsch beziehen, ein 4jähriges Kind kennen zu lernen. Mich dünkt, meine Einzige, während meiner Abwesenheit, ohne Alentour [= *Umgebung*] eines männlichen Verwandten, Deine Mutter nicht einmal in derselben Etage mit Dir wohnend, ist es nicht geraten, daß Du Besuche (wie wenig es auch sein mögen) von jungen Män-

nern annimmst, besonders von solchen, die ich und Du früher nicht kannten. Willst Du das Eifersucht nennen, so ist es nur Eifersucht auf den Glanz Deines Rufes, der vor den Augen der Welt eben so hell strahlen soll wie in meiner Seele. Denn ich wiederhole es, an Deine Liebe und Treue glaube ich felsenfest, sonst würdest Du mich wohl noch früher als diese Zeilen in Baden erblicken. Was Alfred de Musset betrifft, der sich Dir präsentieren lassen will, so ist das ein bekannter Schriftsteller unter den Romantikern, und mir persönlich bekannt. Dieser letzten Ursache halber empfange ihn ein- oder zweimal, denn er kann außerdem mir gefährlich sein. Breche aber mit aller Artigkeit die Bekanntschaft bald ab. Jemand der in seinen Schriften so alle Sittlichkeit verspottet wie er, ist nicht würdig mit einem tugendhaften Weibe umzugehen. Außerdem ist er leider viel jünger und viel schöner als ich.
In dem Augenblick, wo ich diesen Brief geschlossen habe und ihn überlese, hätte ich fast Lust ihn zu vernichten. Aber mich dünkt doch, verletzen kann Dich nichts darin, und wenn die Besorgnisse meiner Liebe zu weit gehen, so wird meine süße Lilie dem Grund zu Liebe die Folgerung verzeihen. Adieu meine Angebetete, tausend Küsse Dir und dem geliebten Kinde von

Deinem ewig verliebten Mohren
Giacomo

Man könnte über die Zerstreutheit Meyerbeers lächeln, die ihn sogar das Geburtsdatum seiner Frau vergessen ließ: der Irrtum wird aber verständlich, wenn man sich erinnert, daß in der Familie Beer noch in den ersten Jahrzehnten des 19. Jahrhunderts die Geburtstage nach dem jüdischen Kalender gefeiert wurden, so daß die Daten nach unserer Zeitrechnung jährlich wechselten.

An Minna Meyerbeer

[*Paris, 26. November 1834*]

Meine angebetete Minna!
Heute kann ich Dir mit leichterem Herzen als das letzte Mal schreiben. Erstlich sind meine bösen Zahnschmerzen ganz und gar gestillt. Zweitens ist mir eine böse Sorge hin-

sichtlich meiner Oper vom Herzen, die mich seit 14 Tagen, Tag und Nacht peinigte. Ich mußte nämlich nach einem Journalartikel aus dem „Figaro" glauben, daß einer meiner glänzendsten und unerwartetsten Musikeffekte, welcher dem Schluß des 4ten Aktes einen ungeheueren Glanz verleihen wird, gänzlich sich in Halévys neuer Oper [*„Die Jüdin"*] befinden wird. Denke Dir meine Schwarzseherei. Ich hätte in diesem Fall Dein Lieblingsstück „laissez moi partir" [*Raoul: „o lasse mich fort von hier"*] und den ganzen Schluß des Aktes rein wegwerfen müssen. Auf der andern Seite mußte ich bei Vérons Malice gegen mich fürchten, daß falls die Sache nicht wahr wäre, er sie an Halévy soufflierte, daß er sie in seine neue Oper hineintun sollte, um mir einen Schabernack anzutun. Endlich nach langem hin und her überlegen habe ich mir ein Herz gefaßt und Véron ganz freimütig die Sache entdeckt, und ihm anheimgestellt, ob er den Effekt bei Halévy supprimieren lassen wollte, falls er sich auch darin befände oder nicht, habe ihm aber zugleich erklärt, daß ich unter keiner Bedingung auf den Effekt verzichten könne, weil er aus der Wesenheit meines Stoffes hervorging; und würde, was jetzt überraschen und furchtbar wirken würde, dann effektlos und als Reminiszenz erscheinen. Er hat sich bei der Sache gegen meine Erwartung gut benommen, versicherte mich, diese Details zu ignorieren, wollte aber, wenn dem so wäre, supprimieren lassen, was irgend von ihm abhinge. Glücklicherweise fand sich bei näherer Untersuchung, daß fast alles sich anders verhielt als in dem Journalartikel angedeutet war, mithin mir die Virginité meines Effektes bleiben würde. – Nun lasse Dir einen Schwa-Streich erzählen, der meiner reizenden Lilie würdig gewesen wäre. In meinem Traité ist der 15te April als Ablieferungs-Termin der Partitur bestimmt. Vorgestern nachts im Bette vor dem Einschlafen überlege ich, was ich Dir angenehmes zu Deinem Geburtstage anbinden könnte, da fährt es mir mit einem Male wie ein Stich durchs Herz, der Geburtstag ist d. 28te April und ich muß den 15ten in Paris sein; welche Unbesonnenheit, welche Lieblosigkeit von mir, nicht die paar Tage später festgesetzt zu haben: so oft und so lange von Dir und nicht einmal den Geburtstag meiner Minna bei ihr zu sein. Die ganze Nacht machte ich mir Vorwürfe und Gewissensbisse, denn wie Du weißt, ist der

Kontrakt schon längst unterzeichnet. – So oft ich Dein Portrait gestern ansah, habe ich immer leise abgebeten. Heute früh hat mich die Sache aber so tormentiert, daß ich Véron um eine Unterredung bat, und so sauer es mir war Marat [*Véron*] um etwas zu bitten, ihm mein désespoir [= *Verzweiflung*] mitteilte, diesen für mich heiligen Tag bei der Abfassung des Kontraktes vergessen zu haben, und ihn flehentlich bat, ein Supplement-Artikel zu machen, worin die Ablieferungs-Periode um 20 Tage verschoben wird, damit ich zu Deinem Geburtstag noch in Baden bei Dir bleiben könnte. Da es eigentlich ein Vorteil für ihn ist (wie ich eine Stunde später von Duponchel erfahren habe), so gewährte er. Der Artikel wird abgefaßt, aufgeschrieben, er unterzeichnet, ich nehme die Feder in die Hand ein gleiches zu tun: in demselben Augenblick fällt mir ein „mein Gott der Geburtstag ist ja den 8ten nicht den 28ten". Doch nun war es zu spät. Véron hatte schon unterzeichnet und um mich nicht lächerlich zu machen verschwieg ich meine Schwaherei und unterzeichnete auch. Was sagst Du dazu? …
Gottes Segen auf Dich meine Einzige und unser herziges Kind

Dein ewig verliebter Mohr
Giacomo

Meyerbeer komponierte zahlreiche Lieder unterschiedlichsten Genres, deutsche Lieder, italienische Romanzen und Canzonetten, französische Chansons und dramatische Szenen – die bedeutendsten wurden 1850 in einer Sammlung von 40 Mélodies, Liedern, zusammengefaßt. „Le Moine", „Der Mönch", nach einem Text von Emilien Pacini, war ebenso wie „Rachel à Nephtali" Ende 1834 in einer Sammlung „Keepsake lyrique" bei A. Pacini in Paris erschienen. Das einer dramatischen Szene angenäherte Lied widmete Meyerbeer dem großen Bassisten Prosper Levasseur, der es in den Pariser Salons berühmt machte und zum Favoritstück werden ließ. Die Übernahme der Couleur locale, der Lokalfarbe, aus der Welt der dramatischen Oper in das Lied führte zu einem neuen Genre in der Liedkomposition, das zur Interpretation folgerichtig des erfahrenen Bühnensängers bedurfte.

Gaspare Spontini.
Lithographie
von H. Grevedon,
1830

An Wilhelm Speyer

Baden d. 28. Januar 1835

Verehrter Herr und Freund!

Wenn Sie glauben, ich gedenke Ihrer so selten als ich Ihnen schreibe, so täten Sie mir wahrlich Unrecht. Die Erinnerung an Ihren geistreichen Umgang in Frankfurt, die mannigfachen Beweise von Teilnahme, Wohlwollen und Freundschaft, die Sie mir geben, machen die Erinnerung an Sie zu einer der dauerndsten und wohltuendsten meines Lebens. Aber so schnell mein Herz für meine Freunde schlägt, so träge bewegt sich meine Feder. Ich kann lieben aber nicht schreiben, das ist nun einmal meine unglückliche Organisation. Und doch sehnte ich mich so nach Nachrichten von Ihnen, daß ich Ihnen, verehrter Freund, von Paris geschrieben hätte, wenn es nicht in meinem Plane gelegen hätte, über Frankfurt nach Deutschland zurückzukehren, wo ich dann die Weihnachtsfeiertage Sie persönlich heimgesucht haben würde. Allein mehrere Umstände verschoben meine Abreise von Paris fast um einen Monat, und da ich den Anfang des neuen Jahres nicht fern von meiner Frau beginnen wollte, so mußte ich auf dem kürzesten Weg nach Baden zurückeilen und konnte natürlich nun Frankfurt nicht mehr berühren. Genehmigen Sie daher statts der intentionierten mündlichen, nun meine schriftlichen, doch darum nicht minder herzlichen Wünsche für Ihr Wohl und das Ihrer liebenswürdigen Familie, beim Wechsel des Jahres, und erhalten Sie mir Ihre Liebe und Freundschaft im neuen Jahre wie bisher. Beide sind meinem Herzen zu wert geworden, um auf ihren ferneren Besitz zu verzichten. Erlauben Sie mir in beifolgender Rolle ein kleines musikalisches Neujahrsandenken beizufügen. Es ist so unbedeutend, wie Neujahrsandenken gewöhnlich sind, und soll auch nur meinen Namen ein wenig bei Ihnen auffrischen. Es sind zwei Romanzen, welche ich kürzlich in Paris komponiert habe, und die einige Sensation dort gemacht haben, welches um so mehr zu verwundern ist, da sie in direkt feindseliger Tendenz gegen die bis jetzt beliebten schmachtenden und duftenden Mode-Romanzen des Salons auftreten, da sie eine dramatische Grundidee und Localcouleur, natürlich in dem verjüngten Maßstabe der kleinen Form auszusprechen suchen. Die Tendenz des zwischen Versuchung und Reue ringenden Mönchs spricht sich, wie ich hoffe, deutlich genug aus, um keines ästhetischen Kommentars zu bedürfen. Nicht so vielleicht aber die biblische Romanze „Rachel à Nephtali", wo die Farben vom Dichter so zart aufgetragen sind, daß auch ich nur andeuten durfte. Die Scham der jungen Jüdin, ihrem Schwager zu gestehen, daß sie seine verbotene Liebe teilt, hält die Glut ihrer Leidenschaft zurück, die nur immer bei dem letzten Verse jedes Couplets („Pitié, je suis ta soeur") [= *Erbarmen, ich bin Deine Schwester*] durchbricht. Ich habe daher dieses komprimierte Gefühl durch die sich stets behauptende kleine Baß-Figur auszudrücken gesucht, und beim letzten Verse des jedesmaligen Couplets, wo die Glut durchbricht, geht diese Baß-Figur in die Singstimme über. Leid tut es mir, diese Romanze nicht in $^4/_4$ statts $^2/_4$ geschrieben zu haben, da die Bewegung langsamer sein muß, als sie sich so geschrieben fürs Auge ausnimmt. – Ich denke bis gegen April bei meiner Frau und dem lieben Kinde in der reizenden Badner Einsamkeit zu weilen, alsdann aber nach Paris zurückzukehren, weil Ende April die Proben meiner neuen Oper angehen werden. Sie werden wohl schon aus den französischen Zeitungen vor einigen Monaten ersehen haben, daß meine Standhaftigkeit, meine Partitur nicht herauszugeben, Vérons Geiz und Halsstarrigkeit besiegt hat, und er sich dazu verstanden hat, mir die 30tausend Franken zurückzuzahlen, welche ich im Herbst 1833 wegen unsrer Gesundheits-Reise nach Nizza ihm als Dédit zahlen mußte. Nur habe ich mir gefallen lassen müssen, daß die Oper nicht schon diesen Winter, wie ich es gewünscht hätte (da sie seit 5 Monaten schon gänzlich fertig ist) gegeben wird, sondern erst Ende des Sommers, wo es seinen Interessen erträglicher ist, weil dann seine beiden großen Tänzerinnen Taglioni und Elssler Urlaub haben. – Und nun, verehrter Herr und Freund, habe ich Ihnen ein langes und breites von mir und meinem Treiben geschwatzt. Lassen Sie mich dafür recht ausführlich erfahren – wie es Ihnen und Ihrer liebenswürdigen Familie ergeht, und was es neues musikalisches in Frankfurt gibt. Gern wüßte ich auch, wie es unserem klassischen Meister Spohr ergeht, und was er Neues geschaffen hat. Ich bitte Sie, wenn Sie ihm wieder schreiben, empfehlen Sie mich dem trefflichen Meister. Auch die herzlichsten Grüße den würdigen Meistern Ries, Schnyder, Schelble und Guhr von

Ihrem treu ergebenen J. Meyerbeer

Im Juni 1835 begannen die Proben für die Uraufführung der „Hugenotten". Unermüdlich studierte Meyerbeer den Sängern ihre Rollen in unzähligen Einzelproben ein, erarbeitete das Werk mit Ensembles und Chören. Änderungen und tiefe Eingriffe in das Werkgefüge erzwang nicht nur die Zensurbehörde; Scribe, der die Proben überwachte, auf die Regie und auf dramatische Wirksamkeit achtete, äußerte Wünsche, Kürzungen wurden notwendig, und Nourrit, der Sänger des Raoul, forderte für sich die Neukomposition des Final-Duetts im 4. Akt – es wurde das erfolgreichste Stück der ganzen Oper! Meyerbeer rieb sich in der Hektik der Organisation, die die Inszenierung und die musikalische Vorbereitung eines so riesigen Werkes auslöste, förmlich auf. Erschöpft und resignierend berichtete er am 18. Juni 1835 seiner Frau: „Noch zwar bete ich meine Kunst an, glühend wie in den Tagen meiner ersten Jugend, noch zwar fühle ich das Bedürfnis nach wie vor zu komponieren, immer und stets fühle ich sogar die Kraft, besseres und gewichtigeres zu schaffen als wie bisher: aber die Kraft, in dem schmutzigen Kotstrudel herumzuwühlen, worin man das heutige Theater, das heutige Publikum, die heutige Kritik suchen muß, und woraus man die heutigen Succès fischt, verliere ich täglich mehr, weil alles dieses täglich tiefer und tiefer sinkt, und man bald wird erröten müssen vor einem Succès in dieser wahnsinnigen tollen Epoche, wie sonst vor einer Chute [= *einem Reinfall*]."

An Minna Meyerbeer

[*Paris, 24. Dezember 1835*]

Teures geliebtes Weib!
Ich habe mehrere Posttage übersprungen ohne Dir zu schreiben, weil ich in den neuen Bedrängnissen, worin ich versetzt bin, jede Minute zu Rate ziehen muß, um den neuen Verlegenheiten zu parieren, worin wir geraten sind ... Wisse also, daß die Regierung die ganze Person der Cathérine von Medici, den Schluß, und die Szene mit den Mönchen verboten hat. Mit einigen bedeutenden Abänderungen, die mir neue Arbeit auferlegen, sind vielleicht die beiden ersten Punkte möglich. Der letztere aber, wenn ich nicht die Hälfte des 4ten Aktes neu komponieren soll, unmöglich. Du kannst denken also, welche Demarchen beim Minister, bei der Komission, ohne Zahl und Ende das gibt. Bis jetzt ist nichts entschieden als daß Cathérine bestimmt wegbleiben muß, eben so der Schluß, und auch der Titel. Ich bin nun mit den Änderungen beschäftigt, welche dieses herbeizieht. Die Tage werden bald nicht mehr dazu ausreichen. Wenn aber auch die Szene mit den Mönchen geändert werden muß, so bin ich entschlossen, meine Oper zurückzuziehen, wenn es nicht anders geht. Scribe verwendet sich jetzt für den letzten Punkt. Dabei, wie Du Dir denken kannst, die abenteuerlichsten Journalartikel aller Art, und die wahnsinnigsten Gerüchte über die Oper. Bei so vieler Mühe, noch so viel Verdruß! Ich muß der Nonne und Wilhelm ewig danken, daß sie mich in diesen mühevollen Mo-

menten durch ihre Gegenwart ein wenig trösten und aufrichten. Das Wetter ist sehr unbeständig, bald starker Frost, bald Tauwetter, im ganzen aber sehr ungesund. Morgen oder übermorgen früh reist Adolph ab, wird also in 4 Tagen bei Euch sein. Ich sende Dir heute das „Journal des Débats" vom 9ten November, was Du verlangt hast. Es war nicht leicht einzelne Nummern zu bekommen. So eben bekomme ich 2 Briefe auf einmal von Dir. In dem einen fragst Du mich, ob Du mir Deine Mutter mit dem Kinde schicken sollst, das ist doch wohl nur Dein Spaß, in der harten Winter-Jahreszeit des zarte Kind und die schwächliche Frau der weiten Reise aussetzen zu wollen. Große Leute werden jetzt krank, wenn sie reisen. Hätte Dich aber Dein Herz getrieben, mir diese Erquickung im Oktober zu bereiten, so hätte ich diesen Liebesdienst mit Dankbarkeit empfangen. Erhalte uns nur der gütige Gott gesund und frisch alle drei,

„Les Huguenots", Schluß des 5. Aktes, Paris 1836. Lithographie von Achille Devéria

damit wir uns Ende des Winters wenigstens der langen Trennung ein Ende setzen können.
Tausend Grüße Deiner lieben Mutter von der Nonne und mir. Tausend Küsse Dir und dem Kinde von Deinem treuen Mohren

Giacomo

Die Uraufführung der „Hugenotten" am 29. Februar 1836 wurde zu einem herausragenden Ereignis in der Geschichte der Pariser Opéra. Sechs Wochen nach der Premiere schrieb der Rezensent der „Revue des deux Mondes", jede Kritik müsse vor einem solch überwältigenden Erfolg verstummen. Es gab spontanen Beifall, aber auch heftige Diskussionen um Meyerbeers „Point de vue", um seinen ästhetischen Standpunkt. Man hob die Realistik der historischen Zeichnung, des Lokalkolorits, hervor, die den Zuschauer zum fiktiven Zeitgenossen dieses schrecklichen Geschehens werden lasse. Hector Berlioz versicherte, Meyerbeer habe in dieser Oper so großen musikalischen Reichtum ausgebreitet, daß er hinreiche, das Glück von 20 Opern zu machen, und George Sand stellte, wie schon erwähnt, die Rolle des Marcel als tragende Gestalt des Werkes heraus. Die Diskussionen lockten die Zuschauer in Massen: am 17. April 1836 steigerte sich die Abendeinnahme der Pariser Opéra auf 11300 Franken, eine bisher unerreichte Summe. Allein bis zum Jahre 1900 – also in einem Zeitraum von 64 Jahren – erreichten die „Hugenotten" als erste Oper die Traumzahl von 1000 Aufführungen in der Opéra.

An Minna Meyerbeer

[*Paris, 1. März 1836*]

Abgott meiner Seele!
Mit Dir habe ich mich in den letzten Augenblicken meiner Zweifel und Angst besprochen, mit Dir, meine Teure, will ich mich unterhalten nachdem der glückliche Erfolg meine Besorgnisse beruhigt hat. Unsere „Hugenotten" sind gestern mit dem Anschein eines glänzenden Succes über die Bühne gegangen. Ich sage mit dem Anschein, denn Du weißt, wie die Administrationen in Paris ihre erste Vorstellung komponieren, so daß man der wirklichen Stimmung

Cornélie Falcon
als Valentine in
„Les Huguenots“

des Publikums erst späterhin auf die Spur kommen kann. Doch ist das bei der Oper weniger als bei andern Theatern der Fall. – Im ersten Akt hat die Orgie, Nourrits Romanze, der Choral und die Chanson, und die kleine Arie der Flécheux sehr gefallen. Der ganze Akt macht einen sehr freundlichen Effekt. Der zweite, obgleich man sehr darauf baute, und auch alles applaudiert wurde, hat au fond [= *im Grunde*] kalt gelassen. Der dritte, vor dem man Furcht hatte, hat im Gegenteil sehr gefallen, besonders „Rataplan“, welches wiederholt werden mußte, das Septett vom Duell, und der Zankchor, der wirklich vortrefflich ausgeführt wurde. Weniger (obgleich sehr applaudiert) das Duett zwischen der Falcon und Levasseur. Im Ganzen war der Succes doch eigentlich noch nicht entschieden. Der 4te Akt hat wahrhaften Enthusiasmus erregt, und im 5ten hat das Terzett, was auf den Proben nichts machte, glänzend seine Revanche genommen. Nach dem 4ten Akt sind Nourrit und die Falcon gerufen worden; nach dem 5ten Akt ich (ich habe mich entschuldigen lassen) und dann alle. Die heutigen kleinen An-

zeigen in den Zeitungen lauten alle sehr günstig. Wie sich das auf die Dauer gestalten wird, weiß Gott. Ich bin noch nicht ruhig, aber doch viel beruhigter wie gestern.
Adieu Abgott meiner Seele und das Kind

[*Dein*] ewig verliebter Mohr

Schon vor der Premiere hatte Meyerbeer befürchtet, daß man Teile des Werkes nicht verstehen werde, daß man vor allem die Rolle des Marcel als zu modern ablehnen könnte. Die heftigen ästhetischen Diskussionen über die Oper nach der Aufführung belegen, daß Meyerbeer einen großen Schritt in der Opernentwicklung gewagt hatte. – Seine Bemerkung, es sei nicht leicht, die entsprechenden Zeitungen aufzutreiben, mag auf den ersten Blick befremdlich erscheinen. Die Zeitungen wurden jedoch damals nur im Abbonnement vertrieben, einen Einzelverkauf gab es noch nicht. Erst Ende des Jahres 1847 führte der Pariser Zeitungsverleger Émile Girardin nach englischem Vorbild den Straßenverkauf der Gazetten in Frankreich ein. – Charles Duponchel hatte im August 1835 die Direktion der Opéra übernommen.

An Minna Meyerbeer

[*Paris, 6. März 1836*]

Abgott meiner Seele!
Es ist ein dummes, aber in meiner Seele tief eingewurzeltes Vorurteil, vor der dritten Vorstellung einer Oper von mir das Wort Succes nicht auszusprechen. Doch diese dritte Vorstellung ist nun auch vorüber, und ich glaube ohne Übertreibung, Dir einen großen eklatanten Succes anzeigen zu können, der ganz Paris in diesem Augenblick in Anspruch nimmt. Die dritte Vorstellung namentlich hat weit größeren Enthusiasmus in den ersten 3 Akten erregt als in den vorigen 2 Vorstellungen. Was den 4ten und 5ten Akt anbetrifft, so kann der Enthusiasmus nicht größer sein als er schon bei der ersten Vorstellung war. Übrigens ist gestern wieder „Rataplan“ da capo gerufen worden, Nourrit und die Falcon sind nach dem 4ten Akt, Levasseur, Nourrit und die Falcon nach dem 5ten Akt gerufen worden. Am Bureau de Location [= *Kasse für den Kartenverkauf*] müssen täg-

lich 2 Schildwachen stehen, so groß ist der Andrang derer, die Stalles [= *Sperrsitz-Plätze*] und Logen mieten wollen. Ob das übrigens dauern wird, kann man nach der 3ten Vorstellung noch nicht beurteilen.
Denke übrigens nicht, daß, obgleich der Beifall im Theater ungeheuer und einstimmig ist, es ohne Widerspruch und Kritik im Foyer und in den Salons zugeht. Viele Leute mißbilligen den ästhetischen Standpunkt meiner Kompositionsart ganz oder in einzelnen Teilen, namentlich Levasseurs Rolle [= *Marcel*], finden nur Geschicklichkeit in den ersten 3 Akten, Genie aber nur in den 2 letzten, setzen das ganze unter „Robert". Viele, unzählig viele Enthusiasten aber auch hat die Oper gewonnen, die sie nicht nur über „Robert", sondern auf einen solchen hohen Standpunkt stellen, daß ich erröte, ihre Ausdrücke zu wiederholen. – Was mich aber am allermeisten freut, das ist, daß selbst die Gegner dieser Oper von ihr als eine der bedeutendsten musikalischen Erscheinungen der neuern Zeit sprechen, wenn sie auch mit meiner Tendenz nicht einverstanden sind. Mit dem Ton der Journale bin ich ganz außerordentlich zufrieden, nicht nur mit den lobenden, sondern sogar mit den tadelnden. 2 Journale unter 20 oder 30 sind die einzigen, die unbedingt und bitter tadeln. Ich habe Dir schon einige Journale geschickt und schicke Dir heute noch 9. Ich habe nicht mehr auftreiben können, da es nicht leicht ist, die einzelnen Nummern haben zu können. Manche sind sogar nur geliehen. Sei so gütig, süße Einzige, sie sämtlich aufzubewahren; ich bitte doch sehr darum. Wenn Du übrigens glaubst, daß ich trotz meines großen Succes ein wenig Ruhe genießen kann, so irrst Du sehr. Duponchels unbeschreibliche Dummheit und Sorglosigkeit macht, daß ich von Morgen bis Abend beschäftigt bin, um damit nicht jede Vorstellung die letzte ist, denn er bekümmert sich um nichts, und seine gemeine Schlechtigkeit gegen mich macht mir außerdem vielen Verdruß.
Die Nonne und ich grüßen Deine liebe Mutter viele Male

Dein ewig verliebter Mohr

Morgen ist die 4te Vorstellung und kein Winkelchen mehr zu haben.

Meyerbeer, Karikatur. Lithographie von A. J. Lorentz im Pariser Charivari, 1842

An Minna Meyerbeer

[*Paris, 10. März 1836*]

Teure angebetete Herzenskönigin!
Du kennst von „Robert" her alle Bedingungen, die ein Succes, den man sich in Paris erhalten will, nach sich zieht. Nun denke Dir dazu einen Direktor wie den elenden Duponchel, welcher nichts oder nur das übelste tut, und Du wirst Dich nicht wundern, wenn ich Dir sage, daß seit der ersten Vorstellung ich jeden Morgen von 6 Uhr bis nach Mitternacht auf den Beinen bin, fortwährend mit Dingen beschäftigt, die auf die eine oder andre Weise auf das Schicksal der Oper mächtig einwirken.
Dem Himmel sei es Dank, das Werk scheint sich eine glänzende Bahn zu brechen. 6 mal hintereinander ist es jetzt gegeben bei einem ungeheueren Zulauf, der nicht abzunehmen scheint, denn jeden Tag ist das Gedränge im Bureau de

location, wo die Logen und Stalles vermietet werden, so ungeheuer, daß 2 Schildwachen davor gestellt werden müssen, und die Vendeurs de billets [= *Billettverkäufer*] verkaufen noch immer die Plätze zu 4fachen Preisen. Der Beifall im Theater nimmt nicht ab, im Gegenteil, die 3 ersten Akte, die anfänglich sehr getadelt wurden, gewinnen sich täglich mehr Freunde. Die musikalische Exekution der Sänger, Orchester und Chöre ist so vortrefflich, wie vielleicht noch nie in Paris. Die Journale sind mit sehr wenigen Ausnahmen vortrefflich. Aber selbst die opponierenden sprechen von dem Werk wie von einer höchst bedeutenden Kunsterscheinung. Im Publikum selbst hat das Werk und mein ganzer ästhetischer Point de vue, von dem ich ausgegangen bin, manche Widersacher, aber dafür auch in großer Majorität glühende Enthusiasten. Was mich sehr freut, das ist, daß die Musiker, selbst die berühmtesten, die größten Enthusiasten für diese Oper sind. Ob das alles dauern wird, kann man in Paris nach einer 6ten Vorstellung freilich noch nicht bestimmen. „Guillaume Tell" hatte glänzende 12 Vorstellungen, und dann brach es auf einmal ab. – Nous verrons. [= *Wir werden sehen*] Ich schicke Dir heute wieder ein Paket Journale, unter anderen die „Gazette de France", die drollig ist. Sie macht mir Vorwürfe, daß ich als Jude, der doch die Intoleranz und die Engherzigkeit der Protestanten kennen sollte, Fait & cause [= *Partei ergreifen*] mit meinem Genie für die Verherrlichung der protestantischen Religion gemacht habe. Teile doch Speyer die Artikel von Fétis im „Temps", dem „Débats", dem „Constitutionel" und sonst noch einige brillante Artikel mit; es wäre mir lieb, wenn er daraus einen Artikel für eine der Frankfurter Zeitungen machen wollte. Adieu Abgott. Ich wollte Dir noch eine Menge Sachen mitteilen, allein ich habe diesen Brief nur unter tausend Unterbrechungen schreiben können, und nun ist es Zeit zum Postabgang.

Tausend Küsse Dir und dem Kinde von Deinem
ewig verliebten Mohr Giacomo

Nach Carl Maria v. Webers frühem Tod am 5. Juni 1826 hatte sich seine Witwe an Meyerbeer als den Jugendfreund ihres Mannes mit der Bitte gewandt, die nachgelassene Oper „Die drei Pintos" zu voll-

enden. Ob dies noch Webers persönlicher Wunsch war – wie behauptet wurde – oder ob nicht vielmehr rein finanzielle Erwägungen im Vordergrund standen, bleibe dahingestellt. Meyerbeer sagte zu, weil er glaubte, sich diesem Freundschaftsdienst nicht versagen zu können, aber – es war eine verhängnisvolle Zusage. Immer wieder nahm Meyerbeer in den kommenden Jahren einen erneuten Anlauf, aus den wenigen Skizzen Webers ein sinnvolles Ganzes zu schaffen, es wurden neue Libretti erarbeitet und wieder verworfen, Verträge geschlossen und nicht gehalten, und immer wieder erwies es sich bei der unterschiedlichen Begabung und dem ganz anders gearteten Stil der beiden Komponisten als unmöglich, das Werk zu vollenden. Meyerbeer wurde, zumal in der deutschen Presse, wegen der Nichterfüllung seiner ‚Pflicht' und seiner Saumseligkeit herb gescholten. Auch seine eigene Familie machte ihm Vorwürfe. Um wenigstens etwas zu tun, entschädigte Meyerbeer Caroline v. Weber mit ihren beiden Söhnen mehrfach durch ansehnliche Beträge für entgangene Honorare. Als er schließlich am 27. Januar 1852 die Skizzen endgültig der Familie zurückgab, belief sich die Entschädigungssumme inzwischen auf insgesamt 4000 Taler, einen Betrag, der Meyerbeers eigenes Jahresgehalt als Preußischer Generalmusikdirektor um 1000 Taler überstieg. – Gustav Mahler hat Ende der achtziger Jahre Webers Skizzen für eine Neukomposition verwendet, aber die Oper blieb ohne Erfolg. Heute ist sie so gut wie vergessen. Eduard Hanslick bewertete Carl Maria v. Webers Originalteile als „matt und konventionell" und bestätigte somit gleichsam postum Meyerbeers Theaterinstinkt.

An Minna Meyerbeer

[*Paris, 4. oder 5. Juni 1836*]

Teures angebetetes Weib!
Ich schreibe Dir diese Zeilen bloß um Dir anzuzeigen, daß sich unsre Arbeit noch um einige Tage verschieben wird. Daran ist im großen Teil die Antwort des Hofrats Winkler aus Dresden (Theodor Hell) schuld. Du weißt, er ist der Vormund der Weberschen Kinder, und zugleicherzeit der Autor der „3 Pintos", die ich schon so lange beendigen sollte. Ich habe mir, da die Sache doch nun einmal geschehen muß, ein Herz gefaßt und will freiwillig und g l e i c h an das Werk gehen, welches ich doch tôt ou tard [= *früher oder später*] machen müßte. Da aber Weber so gut gar wenig Ma-

Carl Maria v. Weber. Zeichnung von Eduard Mörike

nuskripte hinterlassen hat, daß es kaum $^{2}/_{3}$ eines Aktes ausmacht, mithin $^{9}/_{10}$ der Arbeit auf mich fällt, es also so gut wie eine neue Oper wird, so will ich wenigstens ein gutes Sujet haben und es zuerst in Paris oder wenigstens zugleicherzeit in Paris und Dresden geben. Nun aber sind „die 3 Pintos", die ich erst hier mir von Winkler lesen ließ, das albernste dümmste Zeug der Welt. Ich muß also von einem französischen Dichter einen guten Stoff erlangen, der zugleicherzeit so eingerichtet ist, daß Webers schon gemachte Musikstücke dahinein passen, und ferner von diesem Dichter und der Direktion der komischen Oper, wo das Werk gegeben werden soll, die Erlaubnis erlangen, daß es zugleicherzeit in Dresden und Paris, oder vielleicht gar noch früher als in Paris in Dresden ans Licht treten darf. Damit gehen wir nun um. Ich hatte schon einen Dichter und ein Werk, welches diese Bedingungen erfüllte, allein Winkler ist mit dem Stoff nicht zufrieden. Auf jeden Fall aber hindert dieses die Abreise nicht auf lange, denn wenn nichts zustande kommt, lasse ich es bis zu meiner Rückkehr nach Paris.

Verzeihe dieses Gekritzel. Ich schreibe es in Eile bei Crémieux [*Notar*], wo ich eine Prokuration machen lasse, die während meiner Abwesenheit eine Intrigue verhindern soll, womit (wie man mir gesteckt hat) H[*alévy*] und R[*ossini*] den großen eklatanten Succes unsrer „Hugenotten" zu schaden gedenken.
Adieu Abgott. Ich träume von nichts als Dich im Nachtpeignoir und das Madras Bonnet [= *Seidenhäubchen*] auf Deinem lieblichen Köpfchen gegen 11 Uhr nachts etwa zu sehen. Küsse unser Kind, für das ich herrliche Sachen mitbringe.

Dein ewig verliebter Mohr

An Eugène Roger de Bully, genannt Roger de Beauvoir

[*Paris 10. Juni 1837*]

Mein lieber Roger!
Es war mir ganz unmöglich gestern Herrn von St. Georges zu sehen. Heute verbringe ich den ganzen Tag in Versailles [*Fest in Versailles, bei dem der 3. und 5. Akt von „Robert le Diable" aufgeführt wurden*], aber morgen gehe ich ganz bestimmt zu ihm, und ich bin sicher, ihm verdeutlichen zu können, wenn ich ihm den Charakter der Arbeit erläutert habe, die das Werk von Weber [*„Die drei Pintos"*] erfordert, daß wir nicht auf einen Mitarbeiter verzichten können, der perfekt deutsch versteht und ein ebenso guter Dichter wie Musiker ist, denn es gibt sehr heikle und schwierige Sachen, sowohl in der Musik als auch in der Übersetzung in diesem Werk. Die Zusammenarbeit von drei Mitarbeitern wäre von größter Wichtigkeit. Deshalb halte ich die Mitarbeit von Henri Blaze für unbedingt erforderlich.
Adieu und auf Wiedersehen. Ich fixiere mit Herrn von St. Georges unser Zusammentreffen, das, wie ich hoffe, am Montag stattfinden kann.

Tausend liebevolle Grüße
Ihr ganz ergebener
Meyerbeer

Gottfried Weber veröffentlichte den von Meyerbeer erwähnten Aufsatz „Einige deutsche Gedanken bei Gelegenheit einer französischen Oper", der mit einem Pseudonym, „Heinrich Paris", unterzeichnet ist, erst 1839 in der von ihm redigierten „Caecilia". Hinsichtlich der Musik, so räumt der Autor ein, schienen die „Hugenotten" eine sehr schöne Oper zu sein, wegen der Thematik des Religionsstreites sei aber eine Aufführung in Deutschland unpassend „wegen des Schadens, der dadurch für die ungebildeten Zuschauer entstehen" könne, man müsse das Werk „ohne Gnade von der Bühne verbannen ... es den Gebildeten überlassen ... die Musik daraus in ihren Konzerten und Privatzirkeln aufzuführen". Tatsächlich erhoben in Deutschland die Zensoren vielerorts Einspruch gegen das Libretto der „Hugenotten": In Köln kam die Oper 1837 als „Margarethe von Navarra" heraus, in München 1838 als „Anglikaner und Puritaner". Die Wiener präsentierten das Werk als „Ghibellinen in Pisa" bzw. als „Welfen und Ghibellinen". In Berlin aber, Meyerbeers Vaterstadt, wurden die „Hugenotten" zu Lebzeiten Friedrich Wilhelms III. von der Zensurbehörde überhaupt verboten, die langerwartete Premiere fand erst sechs Jahre nach der Uraufführung der Oper, nach dem Regierungsantritt Friedrich Wilhelms IV., am 20. Mai 1842 statt.

Der Einzug des Propheten in Berlin. Karikatur von W. Scholz

An Gottfried Weber

Baden, d. 20. Oktober 37.

Lieber Bruder!
Seit meinem letzten Brief an Dich war ich recht ernstlich unwohl und mußte sogar das Bette zwei Tage hüten: daher die Verzögerung der Fortsetzung meines Briefes; diesmal ist meine Schreibfaulheit unschuldig daran.
Tief hat es mich betrübt, Dich bei unserm Wiedersehen nicht nur in der Tat, sondern auch im Sinne abgewendet und entfremdet von allem musikalischen Wirken und Schaffen zu finden. Wie! Du, der die lichtvollste, geistreichste „Theorie" der neuern Zeit aufgestellt hat, der in unzähligen einzelnen Aufsätzen alle Felder des musikalischen Wissens behandelt hat, dessen „Requiem" und „Lieder" den hohen Beruf als Komponist beurkundet haben, Du verstummst in Deinen besten Mannesjahren und läßt den Ehrenplatz, den Dein Geist, Deine Werke Dir unbestritten anwiesen, en quenouille [*in Vergessenheit*] fallen? Müßtest Du nicht der Gesetzgeber, die oberste Behörde der musikalischen Kritik in Deutschland sein? Die einzige musikalische Wirksamkeit, der Du Dich noch ergibst, die „Caecilia", verliert durch die Ungeschicklichkeit Deines Verlegers alle Importanz. In so weiten Intervallen, und besonders in unbestimmten Zeiträumen kann heute zu Tage keine Zeitschrift mehr einen großen Leserkreis gewinnen, besonders eine musikalische, die sich doch ihrem Publikum nach immer mehr zu den belletristischen wie zu den rein gelehrten Zeitschriften zu zählen hat. Gib die Hälfte weniger Material, aber gib alle 14 Tage eine Nummer, und Du wirst sehen, ob ich recht habe.
Und Deine herrlichen einzelnen Aufsätze, die Du seit 30 Jahren in die verschiedenen musikalischen Zeitschriften Deutschlands verstreut hast, warum läßt Du sie der Vergessenheit überantworten? Ja wohl, der Vergessenheit! Denn wer liest ein Journal anders als im Moment seines Erscheinens, und wer liest es mehr als einmal? Warum verschmähst Du zu tun, was die größten Schriftsteller doch in ähnlichen Fällen taten? Warum sammelst Du nicht diese einzelnen Aufsätze, revidierst und koordinierst sie und gibst sie unter dem Titel „G. Webers vermischte musikalische Schriften" (oder sonst unter einem anderen Titel) heraus? Alle kriti-

schen Organe der Musik würden natürlich diese Erscheinung besprechen, das Publikum von heute das für ihn neue Werk lesen, und endlich wird als Werk in der musikalischen Literatur einen ehrenvollen und bleibenden Platz einnehmen, was, in den Zeitschriften versplittert, vergessen worden wäre.

Und warum hast Du keinen musikalischen Wirkungskreis in Darmstadt? Warum bist Du nicht Intendant der Oper? Hat man Dir es etwa nicht angeboten? Das sollte mich nicht wundern; falls Du selbst keinen Schritt dazu getan hast. Du bist in Darmstadt die einzige musikalische Superiorität. Superioritäten genieren und demütigen, und man dankt Gott, wenn sie das Maul halten. Allein liebt man auch Superioritäten nicht, so fürchtet man doch ihren Geist, ihr Wort, ihre Feder; und fordert die Superiorität vollends nur, was ihr gebührt, so schlägt es ihr selten fehl. Wolle Intendant sein, lieber Bruder; scheue Dich nicht, es am gehörigen Ort zu sagen und Du wirst es gewiß sein. Sollte die Prinzeß Wittgenstein (die einzige Person Eures Hofes, welche mir bekannt ist) noch in Paris sein, wenn ich dorthin komme, so werde ich ihr über diesen Gegenstand alles das sagen, was Du nicht sagen zu wollen scheinst.

Und endlich, warum läßt Du Dein herrliches Kompositionstalent so gänzlich brachliegen? Etwa weil Du drückende Berufsgeschäfte hast? Das ist kein hinreichender Grund. In unserm Deutschland, wo nie von oben etwas direkt für die Existenz der geistig Produzierenden getan wird, sind von jeher die Majorität der Gelehrten, Schriftsteller und Künstler genötigt gewesen, Ämter zu bekleiden, um existieren zu können, und haben doch dabei (wenn sie anders Genie hatten) Meisterwerke geliefert. Freilich ist die Öffentlichkeit häufig ein Dornenfeld für den, welcher sich darauf zu tummeln genötigt ist; namentlich in unsrer so zerrissenen, konvulsivisch bewegten Zeit, wo die einfachsten Wahrheiten nicht mehr unbestritten bleiben, wo die Kritik sich so häufig in den Händen unberufener Laien befindet, oft auch nur als Vehikel persönlicher Freundschaft oder Feindschaft dient, um durch die Beurteilung des Werkes dessen Verfasser zu deifizieren oder zu vernichten. Allein, wenn man sonst nur in seinem Innern die feste Überzeu-

gung hat, das Rechte gewollt und erkannt zu haben, verwunden auch die schärfsten, gehässigsten Angriffe nicht so arg, als man glauben sollte.
Ich komme nun zur Beantwortung Deines Briefes. Den herzlichsten Dank, lieber Bruder, für Deinen freundlichen Avis über den Dir zugesandten Aufsatz gegen die „Hugenotten" und die liebevolle Art, mit der Du es meinem Ermessen heimstellst, ob der Aufsatz in der „Caecilia" erscheinen soll oder nicht. Mir scheint, Dein Scharfsinn hat auch hier gleich das Zweckmäßigste erkannt, und ich bin ganz Deiner Meinung, daß der Aufsatz weniger Schaden in der „Caecilia" wie anderswo tun wird, weil, wie Du bemerkst, durch Randglossen und Noten dem Gifte gleich das Gegengift beigesellt werden kann. (Ich halte Noten für besser als einen förmlichen, aber nachträglichen Aufsatz.) Du frägst mich, w e r aber diese Noten schreiben soll, da Dir das Werk unbekannt ist? Darauf, lieber Bruder, weiß ich nichts zu antworten, allein auf keinen Fall ich selbst, wie Du es vorschlägst. Ich habe es mir seit Jahren zum unverbrüchlichen Gesetze gemacht, nie persönlich auf Angriffe gegen meine Arbeiten zu antworten und persönliche Polemik unter keiner Bedingung weder zu veranlassen noch zu erwidern. Allein da, wie Du schreibst, der Aufsatz fast gänzlich gegen das Stück gerichtet ist und der Musik kaum erwähnt, so kann ich Dir die Kenntnis des Stückes verschaffen, denn ich habe hier ein Exemplar desselben, welches ich Dir heute noch sende. Ob Dir „Die H u g e n o t t e n" als Drama gefallen werden, ob Dir der Stoff glücklich oder unpassend für ein Opernsujet erscheinen wird, das weiß ich nicht; allein das hoffe ich, Du wirst die Behandlung nicht unsittlich, nicht scandaleuse finden (wie der Verfasser jenes Aufsatzes). Es ist freilich ein furchtbares historisches Faktum, allein doch so allgemein bekannt, selbst so oft dramatisch bearbeitet, daß von größerer Veröffentlichung durch eine Opernbearbeitung keine Rede sein kann. Mich dünkt, die p r o t e s t a n t i s c h e Religion wird durch das ganze Stück in das edelste, würdigste Licht gesetzt. Für die K a t h o l i k e n ist in dem Stücke, wie es auch geschichtlich war, die ganze St. B a r t h e l e m y nur ein politisches Faktum. Ob es aber überhaupt ein noch nicht dagewesener Skandal sei, religiöse Streitigkeiten auf die Bühne zu bringen und sogar ei-

nen wirklichen Choral in der Oper anzubringen, die Frage, dünkt mich, ist schon vor 25 Jahren beantwortet worden; denn so lange bereits ist es her, daß in dem lutherischen Berlin „Die Weihe der Kraft" von Werner gegeben ward, wo Luther selbst der Held des Stückes war u. seine religiöse Streitigkeiten mit Papst und Kaiser den Stoff des Dramas bilden, und wo auch mehrere seiner Choräle in dem Stücke gesungen werden. Alles dieses erregte damals keinen Skandal, ward im Gegenteil vom Publikum unzählige Male mit Rührung und Erhebung angesehen. Freilich, wenn der Choral zur Opernarie gemacht würde (wie der Verfasser des Aufsatzes sagt), so wäre das wirklich ein Skandal. Allein, wenn grade im Gegenteil dieser Choral als Gegensatz der weltlichen Musik stets streng und kirchlich behandelt ist, wenn er als Anklang aus einer bessern Welt, als Symbol des Glaubens u. Hoffens immer nur als Anrufung bei drohender Gefahr oder in den Momenten der höchsten Erhebung ertönt und sich in einzelnen Anklängen zwar durch das ganze Stück zieht, aber immer nur im Munde derjenigen Personen (der Diener Marcel), welche als Repräsentant eines einfachen, aber unerschütterlichen frommen Glaubens, ja als Märtyrer gezeichnet ist, so ist, dünkt mich, eine solche Behandlung eher Heiligung als Entweihung eines Kirchengesanges zu nennen. Ob es mir gelungen, diese Intention wirklich ins Leben zu rufen, das kannst Du freilich nicht wissen, lieber Bruder, da Du die Oper nicht kennst. Ich hatte eigentlich bei meinem vorletzten Besuch eine Partitur der „Hugenotten" für Dich mitgebracht, allein Du sprachst mir mit so vieler Apathie damals von Musik, daß ich nicht wagte, Dir meine Intention mitzuteilen. Wisse aber, daß das Paket noch immer mit der Aufschrift „Gottfried Weber" in meinem Zimmer liegt, u. langweilt es Dich nicht, 5 Akte Musik von mir durchzulesen, so schreibe ein Wort, u. die Partitur wandert zu Dir.
Und nun lieber Bruder, denke ich genug geschwatzt zu haben. Was ich über Dich auf dem Herzen hatte, habe ich mit der Freimütigkeit, aber auch der Liebe eines 25jährigen Freundes ausgesprochen. Mögen diese Zeilen unsre so lange geschlummerten Mitteilungen und Verbindung wieder aufs neue ins Leben rufen. Jugendfreundschaften sollte man nie fahren lassen, bis sie der Tod trennt.

Lebe wohl, grüße Deine vortreffliche Frau, und glaube, daß ich noch heute wie vor 25 Jahren Dir treu und herzlich ergeben bin.

Meyerbeer

Heinrich Heine hatte sich mit seinem Onkel Salomon Heine, der als reicher Kaufmann in Hamburg lebte, überworfen, und dieser verweigerte nun seinem Neffen – obwohl er ihn als Dichter schätzte – die früher einmal zugesicherte Unterstützung in Form einer lebenslangen Rente. Heine hatte sich deshalb an Meyerbeer mit der Bitte gewandt, bei seinem Onkel zu intervenieren.

An Heinrich Heine

[*Paris, 23. September 1838*]

Teurer Freund!
Ich hoffe, Sie werden mit Ihrem Ambassadeur zufrieden sein. Ich komme von Ihrem trefflichen Onkel und habe nach langen Pouparlers le fixe [*Unterhandlungen das Fixum*] erlangt. Die Summe wie Sie selbst Sie wünschten, d. h. 4000 Franken jährlich, beginnend vom 1sten Januar 1839, allein ich habe mir ausbedungen, daß immer ein Trimestre vorausbezahlt wird: Sie erhalten also schon den 1sten Januar 1000 Fr.
Ich hatte meine Fordrungen freilich noch höher gestellt, allein nach dem was Sie mir selbst sagten, sah ich, daß ich auch mit diesem Resultat zufrieden sein könnte. Wenn Sie die Details erfahren wollen, so sein Sie so gütig und kommen morgen früh aber vor 10 Uhr zu mir. Adieu mein teurer Freund

Ihr treu ergebener
Meyerbeer

In Frankreich waren die Juden dank großzügiger Gesetze gleichberechtigte Bürger, so daß es kaum „Richesse“ gab. Um so mehr mußte Meyerbeer von den ersten Anzeichen eines aufkommenden Antisemitismus in der französischen Presse, von denen ihm wohl Heine in seinem Brief – der verloren ist – berichtet hatte, betroffen und beun-

Heinrich Heine

ruhigt sein. Die Bemerkungen beziehen sich auf zwei Artikel im „Courrier des Théâtres" vom 8. Juli und 3. August 1839, wo es u. a. heißt: „La Juiverie nous enveloppe de tous côtés … la Juiverie nous déborde …", die Judenclique umzingelt uns von allen Seiten … sie überflutet uns. Es sei ihr zu wenig, einen Fuß in beinahe allen Pariser Theatern zu haben, sie wolle obendrein diejenigen Stellen dort einnehmen, die ihr Einfluß verschafften. Halévy wurde wegen seiner Ämterhäufung in gehässigster Weise angegriffen, wie überhaupt der Stil der Artikel Böses fürchten ließ. – Heine heiratete seine Geliebte, Mathilde Marat, am 31. August 1841.

An Heinrich Heine

[*Boulogne, 29. August 1839*]

Verehrter Herr und Freund!
Sie haben meiner Mutter und mir eine große Freude durch Ihren lieben Brief bereitet, der wie alles, was Ihrer Feder entfließt, interessant, geistreich und witzig ist. Ich hätte nicht so lange angestanden, Ihnen dafür zu danken, wenn ich nicht seit 6 Tagen auf die allerunangenehmste Weise an einer Krankheit gelitten hätte, welche jetzt hier epidemisch ist: starke Diarrhöe von sehr heftigen Schmerzen, Übelkeit und Fieber begleitet: mit einem Worte eine espèce de [= *Art von*] Cholerine. Auch meine arme Mutter litt daran. Uns traf das um so unangenehmer, als natürlich dadurch die Seebäder unterbrochen wurden, welche sowohl mir als auch meiner Mutter sehr gut bekamen. Der Arzt macht uns jedoch Hoffnung, daß wir die Kur in ein paar Tagen werden wieder fortfahren dürfen. Lottchen Moscheles habe ich ihren Gruß mitgeteilt. Sie fühlte sich sehr geschmeichelt, noch immer in der Erinnerung des großen deutschen Dichters fortzuleben. Sie kommt mit ihrem Mann künftigen Monat nach Paris und bleibt 6 Wochen dort. Sie ist ein höchst liebenswürdiges geistreiches Weib.
Ich bin nicht Ihrer Meinung, teuerster Freund, daß der oder das Richess [= *Judenhaß*] ein so abgenutztes Kriegsmittel sei, und meine Feinde Unrecht hätten sich dessen zu bedienen. Ich glaube es geht mit dem Richess wie mit der Liebe in den Theaterstücken und Romanen: Wie oft man sich auch deren in allen Formen und Gestalten bedient hat, doch verfehlt das Mittel, geschickt angewendet, nie seine Wirkung. Warum? Weil Alt und Jung die Liebe fühlt oder gefühlt hat. – Neun und neunzig Hundertteile der Leser sich Rechoim [= *Judenhasser*], deshalb haben und werden sie stets Richess goutiren, wenn er nur ein wenig geschickt administriert wird. – Was ist zu tun? Keine Pommade de Lion, keine Graisse d'ours [= *Löwen-Pomade und Bären-Fett*] ja nicht einmal das Bad der Taufe kann das Stückchen Vorhaut wieder wachsen machen, das man uns am 8. Tage unsres Lebens raubte: und wer nicht am 9. Tage an der Operation verblutet, dem blutet sie das ganze Leben lang nach, bis nach dem Tode noch. – Sie glauben nicht, lieber Heine,

wie wahrhaft mütterlich Sie meine gute Mutter liebt. Ich habe ihr dreimale Ihren lieben Brief vorlesen müssen, und es tat Ihr unendlich leid, daß sie Sie dieses Jahr nicht sehen soll, weil sie fürchtet, daß ich sie dort zu lange festhalte. Vielleicht bringe ich sie aber doch noch dazu.
Daß Ihr Glück so in Granville brilliert hat, freut mich sehr. Ich finde, diese Liaison hat Sie solider, häuslicher und sogar mildern Geistes gemacht: dadurch bekommen wir öfters Produkte Ihres herrlichen Genius: Mathilde hat also auf den Dank der ganzen Literatur Anspruch.
Adieu Deutschlands größter Dichter. Ich freue mich unendlich, Sie künftigen Monat wieder in Paris zu umarmen.

Ihr treu ergebenster

Boulogne 29. August Meyerbeer

Meine besten Empfehlungen Herrn und Madame Laube und Herrn Weill. Veuillez me rappeler au souvenir de l'aimable Mathilde Heine [= *Wollen Sie mich bei der liebenswürdigen M. H. in Erinnerung bringen*].

Dr. Gustav Schilling (1803–1881), Musikschriftsteller und Direktor einer Musikschule in Stuttgart, hatte noch 1833 Meyerbeer in seinem Universallexikon der Tonkunst, Art. Beer, heftig verurteilt. Meyerbeer habe „nicht ein einziges Werk, ja in seinen sämtlichen Werken nicht ein einziges Stück geliefert, welches einem Musiker Achtung abgewinnen könnte". In „Robert le Diable" gäbe es nicht eine wahre Situation; „Scribe gab uns eine verrenkte Gliederpuppe, der Komponist staffierte sie auf das abenteuerlichste mit geschmackloser Pracht heraus". Nun widmete er dem inzwischen arrivierten Komponisten, dem „Ritter Giacomo Meyerbeer", seine Generalbaßlehre „als Zeichen reinster Hochachtung und Freundschaft", nun wollte Schilling mit einem Libretto teilhaben an dem großen Erfolg des einst so Geschmähten. Meyerbeer war zu klug, um nicht den Sinneswandel zu erkennen, zu sorgsam, um nicht durch einen besonders höflichen Brief den einstigen Gegner zum Verbündeten zu machen. Man darf bezweifeln, daß er ernsthaft den Plan einer gemeinsamen Oper erwog. War es ihm ernst mit einem Oratorium, das er zugleich mit einer dramatischen Komposition schreiben wollte? Keine Frage, daß Meyerbeer an seine neue Oper „Der Prophet" dachte, für die im

August 1838 die Verträge zwischen Scribe und Meyerbeer geschlossen worden waren und für deren Vorbereitung er sich nachweislich ernsthaften Studien der Bibel unterzog.

An Gustav Schilling

[*Paris, 19. Oktober 1839*]

Seit 8 Tagen bereits bin ich im Besitze Ihres geschätzten Schreibens, welches mir hierher nachgesendet worden ist, leider aber nicht die Generalbaßlehre, welche durch ein Mißverständnis des Freundes in Paris, der mit der Besorgung der an mich dort einlaufenden Gegenstände beauftragt ist [= *Gouin*], an meinen Bruder nach Berlin geschickt worden ist. Doch habe ich bereits dorthin schreiben lassen, daß man sie mir nach Baden expediere.

Verzeihen Sie, wenn ich einen so herzlichen liebevollen Brief wie den Ihrigen, von einem mir so hochwerten Geschenk begleitet, nicht augenblicklich beantwortete, allein ich litt seit einem Monat so schmerzlich an Unterleibsbeschwerden, daß mir erst seit wenigen Tagen das Schreiben wieder möglich ist. – Empfangen Sie vor allen Dingen noch einmal meinen herzlichsten Dank für die Dedikation Ihres Buches. Dieser öffentliche Beweis der Sympathie und Achtung, eines von dem ganzen musikalischen Deutschland so hochgestellten Mannes wie Sie, ist meinem Herzen innigst wert und teuer, und ich sehne mich, Ihnen dieses mündlich wiederholen zu können. Vielleicht wird mir diese Freude im Frühling zu Teil, da ich zu der Zeit eine Exkursion mit meiner Familie beabsichtige, welche mich auch durch Ihre freundliche Hauptstadt führen wird. Nicht minder dankbar bin ich für Ihr mir so schmeichelhaft ausgesprochenes Anerbieten, einen deutschen Operntext für mich zu dichten. Es ist mein Wunsch, ja sogar mein Vorsatz, eine deutsche Oper zu komponieren, und mit wem könnte ich ein solches Unternehmen lieber ausführen wollen, als mit einem Manne wie Sie, der in seinen ästhetischen Schriften bewiesen hat, wie scharfsinnig und poetisch er den Standpunkt dieser Kunstgattung aufgefaßt hat. Allein, ehe ich diesen Vorsatz ausführe, muß ich mich meiner früher eingegangenen bedeutenden theatralischen Verbindlichkeiten entledigt haben. Diese bestehen in einer großen französischen

Oper für die Pariser Oper und einer deutschen Oper, von derem ersten Akte C. M. v. Weber Skizzen hinterlassen hat, die ich dem Wunsche seiner Witwe gemäß vollenden, und die noch fehlenden Akte neu dazukomponieren soll. Obgleich beide Arbeiten tüchtig en train [= *im Zuge*] sind, so gehen doch gewiß bis diese zwei Opern gänzlich vollendet sein werden, und bis ich sie durch die Proben zur Aufführung geleitet haben werde, wenigstens ein Jahr, vielleicht auch mehr hin, da doch jede der beiden Opern zuerst in verschiedenen Ländern, also auch nicht zugleicherzeit in Szene gesetzt werden können. Dann erst also könnte ich die Komposition Ihres Werkes beginnen. Wird Ihnen nun die Zeit nicht zu lange dünken, 2 bis 2½ Jahre zu warten, bis Ihre Dichtung unter diesen Umständen ins Leben treten kann, da ich ohnedem auch nicht schnell arbeite? Ich fürchte fast durch diese Exposition Sie in Ihrem Vorsatze wankend gemacht zu haben, allein ein mich so ehrendes Anerbieten, von einem so würdigen edlen Manne wie Sie ausgehend, macht mir Klarheit und Wahrhaftigkeit in meiner Erwidrung zu strengsten Pflicht, sollten sie mich auch um eine ehrenwerte gewünschte Kollaboration bringen. Haben Sie nun die Geneigtheit, verehrter Herr, mir eben so frei Ihre Meinung über meine Eröffnung mitzuteilen und zu welchen Entschlüssen dieselbe Sie bestimmt.
Lassen Sie mich nun für einen Augenblick voraussetzen, daß das Phantom des langen Wartens Sie nicht allzu sehr erschreckt hat, um Ihnen einiges über den proponierten Stoff („König Enzio") zu erwidern. Er ist mir wenig bekannt, denn ich bin, aufrichtig gestanden, nicht sehr in der Geschichte der Hohenstaufen bewandert. Ich erinnere mich nur dunkel ein Raupachisches Trauerspiel dieses Namens gesehen zu haben, welches, irre ich nicht, sehr düster war. Vorzugsweise würde ich von selbst diesen Stoff nicht gewählt haben, da er so durchweg tragisch und nur unter Personen des höchsten Ranges spielt, wenigstens bei Raupach, sondern für eine deutsche Oper lieber für eine gemütliche deutsche Volkssage gestimmt haben, oder gelänge es nicht, diese zu finden, für einen biblischen Stoff, den ich lange mit mir herum trage. Doch weiß ich ja wohl, daß ein Stoff erst durch die Behandlung existiert, und zu der Ihrigen habe ich das vollste Vertrauen. Übrigens würden Sie ja wohl

gewiß einen szenischen Plan des „Königs Enzios“ gemacht [*haben*], der mir dann zur näheren Kenntnis des Stoffes verhelfen könnte ... Ehe ich nun diesen Brief förmlich schließe, möchte ich Ihnen noch einen Plan mitteilen, zu dessen Ausführung eine Mitwirkung unendlich schätzbar wäre. Es ist mein großer Wunsch, ein kleines biblisches Oratorium zu schreiben. Diese Arbeit könnte ich nur mit einer dramatischen Komposition zugleich machen, da sie mir in ihrer großen Verschiedenartigkeit als Ruhepunkt und Muße bei jenen dienen könnte. Denken Sie gütigst ein wenig nach, ob Sie sich geneigt fühlen, sich für diese meine Lieblingsidee mit mir zu vereinigen, und welchen Stoff Sie vorzugsweise wählen würden. Ich bin kürzlich dringend aufgefordert worden, ein kleines biblisches Oratorium zu schreiben, und zwar ging dieser Wunsch von einer Seite aus, von wo eine abschlägige Antwort beinah unmöglich ist.

Conradin Kreutzer (1780–1849), der Komponist des „Nachtlager in Granada“, hatte 1813 als Kapellmeister die Aufführung von Meyerbeers Oper „Wirt und Gast“ in Stuttgart geleitet. Nun bereitete er in Wien am Kärntnertor-Theater die Aufführung der „Hugenotten“ vor, die dort als „Welfen und Ghibellinen“ am 19. Dezember 1839 herauskamen. Lange Streitigkeiten mit der Zensurbehörde, von denen Kreutzer Meyerbeer im Dezember 1838 berichtete, hätten die Inszenierung hinausgezögert, es lag sogar ein Handbillett der Kaiserin vor, das den Luther-Choral durchaus verbot. Erst nach der Revolution 1848 lernten die Wiener die Oper in ihrer Urfassung als „Die Hugenotten“ kennen.

An Conradin Kreutzer

Paris d. 4. Dezember 1839

Hochgeehrter Herr!
Spät, sehr spät ist mir Ihr geschätztes Schreiben zugekommen. Ich war in Boulogne als Sie dasselbe nach Paris adressierten, und als es mir nachgeschickt wurde, war ich schon wieder auf einer Exkursion an der Seeküste begriffen, von welcher ich erst vor kurzer Zeit nach Paris zurückgekehrt bin. –

Genehmigen Sie nun, geehrter Herr, zugleich mit meinen Entschuldigungen über die verzögerte Antwort, auch meinen innigsten Dank für Ihre mir so höchst interessante Mitteilung. – Ich fühle mich erfreut und geehrt, einem so würdigen Kunstgenossen solch lebhafte Sympathie eingeflößt zu haben, denn wenngleich seit langer Zeit von Wien entfernt, so ist mir doch der rühmliche Klang Ihres Namens wohl bekannt. Die Herren Moscheles, Blahetka, Heller, Panofka und mehrere andre unsrer beiderseitigen Bekannten haben stets, wenn sie mir die jetzigen Wiener Kunstzustände beschrieben, Ihres Wirkens und Ihrer Leistungen auf die würdigste und ehrenvollste Weise gedacht. – Erlauben Sie mir, da Sie den „Hugenotten" so viel gütige Teilnahme und Aufmerksamkeit geschenkt haben, Ihnen ein unverstümmeltes Exemplar dieser Oper, als kleines Zeichen wahrer Hochachtung und Wertschätzung seines Verfassers für Sie, werter Herr, freundlich darzubieten. – Herr Springer, welcher in einigen Tagen nach Wien reist, will so gütig sein, Ihnen dasselbe zu übergeben. – Ich hoffe, daß ich mich Ihrer ferneren geschätzten Mitteilungen nicht durch meine verzögerte Antwort für die Zukunft verlustig gemacht haben werde. Herr Dr. Blüthendorn kann bezeugen, wie sehr mich Ihr Schreiben interessierte. – Binnen wenigen Tagen reise ich nach Baden-Baden, woselbst ich den ganzen Winter zubringen werde, da die Ärzte diesen Aufenthalt meiner kranken Gattin vorgeschrieben haben ... Genehmigen Sie nochmals, geehrter Herr, die Versicherungen der ausgezeichneten Hochachtung und Wertschätzung Ihres

ergebensten Giacomo Meyerbeer

P. S. Haben sich Ihre günstigen Previsionen hinsichtlich einer Milderung der Zensur für das Buch der „Hugenotten" am Kärntnertor-Theater realisiert, oder werden sie auch dort wieder als „Ghibellinen" verkappt und verstümmelt figurieren?
Wenn Sie meinen alten Freund Castelli sehen, so bitte ich ihn herzlichst von mir zu grüßen.

Die Hinweise auf den Propheten Elias und die Prophetenweihe des Jesaias deuten auf die intensive Vorbereitung der neuen Oper „Le Prophète". Nirgendwo sonst, weder in den Taschenkalendern noch im Tagebuch oder in anderen Briefen, finden sich Andeutungen, daß Meyerbeer daneben die Komposition eines Oratoriums erwog, ja gerade aus den von Meyerbeer angeführten Stellen kann man aus heutiger Sicht schließen, daß er nur hinhaltende Diskussionen anstrebte, um den ehemaligen Gegner nicht durch ein klares „Nein" zu erzürnen. Sie betreffen eindeutig Situationen des „Propheten": Niemals aber hätte Meyerbeer den gleichen Stoff, gleiche Motive, in zwei verschiedenen Werken, in einer Oper u n d *in einem Oratorium verwendet. Schon im Dezember 1838 hatte er aber in seinem Taschenkalender in Hinblick auf die Krönungsszene, die Weihe des Propheten, notiert:* „Kurz sein – Bibelsprache." *Aus dieser Arbeit rühren zweifellos die genauen Kenntnisse der angeführten Bibelstellen.*

An Gustav Schilling

[*Baden-Baden, 28. Januar 1840*]

Ich muß vor allen Dingen Ihre Nachsicht in Anspruch nehmen, so lange mit meiner Antwort auf Ihren letzten Brief gezögert zu haben, allein nach meiner Rückkehr nach Baden war ich anfänglich mit rückständiger Arbeit überhäuft, dann aber wieder fast einen Monat hindurch so unwohl, daß ich zu jeder Beschäftigung unfähig war.
Ich habe nun seit meiner Genesung die sämtlichen Oratoriums-Stoffe, welche Sie mir mitgeteilt haben, an Ort und Stelle überlesen und reiflich darüber nachgedacht. Es sind einige treffliche darunter, doch bin ich während des Lesens und Nachschlagens derselben in der Bibel auf keinen noch nicht angedeuteten geraten, welcher mich ganz besonders anspricht, und auf den ich, falls Sie nämlich meine Ansicht teilen, meine Wahl fixieren würde, nämlich die Taten des Propheten Elias von seinem ersten Erscheinen bis zu seiner Himmelfahrt. Lesen Sie gefälligst (in De Wettes Bibelübersetzung) im ersten Buch der Könige Kapitel XVII (der Prophet Elia kündigt eine Hungersnot an und wird wunderbar erhalten am Bache Crith und bei einer Witwe zu Zerpath, deren Sohn er vom Tode erweckt) ferner Kapitel XVIII (Elia schlachtet die Baals-Priester: er sagt Regen an). Desgleichen Kapitel XIX Elia flieht vor der Königin Isalbel:

Gott erscheint ihm: Elias wird sein Schüler. Sehr schön und lyrisch sind in diesem Kapitel die Verse 11, 12, 13. – Endlich im 2. Buch der Könige, Kapitel 2 Elias Himmelfahrt. – Elia tritt in der Bibel sehr ex abrupte auf. Man könnte daher vielleicht das Werk damit beginnen, daß ihn Gott zum Propheten weiht. Mehrere solcher Prophetenweihen befinden sich in der Bibel, welche echt lyrische Elemente enthalten, z. B. die Prophetenweihe des Jesaias (6tes Kapitel des Buches Jesaias) welche wir auf Elia anwenden können. Das einzige was diesem großartigem Stoff fehlt, ist ein sanftes, zartes Element (womöglich durch eine Weiberstimme zu repräsentieren). Gelänge es Ihnen, werter Herr, ein solches zu finden, welches geeignet wäre, sich durch das ganze Werk zu schlingen, um dem im Stoff vorherrschenden Element des Erhabenen und Strengen einigermaßen die Waage zu halten, so scheint mir, bliebe nichts zu wünschen übrig. Vielleicht eignet sich die Witwe von Zerpath dazu, falls man sie bei Elias Ankunft als Sünderin annähme, welche durch die Rettung ihres Sohnes aus Todeskrankheit durch Elias Gebet bekehrt und eine liebende gläubige Schülerin Elias wird, ihm überall folgend. Doch ist das nur eine flüchtige unverdaute Idee, und Sie finden gewiß ein besseres Vehikel.

Unter den von Ihnegegegebcnen Stoffen befindet sich auch Asabs Fall. Vielleicht dachten Sie dabei auch Elia mitwirken zu lassen, da er, irre ich mich nicht, auch vor ihm erschien. –

Sollte Sie nun aber der Stoff des Elia nicht ansprechen, so würde ich unter denen, welche Sie mir vorschlagen, dem Hiob den Vorzug geben. Doch glaube ich, wäre die bloße Bekehrung zu eintönig, man müßte auch Hiob zur Zeit seines Glückes dazunehmen, und besonders den herrlichen Prolog im Himmel zwischen Jehova und Satan. Siehe (De Wettes Übersetzung) Buch Hiob Kapitel 2. Ich sehe nun Ihrer gütigen Antwort entgegen, welche mich von Ihrer Wahl in Kenntnis setzen wird. Sehr wünschenswert wäre es mir, wenn Sie ehe Sie zur poetischen Ausarbeitung schritten, mir gefälligst den Plan in Prosa mitteilen wollten, worin sich außer den Andeutungen des Inhalts auch die Position der Gesangsstücke bemerkt befindet, damit wir über diesen wichtigen Punkt Rücksprache nehmen könnten. Und nun

Karikatur von Amédée-Charles (gen. Cham) Henri de Noé, um 1860, veröffentlicht in Charivari, Paris

noch eine letzte Bitte, werter Herr: teilen Sie niemandem mit, welchen Stoff wir für unser Oratorium gewählt haben.
Herzlichen Dank für die Mitteilung Ihrer „Beatrice". Dieses Buch ist mit großem musikalischen Geschick, mit Bühnenkenntnis und mit schönem Schwung geschrieben und beurkundet vollkommen Ihren Beruf für das lyrische Drama. Auch Ihre Generalbaßlehre ist mir endlich zugekommen und ich lese jetzt oft das tüchtige praktische Buch. Meine Erwiderung auf Ihre freundliche Dedikation wird hoffentlich binnen 6 Wochen in Ihren Händen sein.

Richard Wagner hatte die Partitur seines „Rienzi" bereits am 4. Dezember 1840 an den Dresdener Intendanten v. Lüttichau gesandt. Wie sehr er auf ein empfehlendes Wort Meyerbeers hoffte, verraten die Dedikation des von ihm bearbeiteten Klavierauszuges von Donizettis Oper „La Favorite" am 9. Januar 1841 („Herrn Dr. G. Meyerbeer, Kgl. Preußischer Generalmusikdirektor ... in Verehrung gewidmet / Richard Wagner") und ein Pariser „Korrespondenzbericht" in der Dresdener Abendzeitung am 23. Februar 1841. Darin spielt Wagner auf die in Paris erwartete neue Oper Meyerbeers „Der Prophet" an: „Zunächst eine Todesnachricht! Die Pariser große Oper wird nächstens sterben. Sie erwartet ihr Heil vom deutschen Messias – von Meyerbeer; zögert dieser noch lange mit der Rettung, so wird der Todeskampf sehr bald eintreten ..."

An August Freiherr von Lüttichau

Baden, 18. März 1841

Ihre Exzellenz werden mir vergeben, wenn ich Sie mit diesen Zeilen belästige, ich erinnere mich aber Ihrer steten Güte für mich zu lebhaft, um einem jungen, interessanten Landsmann es abschlagen zu dürfen, wenn er, mit vielleicht zu schmeichelhaftem Vertrauen auf meine Einwirkung bei E. E., mich bittet, sein Anliegen mit diesen Zeilen zu unterstützen. Herr Richard Wagner aus Leipzig ist ein junger Komponist, der nicht allein eine tüchtige musikalische Bildung, sondern auch viel Phantasie hat und außerdem auch eine allgemeine literarische Bildung besitzt, und dessen Lage wohl überhaupt die Teilnahme in seinem Vaterlande in jeder Beziehung verdient. Sein größter Wunsch ist, die Oper „Rienzi", deren Text und Musik er verfaßt hat, auf die neue Königl. Bühne zu Dresden zur Aufführung zu bringen. Einzelne Stücke, die er mir daraus vorgespielt, fand ich phantasiereich und von vieler dramatischer Wirkung. Möge der junge Künstler sich des Schutzes E. E. zu erfreuen haben und Gelegenheit finden, sein schönes Talent allgemeiner anerkannt zu sehen. Ich nehme nochmals die Nachsicht E. E. in Anspruch und bitte Sie, mir Ihr geneigtes Wohlwollen zu erhalten.

Hochachtungsvoll
E. E. ergebenster Diener
Meyerbeer

Meyerbeer, der während der Wintermonate 1840/41 die Partitur des „Propheten" nur provisorisch beendet hatte, weil aus Mangel an geeigneten Sängern zur Zeit nicht an eine Aufführung zu denken war, traf Ende Mai 1841 in Berlin ein. Hier bereitete er die von Friedrich Wilhelm IV. endlich genehmigte Aufführung der „Hugenotten" in Berlin vor. Spontini hatte sich durch Unbedachtheit um sein Amt als Preußischer Generalmusikdirektor gebracht, und Meyerbeer, der Heine von dem veränderten Geist in Berlin berichtet, wußte vermutlich längst, daß er als Nachfolger Spontinis im Gespräch war. Am 23. September war er zu einer dreiwöchigen „Kur" nach Alexisbad gereist, um einem Zusammentreffen mit Mendels-

sohn bei einem großen Konzert und Festmahl aus dem Wege zu gehen, das man zu Ehren der beiden Komponisten in Berlin veranstalten wollte.

An Heinrich Heine

[*Alexisbad, 28. September 1841*]

... Wenn ich auch genötigt bin, die Aufführung meiner Oper in Paris so lange zu verzögern und so lange auch von dem künstlerischen Treiben dieser Weltstadt entfernt bleiben zu müssen, so ist doch auch nicht uninteressant, unter den jetzigen Verhältnissen einen Winter in Berlin zu verleben. Sie glauben nicht, welcher hohe Umschwung, welche neue Lebenskraft in den hiesigen sozialen und geistigen Verhältnissen eingetreten ist, seit dem Regierungsantritt dieses geistreichen, echt humanen Königs; und wie viele ehemalige, schroffe Ansichten über Dinge und Personen geschwunden sind und immer mehr schwinden. Ich bin überzeugt, Sie würden meiner Meinung sein, wenn Sie hier wären.

Ich habe meiner Mutter Ihre freundliche Notifikation Ihrer Heirat mitgeteilt, und sie trug mir auf, Ihnen herzlich zu gratulieren. Zeit zu prüfen haben Sie hinlänglich gehabt. Sie, der Sie Goethe schon so ähnlich durch Ihren Genius sind, gleichen ihm nun auch durch die Art der Heirat. Suchen Sie nun auch noch ihm durch Erreichung von 82 Lebensjahren zu gleichen, dabei werden Ihre Freunde wie die deutsche Literatur gewinnen.

Adieu, teurer Freund. Im April hoffe ich Sie im schönen Paris wieder zu umarmen, von dem ich leider nun schon über ein Jahr getrennt bin. –

Veuillez me rappeler au souvenir de l'aimable Madame Heine en lui présentant mes félicitations les plus empressées. [*Wollen Sie mich Ihrer liebenswürdigen Frau empfehlen und ihr meine herzlichsten Glückwünsche darbringen.*]

Ihr treuergebner
Meyerbeer

Richard Wagner erhielt am 14. Dezember die offizielle Nachricht aus Berlin, daß Buch und Partitur des „Fliegenden Holländer" richtig eingetroffen und „von Meyerbeer besonders warm empfohlen" worden seien. Wagner dankte Meyerbeer Mitte Dezember rückblikkend: „Ich ... saß nun in meinem Stübchen bei meiner armen, von mir und von Sorgen gequälten Frau und sah auf die Früchte des letzt verlebten oder vielmehr durchmarterten Sommers. Diese Früchte, ein dummes Textbuch und ein ziemliches Stück Partitur, lagen vor mir und frugen mich, was mit ihnen werden sollte? Mir fiel nichts Gescheiteres ein, als sie einzupacken, nach Berlin zu schikken und ihnen einen untertänigsten Brief an den Grafen Redern mitzugeben: – ich wußte, sie würden dort verfaulen, und doch fiel mir nichts Besseres ein. Da ging mir das Evangelium auf, denn von Ihrer gepriesenen Hand geschrieben stand: ‚ich werde dasselbe bei dem Grafen von Redern zu erlangen suchen!' ... Gott mache Ihnen jeden Tag Ihres schönen Lebens zur Freude und trübe Ihr Auge nie mit Kummer, dies das aufrichtige Gebet Ihres alleraufrichtigsten Schülers und Dieners Richard Wagner." – Jahre später verurteilte Wagner Meyerbeers künstlerischen Standpunkt in „Oper und Drama" auf das heftigste und verunglimpfte ihn als Menschen, ohne allerdings hier ausdrücklich dessen Namen zu nennen, in seiner Schrift „Das Judentum in der Musik".

An Graf Friedrich Wilhelm von Redern

[*Berlin, 9. Dezember 1841*]

Hochzuverehrender Herr Graf! Beifolgend nehme ich mir die Freiheit, die Partitur und den Text (der letztere befindet sich hinter dem Titelblatt eingelegt) der Oper „Der fliegende Holländer" von Richard Wagner zu übersenden. Ich hatte vorgestern bereits die Ehre, Ew. Hochgeboren von diesem interessanten Tondichter zu unterhalten, der durch sein Talent und seine äußerst beschränkte Lage doppelt verdient, daß die großen Hoftheater als offizielle Beschützer deutscher Kunst ihm nicht ihre Szenen verschließen.

Ew. Hochgeboren hatten auch die Güte, mir zu versprechen, daß Sie ihm durch einige Zeilen den Empfang der Partitur und Dero Geneigtheit dieselbe zu prüfen anzeigen würden. Indem ich mir erlaube, dieses in Erinnerung zu bringen, habe ich zu gleicher Zeit die Ehre ...

(gez) Meyerbeer

Graf Wilhelm
v. Redern

1842 hatte sich der Ruhm der „Hugenotten" über ganz Europa verbreitet, mehr noch, er war bereits bis New Orleans vorgedrungen, wo das Werk 1839 zur Aufführung kam. Die Berliner Premiere am 20. Mai 1842 wurde ein voller Erfolg, wenngleich der Kritiker der „Vossischen Zeitung", Ludwig Rellstab, nicht in den Beifall einstimmte. Als Friedrich Wilhelm IV. Meyerbeer am 31. Mai den neugeschaffenen Orden Pour le mérite verlieh, erregte dies großes Aufsehen: „Wo ein Jude zum stimmfähigen Ritter aus der deutschen Nation, wo ein Mitglied der äußersten Linken der französischen Deputiertenkammer zum ‚ausländischen Ritter' ernannt wird, da hat es keine Not mehr", heißt es in einer Frankfurter Zeitung. Wenig später, im Juni, ernannte der König Meyerbeer als Nachfolger Spontinis zum Preußischen Generalmusikdirektor und zum Chef der Hofmusik. Für Meyerbeer bedeutete dies eine lang erwartete Genugtuung und die Hoffnung, sich nun in Berlin etablieren zu können. – Die Dichtung Raupachs war für ein Festspiel mit „lebenden Bildern", „Das Hoffest von Ferrara", bestimmt, das im Rahmen eines Karnevalsfestes am 28. Februar 1843 von Mitgliedern des Hofes aufgeführt wurde.

[*Schwalbach, 31. August 1842*]

Hochgeehrter Herr und Freund!

Seit 20 Tagen bin ich bereits im Besitz Ihres letzten, so freundlichen und inhaltsreichen Briefes, und kann ihn doch erst heute beantworten. Diesesmal fesselte nicht Schreibfaulheit, sondern Krankheit meine Feder. Da ich gegen Ende des vorigen Monats einige mahnende Vorboten des Unterleibsübels, woran ich seit vielen Jahren leide, und wogegen die Bäder in Schwalbach mir stets wirksame Hilfe geleistet haben, spürte, so entschloß ich mich schnell, den lang bewährten Heilquell wieder aufzusuchen. Allein leider herrscht in Schwalbach dieses Jahr ein höchst verderblicher Lufteinfluß, der eine Art Cholerine ... epidemisch gemacht hat, und dieser Epidemie mußte auch ich einen starken und schmerzlichen Tribut zahlen. 17 Tage litt ich an diesem Übel, und erst seit ein paar Tagen begann die Genesung, denn gänzlich geheilt bin ich sogar heute noch nicht. – Unter solchen störenden Einwirkungen den ersten Eindruck der größeren Hälfte der mir so lieben Dichtung zu empfangen, würde ich für einen Frevel an dem Dichter und seinem Werk erachtet haben. Ich habe daher meine Neugier bis zum ersten schmerzensfreien Tag (dem gestrigen) bezähmt, um mit ungetrübtem Geiste die Bekanntschaft der 5 neuen Freunde zu machen. Ich wage es nicht, nach einmaliger Lesung ein bestimmtes Urteil auszusprechen, bin auch wohl noch nicht klaren Geistes genug, um alle musikalischen Beziehungen aufgefaßt und erwogen zu haben; allein das fühle ich schon jetzt, daß der Totaleindruck ein höchst lieblicher und erquickender ist. Diese Dichtung ist eine so reine und wahre Idylle, wie ich kaum noch eine kenne. Kein Vers, kein Ausdruck, kein Wort, das nicht sein Kontingent zu dieser Färbung mit poetischer Meisterschaft brächte. Selbst der Herzenssturm des Schäfers kreiselt kaum die Wölkchen in diesem reinen Äther. Überall wähnt man sich von klarem Himmelsblau umflossen und fühlt sich lieblich angeweht von dem stillen Frieden, der von einer so schönen Natur und den zarten Geschöpfen Ihrer Phantasie ausgeht. Möge es mir nur gelingen, so zarte musikalische Tinten zu finden, um den Duft der Poesie nicht zu verwe-

hen, deren reizende Färbung nicht zu verwischen, und doch auch wiederum im Verlauf von 9 Stücken nicht monoton zu werden. Ich will wenigstens mit redlichem Fleiß an die nicht leichte Aufgabe gehen. – Ganz besonders hat mich bei dieser ersten Lekture das Terzett, sowohl in poetischer als in musikalischer Beziehung frappiert, und freue ich mich lebhaft daran zu gehen. Die musikalische Form, welche Sie dazu vorschlagen, scheint mir so ästhetisch gerechtfertigt und zugleich so musikalisch zweckmäßig zu sein, daß ich mich gewiß ihrer bedienen werde. Der Arzt macht mir Hoffnung, daß ich in ein paar Tagen meine Rückreise nach Paris werde antreten können. Während dieser Reise soll die stete Lektüre dieser Lieder meine Beschäftigung sein, um mit der musikalischen Auffassung des Ganzen ins Reine zu kommen, und dann baldigst die Komposition zu beginnen. Sie erlauben mir, geehrter Herr und Freund, von Paris aus die etwaigen Bemerkungen und Anfragen, die sich beim tieferen Eindringen in die Dichtung ergeben werden, Ihnen vorzulegen, denn der heutige Brief soll eigentlich nur eine Erklärung und Rechtfertigung meiner unwillkürlich verzögerten Antwort sein.
Mit dem Wunsche, daß diese Zeilen Sie im besten Wohlsein treffen, und mit der Bitte, mich ihrer verehrten Frau Gemahlin zu empfehlen

herzlichst Ihr ergebenster
Meyerbeer

Meyerbeer war am 5. September 1842 wieder in Paris eingetroffen.

An Heinrich Heine

[*Paris, Herbst 1842*]

Vergessen Sie nicht, daß Sie mir versprochen haben, heute um 11 Uhr bei mir zu frühstücken. Sie sind meinen Gästen als das beste Gericht des Déjeuner verheißen.
Sie wären sehr liebenswürdig wenn Sie etwas weniges früher kämen: denn ich habe Ihnen einiges zu sagen.
Auf Wiedersehn um 11 Uhr der Ihrige
Dienstag Meyerbeer

Meyerbeer. Karikatur von E. Carjat, Baden 1850

Meyerbeer lernte den seinerzeit berühmten 1. Klarinettisten des Münchner Hoftheaters Heinrich Joseph Baermann (1784–1847) 1812 während seines Aufenthaltes in der Isar-Metropole kennen. Ein Klarinetten-Quintett aus dieser Zeit und die 1816 komponierte Kantate „Gli amori di Teolinda" für Solosopran, Klarinette, Chor und Orchester bezeugen die Freundschaft mit Baermann und dessen Lebensgefährtin Helene Harlas, einer bedeutenden Münchner Opernsängerin, für deren Benefizvorstellung in Venedig Meyerbeer wahrscheinlich diese Komposition schrieb.
Zu der geplanten Konzertreise von Berlioz nach München kam es nicht.

An Heinrich Joseph Baermann

[*Paris, Dezember 1842*]

Teurer Freund und Bruder!

Ich hatte Dir bereits über den Gegenstand geschrieben, welcher den Inhalt meines heutigen Briefes ausmacht, allein der junge Mann, welchen ich demselben mitgab, und der sich dessen als Empfehlungsbrief bedienen wollte, ist noch immer nicht abgereist und hat die Indiskretion begangen, mich nicht davon zu unterrichten, und hätte ich denselben nicht heute zufällig im Hofe des Conservatoirs begegnet, so ahnte ich diesen Verzug nicht. Indessen ist es auch jetzt noch nicht zu spät, und ich eile, Dich in Kenntnis von meinem Gesuch zu setzen. Der geniale Berlioz, dessen kühne und neue Tonschöpfungen auch Deine Bewunderung gewonnen, wie Du mir oft selbst bei Deinem Aufenthalt in Paris gesagt hast, ist auf dem Punkt, eine Kunstreise durch Deutschland zu unternehmen. Ich habe ihn eigentlich zu diesem Unternehmen mit poussiert, denn ich glaube, ein deutsches Publikum ist noch viel mehr für die Auffassung seiner Musik geeignet als das hiesige, obgleich auch hier er immer mehr und mehr Anerkennung findet.

Da Berlioz der deutschen Sprache nicht mächtig ist und sich auch auf das geschäftliche im Leben nicht sehr versteht, auch außerdem seine Musiken einen großen Aufwand von Orchester und Chören erfordern, so ist es besser, er arrangiert sich für einen fixen Preis mit den verschiedenen Theaterdirektionen, als selbst die Mühseligkeiten und Unsicherheiten des Konzertgebens zu laufen. – Bis jetzt haben sich die deutschen Theaterdirektionen sehr galant und loyal gegen ihn gezeigt. – In Frankfurt a/M, wo er am 25. und 29. zwei Konzerte geben wird, hat die Theaterintendanz alle Musikkräfte des Orchesters und des Singpersonals zu seiner Disposition gestellt und er erhält von der Direktion 1200 Gulden fix für diese zwei Konzerte, welche im Theater stattfinden, ganz aus seinen Kompositionen bestehen, und deren Einnahme natürlich der Theaterdirektion zufällt. – In Stuttgart hat ihm die Theaterintendanz ungefähr dieselben Vorteile zugestanden, sogar noch etwas mehr, glaube ich. Diese Konzerte werden in den ersten Tagen des Januar stattfinden, und da Berlioz nach Wien geht,

so wird er also in München ungefähr d. 7. oder 8. Januar eintreffen. Wolltest Du, lieber Bruder, nun wohl so gut sein, die Unterhandlungen mit der Theaterintendanz für seine Konzerte zu übernehmen. Da München so viel größer und volkreicher wie Frankfurt ist und sein Theater so viel mehr Zuhörer faßt, so glaube ich, könntest Du ihm günstigere Bedingungen und vielleicht eine größere Anzahl von Konzerten erwirken. – Sei so gütig, mir so schnell als möglich Deine Antwort nach Frankfurt am Main (wohin ich in ein paar Tagen abgehe) unter folgender Adresse zu senden: An Herrn Wilhelm Speyer ... Es ist darum nötig, daß Du die Unterhandlungen so schnell als möglich zustande mit Deinem Theaterintendanten bringst, weil Berlioz, wenn Du nichts zustande brächtest, vielleicht München gar nicht berührte, sondern direkt nach Wien ginge. Doch so wirst Du und die Münchner sich nicht lumpen lassen, hinter Frankfurt und Stuttgart zurückzustehen.
Adieu, lieber Bruder, und beeile Deine Antwort nach Frankfurt a/M

Dein treuer Freund und Bruder
Meyerbeer

In seiner Eigenschaft als Preußischer Generalmusikdirektor setzte sich Meyerbeer mehrfach für eine Verbesserung der Besoldung der Kapellmitglieder und des Chorpersonals ein. Er selbst bezog ein Gehalt von jährlich 3000 Talern, auf das er jedoch während seiner Beurlaubungen verzichtete.

An Wilhelm Fürst zu Sayn und Wittgenstein

Berlin, den 29. April 1843.

Ew. Durchlaucht und Ew. Excellenz haben mir mittels Dero hochverehrlichen Rescripts die ganz gehorsamst wieder beigeschlossene Immediat-Vorstellung [= *unmittelbar an die höchste Instanz gerichtete Eingabe*] der Musikdirektion der Königl. Kapelle vom 2ten d. Monats wegen Verbesserung der Lage der Kapell-Mitglieder, hochgeneigtest zugefertigt, um mich über die Lage der Sache und die Vorschläge zur

Meyerbeer. Gemälde von Gustav Richter

Abhilfe gutachtlich zu äußern. Ich ermangle nicht, diesem hohen Auftrage im Nachstehenden ganz gehorsamst zu genügen.
Es ist nicht zu verkennen, daß sich die Mitglieder der Königl. Kapelle zum größten Teile in einer sehr ungünstigen Lage befinden. Sie beziehen so geringe Besoldungen, daß sie kaum den eigenen notdürftigen Lebensunterhalt damit bestreiten können, und da sie meistens Familienväter und ganz vermögenslos sind, so sehen sich diese Männer, die ihr Leben dem mühevollen Erlernen und Ausüben einer so

schwierigen Kunst gewidmet haben, nach vieljährigen Diensten bei allen Einschränkungen und Entbehrungen, die sie sich auferlegen, den drückendsten Nahrungssorgen preisgegeben.
Alles, was in der anliegenden Immediat-Vorstellung über die Verhältnisse, durch welche die Stellung der Mitglieder der Königl. Kapelle seit einem Zeitraum von 24–25 Jahren immer schwieriger und ungünstiger geworden, angedeutet ist, hat seine vollkommene Richtigkeit. Der Status der Königl. Kapelle war vor 24 Jahren ein Etats-Quantum von 43785 Talern für 88 Mitglieder, während gegenwärtig für die auf 104 gestiegene Mitgliederzahl nur die Summe von 47237 Talern ausgesetzt ist, mithin im Verhältnis ein geringeres Quantum als damals. Die allerdings durch das Bedürfnis der Zeit und Kunst herbeigeführte, jedoch ohne gleichzeitige verhältnismäßige Erhöhung des Etats der Kapelle eingetretene Vermehrung des Personals derselben, hat es nicht allein verhindert, den Kapellmitgliedern angemessene Gehaltsverbesserungen zu gewähren, sondern es sogar notwendig gemacht, die früheren ohnehin nur mäßigen Gehälter mancher Stellen bei eingetretenen Erledigungen zu verringern, und bei Anstellung neuer Mitglieder nur ganz geringfügige Besoldungen, die selbst den Betrag der früheren geringsten Gehälter nicht erreichten, zu bewilligen. Auf diese Weise ist es gekommen, daß eine nicht kleine Anzahl Kapellisten vorhanden ist, welche 10, 20, ja 30 Jahre dienen, und dennoch zu nicht mehr als 425 Taler, 375 Taler und sogar nur 275 Taler jährlichen Gehalts gelangt sind; 51 beträgt die Zahl der Kapellisten, welche sich in diesen Kategorien befinden. Auch sogar die ersten Stellen bei den Blasinstrumenten und die Anführer der Streichinstrumente waren vor 24 Jahren besser besoldet als jetzt, wie diese folgende Vergleichung einiger der damaligen und jetzigen Besoldungen ergibt:

1819 Kapellmeister Weber 2400 Taler
Konzertmeister Möser 1200
1. Bratschist Semler 600
1. Hautboist Westenholz 1000
1. Fagottist Baermann 1200

1843 Kapellmeister Henning 1500
– Kmstr Ries 925
– idem Gareis 500
– idem Wieprecht 600
– idem Humann
750 etc. etc.

Diese Verhältnisse sind für die Mitglieder der Königl. Kapelle um so fühlbarer und drückender, je mehr seit jener Zeit die Preise der Lebensbedürfnisse aller Art, insbesondere der Wohnungen und des Holzes in der Residenzstadt gestiegen sind, und wenn ihre an den Stufen des Thrones niedergelegte Bitte um Abhilfe ihrer ungünstigen Lage schon hiernach berücksichtigenswert sein dürfte, so erscheint dieselbe noch um so begründeter, wenn erwogen wird, wie viel größere und längere Studien als in früherer Zeit jetzt nötig sind, und wie viel bedeutender die generelle Kunstbildung gegenwärtig sein muß, um bei den großen Schwierigkeiten der neueren Instrumentalmusik einen Platz in der Königl. Kapelle ausfüllen zu können, und wenn insbesondere in Betracht gezogen wird, wie sehr die Anforderungen des Dienstes in der Kapelle sowohl in Hinsicht der Schwierigkeit als der Anstrengung gegen früher erhöht sind. Die großen Exekutions-Schwierigkeiten der modernen Musik, die so viel stärkere Instrumentierung, machen nicht nur die Aufführungen bei weitem anstrengender und ermüdender, sondern erfordern auch 3- und 4mal mehr und längere Proben als früherhin. Die Ballett-Musik, ehemals auf kurze leichte Melodien beschränkt und gewöhnlich nur mit Streichinstrumenten instrumentiert, ist gegenwärtig an Länge, Schwierigkeit und gehäufter Instrumentation den Opern gleich geworden, und erfordert fast eben so viele Proben als diese. Außer dieser Vermehrung und größeren Schwierigkeit des Dienstes, welche die veränderte Richtung der modernen Kunst hervorgebracht hat, sind noch andere materielle Ursachen vorhanden, durch welche eine bedeutende Mehrarbeit für die Mitglieder der Königl. Kapelle gegen früher entstanden ist, und größere Anstrengungen von ihrer Seite erforderlich werden. Es sind weit mehr Opern- und Ballett-Vorstellungen als vor 24 Jahren, viel mehr solcher großen Opern, wobei das ganze Orchester mitwirken

muß wie ehemals, wo dieses nur bei einigen Gluckischen Opern der Fall war, viel häufiger als zu jener Zeit in beiden Theatern zugleich gespielt, und auch die französischen Aufführungen bedürfen bei den Vaudevilles [*Lustspielen mit eingelegten Liedern*] einer bedeutenderen Orchester-Begleitung als bei den Schauspielen. Rechnet man noch hinzu, daß die Kapellisten, um à la hauteur [= *auf der Höhe*] der stets steigenden Schwierigkeiten der modernen Musik zu bleiben, zu fortwährenden Studien auf ihren Instrumenten genötigt sind, so ergibt sich daraus, daß ihre Zeit und Kraft so ausschließlich für den Dienst der Kapelle in Anspruch genommen ist, daß es ihnen zum größten Teile unmöglich wird, dem Erwerbszweig des Unterricht-Erteilens nachzugehen und sich dadurch einige Mittel zu ihrer besseren Subsistenz zu verdienen. In Hinsicht der Blasinstrumentisten ist überdies noch besonders in Betracht zu ziehen, daß durch die so unendlich viel stärkere Instrumentation der modernen Musik die Embouchure [*der Lippenansatz*] der Exekutierenden sich weit schneller abnutzt, und man daher wohl annehmen kann, daß ein Blasinstrumentist heutzutage um 6 bis 7 Jahre früher zum Dienst untauglich wird als vor 25–30 Jahren.
In Berücksichtigung aller im Vorstehenden angeführten Gründe glaube ich dic unmaßgebliche Meinung aussprechen zu dürfen, daß es in moralischer und künstlerischer Hinsicht so gerecht als notwendig erscheint, die dürftige pekuniäre Stellung der wackeren Künstler der Königl. Kapelle wenigstens einigermaßen zu verbessern, zumal da dieselben ungeachtet ihrer drückenden Nahrungssorgen und des ermüdenden Dienstes ihre künstlerischen Pflichten mit so viel Eifer und Talent erfüllen, daß die Königl. Kapelle mit zu den allerersten Europas gezählt werden darf. Ich wage es daher, Ew. Durchlaucht und Ew. Excellenz das Gesuch der Mitglieder der K. Kapelle zu hochgeneigter teilnehmender Berücksichtigung und wohlwollenden Befürwortung bei Sr. Majestät dem Könige so angelegentlich als ganz gehorsamst zu empfehlen, und glaube nur eine sehr mäßige Verbesserung der Lage der Bittsteller zu indizieren, wenn ich mir als allgemeine Basis für dieselbe den ganz gehorsamsten Vorschlag erlaube, daß diejenigen Kapellmitglieder, welche unter und bis zu 400 Talern inklus. Besol-

dung haben, eine jährliche Gehaltserhöhung von 100 Talern, denen aber, welche über 400 Gehalt beziehen, eine Zulage von wenigstens 60 Talern jährlich gewährt werden möge. Diese Maßregel, welche schon an und für sich aus dem Gesichtspunkte der Gerechtigkeit und Billigkeit dringend wünschenswert ist, scheint mir noch außerdem deshalb nötig, damit die Aussicht auf eine zukünftige nicht zu kärgliche Existenz junge Künstler von Talent bestimmt, wie bisher jahrelang den Dienst als Accessisten zu versehen, indem sonst zu besorgen steht, daß die Zahl der Accessisten immer mehr abnehmen möchte. Ich darf in dieser Beziehung nicht unerwähnt lassen, daß seitdem die früheren, zur Zeit des Herrn Grafen von Redern bewilligten Gratifikationen der Accessisten bei der Kapelle aufgehört, eine Menge der talentvollsten von ihnen sich teils in der Provinz, teils ins Ausland zerstreut haben, so daß bei einem der Hofbälle dieses Winters, für welchen Seine Majestät der König zu befehlen geruht hatten, daß die Musik bloß durch Accessisten ausgeführt werden solle, dieser Allerhöchste Befehl nicht vollständig erfüllt werden konnte, vielmehr der Herr Generalintendant der Hofmusik, wirkl. Geh. Rat Graf von Redern sich genötigt gesehen hat, teilweise das Orchester durch Hautboisten [= *Militärmusiker*] zu besetzen. Wenn nach der obigen ganz gehorsamsten Darstellung schon einzig und allein unter den gegenwärtigen Verhältnissen die Verbesserung der Besoldungen der Mitglieder der K. Kapelle höchst wünschenswert und dringend notwendig ist, so kann die Notwendigkeit dieser Maßregel nur noch in einem erhöhten Grade stattfinden, wenn in Folge der Allerhöchst angeordneten Erweiterung der Kirchenmusik im Dom dem jetzigen Dienst der Kapellmitglieder noch die erforderlichen Leistungen in der Dom-Kirche hinzutreten, und erlaube ich mir Ew. Durchlaucht und Ew. Excellenz ganz gehorsamst zu bitten, die musikalischen Verhältnisse, welche durch diesen Dienst künftig für die Königl. Kapelle eintreten werden, zum Gegenstande eines separaten Berichts machen zu dürfen, sobald ich von dem Herrn wirklichen Geheimen Rat von Massow von den betreffenden Umständen näher unterrichtet sein würde.

In der Nacht vom 18. zum 19. August 1843 wurde das Berliner Opernhaus ein Raub der Flammen, aber schon zwei Tage später gab der König den Befehl zum Wiederaufbau. Die Eröffnung des neuen Hauses sollte mit einem eigens dafür komponierten Festspiel gefeiert werden, mit einer Preußenoper. Wer die Idee für das Libretto „Das Feldlager in Schlesien“ hatte, dem eine Begebenheit aus dem Schlesischen Krieg zugrunde liegt, blieb im dunkeln. Schwierig war es, die Frage des Librettisten zu lösen: Scribe schied als französischer Autor begreiflicherweise für eine preußische Festoper aus, und doch war er der einzige, zu dem Meyerbeer Vertrauen hatte. Mit Diplomatie und persönlichen Mitteln arrangierte Meyerbeer alles nach seinem Sinne: Scribe erarbeitete das Libretto, versicherte ehrenwörtlich und schriftlich, daß er über seine Autorschaft schweigen würde (sie kam erst jetzt durch die Aufarbeitung des Nachlasses ans Licht!), und ließ sich für die entgangenen Tantiemen von Meyerbeer finanziell entschädigen. Dem alten Erzfeind Meyerbeers, dem Berliner Kritiker Ludwig Rellstab, fiel dagegen die Übersetzung und die Versifizierung des Librettos zu und die Aufgabe, sich als Autor des Librettos feiern zu lassen. Das brachte ihm eine erkleckliche Summe ein, zumal 1844 auch in Deutschland und Österreich die Tantiemezahlungen eingeführt wurden.

Auch bei der Besetzung der Vielka, der Hauptrolle, gab es Schwie-

Der Brand des Berliner Opernhauses. Zeitgenössischer Druck

rigkeiten; Jenny Lind, die „schwedische Nachtigall", für die diese Rolle konzipiert war, konnte aus lokalen Rücksichten nicht bei der Premiere am 7. Dezember 1844, sondern erst einige Tage später debütieren.

An Eugène Scribe

[*Paris, 12. November 1843*]

Mein lieber Freund!
Es wird Ihnen sicher angenehm sein, die verschiedenen Details derjenigen Punkte schriftlich zusammengestellt zu sehen, die wir für das in Frage stehende Stück angesprochen haben.
1) Es gibt kein sehr populäres Chanson oder patriotisches Lied: aber es gibt einen Marsch, der seit mehr als hundert Jahren außerordentlich volkstümlich ist, er heißt „Marsch des alten Dessauer"; dieser Dessauer war Feldmarschall der preußischen Armeen unter dem Vater Friedrichs des Großen. Es wäre sehr zu wünschen, daß dieser Marsch eine Rolle in dem Stück spielte und daß er es ganz durchzöge.
2) Man liebt dort [= *in Berlin*] sehr Musik zum gesprochenen Wort (wie in den Melodramen) und Sie können davon in einem Teil des Werkes Gebrauch machen, der nicht eigentlich Oper ist, so, wie Sie mir erzählten, wie Sie es im 2. Akt der „Nonne sanglante" machten.
3) Im Traum, in der Weissagung, oder in der Prophezeiung (da ich nicht weiß, für welches der drei Mittel Sie sich entschieden haben, nenne ich alle drei) wäre es reizvoll, wenn man (wie in „La belle au bois dormant") vor den Augen der Zuschauer sukzessive das Berlin vor hundert Jahren bis zur Gegenwart vorbeiziehn ließe: man könnte da sogar den Brand des Opernhauses und das wieder aufgebaute Theater sehen.
4) Was die Aufführung in Berlin anlangt, so sind dort am besten die Chöre, die excellent sind. Es wäre gut, einige herausgehobene in dem Werk zu haben, möglichst von militärischem und patriotischem Charakter, die selbst kleine geschlossene Szenen bilden, oder in anderen Stücken unterbrechend eingreifen.
5) Was die Sänger und Sängerinnen betrifft, so gibt es dort eine sehr dramatische Darstellerin, die auch sehr gut singt

Einlagelied zum „Feldlager“, mit Abbildung des Denkmals von Friedrich II. Von Christian Daniel Rauch, 1851

(besser allerdings im sentimentalen als im komischen Genre), die ich aber nicht gern einsetzen möchte. Eine andere für das leichtere Genre (wie Domino noir, postillon [*de Longjumeau*], la fille du Regiment, „Diamants de la Couronne“) ist sehr nett und sehr geeignet für Hosenrollen. Ein vorzüglicher Tenor, der alle Rollen der Grand Opéra singt, aber von kleiner Statur ist und sehr gut in Komödien spielt, ist auch in komischen Opern ausgezeichnet. Aber halten Sie fest, daß das der beste Sänger des Theaters ist, daß seine Rolle eine musikalische sein muß. Ein junger Bariton von sehr gutem Äußeren und mit einer sehr schönen Stimme, ein andrer Bariton, weniger jung, ist aber auch gut: Das wären die Sänger für die Hauptrollen; was die zweiten Rollen angeht, so haben Sie freie Hand.

6) Vergessen Sie nicht, daß Friedrich II. nicht auf der Bühne erscheinen kann oder daß es zumindest fraglich sein müßte, daß er es selbst ist.

Soll ich trotzdem morgen kommen, wie wir es vereinbart haben? Herr Pillet hat mir gesagt, daß Sie ihm zu gestern den Plan einer großen Oper für Donizetti machen mußten: Haben Sie Zeit gehabt, an unsere Sachen zu denken?

Adieu, lieber Freund, wenn Sie mir keine Nachricht geben, werde ich morgen kommen

Ihr ganz ergebener
Meyerbeer.

Meyerbeer hatte Heinrich Börnstein (1805–1892), der als Journalist Korrespondenzberichte aus Paris für die Wiener „Allgemeine Theaterzeitung" und das „Frankfurter Conversationsblatt" schrieb, 1844 bei der Gründung des „Vorwärts" mit einem – natürlich verlorenen – Darlehen von 3000 Talern unterstützt, zumal auch Heinrich Heine zu den Autoren des Blattes gehören sollte und Meyerbeer bei einer Weigerung verständlicherweise Angriffe persönlicher Art fürchtete. Es ist nicht ohne Pikanterie, daß also der Millionär Meyerbeer dem extrem-sozialistischen „Vorwärts" des Heinrich Börnstein und Karl Marx mit zum Leben verhalf.

An Heinrich Börnstein

[*Berlin, 19. April 1844*]

Sehr geehrter Herr!

Ich brauche Ihnen nicht zu sagen und zu versichern, daß ich Teil an Ihrem Wohlergehen, an Ihrem Tun und Treiben nehme, denn Sie selbst haben es mir in früheren Briefen ausgedrückt, daß Sie davon überzeugt sind. Daher aber werden Sie mir auch glauben, daß es mir herzlich leid tut, Ihr

diesmaliges Anliegen nicht erfüllen zu können. Ich kann in diesem Moment über keine Summe disponieren, ganz besonders nicht über eine so namhafte, wie Sie bedürfen. Erinnern Sie sich werter Herr und Freund, daß ich Ihnen im voraus sagte, daß die Summe, die Sie in Paris von mir wünschten, und die ich Ihnen damals geben konnte, nicht hinreichend wäre, wie Sie hofften und glaubten, ein Journal zu gründen und es bestehen zu lassen, ich bedaure es herzlich für Sie, daß ich Recht behalten habe. Nehmen Sie, werter Herr, diese Bemerkung für keine Äußerung des Unwillens, und seien Sie ebensowenig ungehalten, daß ich dies Mal nicht wie sonst Ihrem Wunsch Genüge leisten kann.
Mit wahrer Hochachtung und stets gleicher Teilnahme

Für Meyerbeer bedeutete die Aufführung der „Euryanthe" seines Studienfreundes Carl Maria v. Weber mehr als eine Pflicht. Friedrich Wilhelm IV. stellte „seinen Gluck-süchtigen Wunsch" nach „Iphigenie in Aulis" zurück – der König war ein großer Verehrer Glucks – und genehmigte die Benefizvorstellung, die nicht weniger als 2000 Taler einbrachte.

An Friedrich Wilhelm IV. von Preussen

[*Berlin, 21. Dezember 1844*]

Allerdurchlauchtigster König!
Allergnädigster König und Herr!
Die Asche des großen deutschen Tonmeisters, Carl Maria von Weber ist nach zwanzigjähriger Verzögerung endlich in vaterländischer Erde bestattet worden. Es ist betrübend, daß diese Pflicht der Pietät so spät erst zur Erfüllung gelangt ist, und es hat sich in einem weiten Kreise von Kunstfreunden der lebhafte Wunsch kund gegeben, daß dem großen deutschen Meister durch Errichtung eines Monumentes Zeugnis von seinem Vaterlande gegeben würde, daß dessen Verehrung und Bewundrung für Webers Muse nicht erkaltet ist. Ein Comité hat sich in Dresden, wo der Meister seine längste Wirksamkeit hatte, zu jenem Zwecke gebildet, und dasselbe hat Aufrufe an alle deutschen Bühnen erlassen, durch Benefiz-Vorstellungen die nötigen Geldmittel

Friedrich Wilhelm IV.

für die Kosten der Errichtung eines solchen Denkmals aufzubringen. –
Das Dresdner Theater hat dieser Aufforderung bereits Folge geleistet. Das Berliner Theater, welches das Glück hat, sich die Hofbühne des erhabenen Monarchen nennen zu dürfen, der deutsche Kunst und Wissenschaft, in welchen Gauen des gemeinsamen Vaterlandes sie sich auch zeigen, als heiliges Gemeingut fördert und schützt, hat den Beruf in solchen nationalen Bestrebungen durch Tat und Beispiel voranzugehen.
Ich wage es daher, Ew. Königlichen Majestät die alleruntertänigste Anfrage zu Füßen zu legen,
ob Allerhöchstdieselben eine Vorstellung im Königlichen Opernhause zu dem angezeigten Zwecke huldreichst zu bewilligen, und mich in diesem Falle allergnädigst zu ermächtigen geruhen wollen, das hier lange nicht gegebene Meisterwerk Webers „Euryanthe“ mit Benützung der besten Singkräfte, die jetzt der Bühne zu Gebote stehen (als De-

moiselle Lind, Madame Palm-Spatzer u.s.w.) einzustudieren, und noch vor der „Iphigenia" auf die Bühne bringen zu dürfen, damit die Aufführung noch in die für die Einnahme günstige Zeit fällt, und dadurch zugleich von der Berliner Bühne recht früh das Beispiel für die anderen Bühnen Deutschlands gegeben wird.
In tiefster Ehrfurcht ersterbe ich

Ew. Königlichen Majestät
allergetreuester Diener und Untertan
Giacomo Meyerbeer

Man schalt Meyerbeer in Deutschland als Vertreter der französischen Oper einen Abtrünnigen, der nur französischen Zelebritäten – wie Berlioz – den Weg in Berlin ebne. Als er sich aber energisch für die Aufführung der Werke deutscher, noch lebender Komponisten einsetzte, als es zur Aufführung der „Kreuzfahrer" von Spohr kam, da mußte man erkennen, daß die Zeit weitergeschritten war. Voller Spott nannte man Spohrs Werk eine „Beschwichtigungsoper, welche gegen alle Aufregungen des Völkerlebens gut zu gebrauchen" sei, „als ein Mittel gegen alle politischen und revolutionären Regungen der Zeit ... Wenn das deutsch ist, daß an die Stelle aller dramatischen Bewegungskraft ein unbestimmtes lyrisches Verschwimmen von Gefühlen getreten, wenn das Deutsch ist, daß der Ausdruck nirgends dem Gedanken, die Form nirgends dem Inhalt entspricht, so sind Spohr's ‚Kreuzfahrer' allerdings eine deutsche Universaloper zu nennen." Man tadelte „Kotzebue'sche Romantik" und Sentimentalität und fand, daß „man all den geleckten Artigkeiten der Spohrschen Musik" gegenüber „selbst die gesuchten Unarten Meyerbeers" hochstellen müsse.

An Friedrich Wilhelm IV. von Preussen

[*Berlin, 5. Februar 1845*]

Allerdurchlauchtigster König
Allergnädigster König und Herr!
Geruhen Ew. Königl. Majestät nachstehenden alleruntertänigsten Vortrag huldreich zu gestatten, zu welchen ich mich im Interesse der deutschen Tonkunst aufgefordert fühle. Es scheint mir eine moralische Pflicht der deutschen

Hofbühnen zu sein, alljährlich einige neue Opern lebender vaterländischer Tonmeister zur Aufführung zu bringen. Eine solche Beachtung ihrer Werke würde den deutschen Komponisten zur großen Aufmunterung und dadurch der vaterländischen Tonkunst zur wahren Förderung gereichen: außerdem ist auch wohl zu berücksichtigen, daß den Werken deutscher dramatischer Komponisten in der Regel ja nur die deutschen Theater zugänglich sind. Die Hofbühne in Dresden geht in dieser Beziehung bereits mit einem erfreulichen Beispiele voran. Deutsche Originalopern von Marschner, Spohr, Ferdinand Hiller, Hoven, Richard Wagner und Röckel sind seit Jahresfrist dort von der Direktion angenommen und zum Teil bereits aufgeführt worden. Die hiesige Königl. Oper aber steht in dieser Beziehung sehr nach, und meine Bemühungen, Aufführungen neuer deutscher Originalopern zu bewirken, finden keinen Anklang. –
Es erscheint mir jedoch sehr wünschenswert, daß eben die hiesige Hofbühne, welche sich der Ehre zu erfreuen hat, dem erhabenen Monarchen anzugehören, der allem Streben deutscher Kunst und Wissenschaft seinen hohen Schutz gewährt, in der fraglichen Beziehung nicht zurückstehe, sondern sich vielmehr in der ehrenden Anerkennung nationaler Kunst an die Spitze stelle.
Ich halte mich daher zu dem untertänigen Antrag verpflichtet: Ew. Königl. Majestät wollen huldreichst zu befehlen geruhen, daß auf dem hiesigen Königl. Operntheater jährlich zwei bis drei neue Opern lebender deutscher Meister, oder, insofern dergleichen nicht im Jahre erschienen sein sollten, frühere hier noch nicht gegebene Werke dieser Meister zur Aufführung gebracht werden sollen.
Um mit dieser Maßregel würdig zu beginnen, dürfte zuerst einem der berühmtesten deutschen älteren Tonmeister ein Beweis der Anerkennung seiner großen Verdienste in der gedachten Weise zu geben sein. Es ist dieses der treffliche Meister Spohr, der seit 30 Jahren durch gediegene geniale Schöpfungen in allen Branchen der Tonkunst, durch ein unerschütterliches Streben nach dem Ausdruck des Edeln und Wahren, und durch sein mutiges Verschmähen, um die Gunst der Masse durch Fröhnung des Zeitgeschmackes zu buhlen, sich an die Spitze der deutschen Meister der Ge-

genwart gestellt hat. – Ein Zeichen der Achtung und Anerkennung für den berühmten Meister, von Seiten des Königl. Operntheaters zu Berlin, welches seit „Jessonda" keine der neueren Spohrschen Opern auf die Bühne gebracht hat, ist fast als Pflicht zu erachten. Da nun kürzlich Herr Kapellmeister Spohr eine neue große Oper „Die Kreuzfahrer" vollendet hat, welche er auch bereits in Kassel zur Aufführung brachte, so glaube ich Ew. Königl. Majestät ehrfurchtsvoll bitten zu dürfen, daß Allerhöchstdieselben mich huldreichst zu ermächtigen geruhen möchten, von dem Kapellmeister Spohr die Einsendung der Partitur seines gedachten Werkes, behufs der Aufführung desselben auf der hiesigen Hofbühne in diesem Frühjahre zu begehren.
Sollten Ew. Königl. Majestät vielleicht auch noch allergnädigst mich zu beauftragen geruhen, den Kapellmeister Spohr einzuladen, die letzten Proben und die erste Aufführung seines Werkes persönlich zu dirigieren, so würde derselbe in dieser Aufforderung eines so erhabenen kunstliebenden Monarchen gewiß eine große Auszeichnung und Belohnung finden, und die Gegenwart des berühmten Meisters würde dem Institut zur Ehre, so wie dem neuen Werke zum großen Nutzen gereichen.
In tiefster Ehrfurcht ersterbe ich Ew. Königlichen
Majestät allergetreuester Diener und Untertan
Meyerbeer

Louis Spohr dankte Meyerbeer hocherfreut über die Einladung, sein Werk in Berlin selber dirigieren zu dürfen. Die Aufführung der „Kreuzfahrer" fand Ende Juli 1845 statt. „Spohr dirigierte 2 Vorstellungen und ward jedesmal 2mal hervorgerufen", *notierte Meyerbeer in seinem Tagebuch.* „Ich gab ihm ein großes Festmahl bei Kroll, zu welchem ich die meisten Sänger und Mitglieder des Orchesters einlud, desgleichen fast alle bedeutenden Journalisten." *Auf Meyerbeers Veranlassung hatte die Königliche Kapelle einen Lorbeerkranz von vergoldetem Silber machen lassen, den er an der Spitze des Orchesters Spohr mit einer feierlichen Rede überreichte.*

An Louis Spohr

[Berlin, 20. Februar 1845]

Hochverehrtester Herr Hofkapellmeister!

Sogleich als ich erfuhr, daß Sie die deutsche Bühne wieder mit einem Produkt Ihres klassischen Geistes („die Kreuzfahrer") bereichert haben, habe ich Sr. Majestät dem Könige davon Anzeige gemacht, um dieses Werk für unsere hiesige Bühne zu gewinnen. Seine Majestät haben den Ankauf so wie die Aufführung desselben im laufenden Jahre genehmigt, und mich mittelst Order vom gestrigen Tage ermächtigt, Ihnen, verehrtester Herr und Meister, den Wunsch auszudrücken, daß Sie, wenn es Ihre Verhältnisse und Ihre Zeit gestatten, unserem Theater die Ehre erweisen mögen, die Generalprobe und die erste Aufführung Ihres Werkes in Berlin selbst zu leiten. Ich habe hiervon dem Herrn Generalintendanten von Küstner sogleich Mitteilung gemacht, damit derselbe, da er die Verhältnisse der hiesigen Bühne am besten zu übersehen im Stande ist, den geeignetsten Zeitpunkt zur Aufführung näher in Erwägung ziehe. Vorläufig kann ich Ihnen, verehrter Herr Hofkapellmeister, indessen mitteilen, daß der Herr Generalintendant beabsichtigt, im April die Oper „Catharina Cornaro" vom Kapellmeister Lachner hier zur Aufführung zu bringen, im Monat Juni aber das Operntheater ganz zu schließen, so daß mithin die möglichst nächste Zeit für die Aufführung Ihres Werkes im Mai oder Juli fallen würde. Ich bitte Sie nun, liebster H. Hofkapellmeister, mich gefälligst wissen zu lassen, in welchem dieser beiden Monate, oder im Fall dieses nicht sein könnte, wann später Ihre amtlichen Verhältnisse es Ihnen möglich machen würden, einige Tage in Berlin zuzubringen, um die Generalproben und die erste Aufführung Ihrer Oper zu leiten. Ich werde dann so viel in meinen Kräften steht, dahin zu wirken suchen, daß die Aufführung für diese Zeit vorbereitet werde.

Herr Professor Rungenhagen, der mir von Ihrem Schreiben in betreff der Aufführung Ihrer Oper auf der hiesigen Bühne Mitteilung gemacht hat, teilt meine Freude, daß uns endlich die Hoffnung wird, Sie teurer Meister, in unserer Heimat begrüßen und Ihnen den Ausdruck der wärmsten und innigsten Verehrung, die wir mit allen Bewunderern

Ihrer herrlichen Kunst Ihnen zollen, mündlich erneuern zu können. Bis dahin genehmigen Sie, verehrtester Herr Hofkapellmeister, die schriftliche Versicherung der ausgezeichnetsten und herzlichsten Hochachtung und Verehrung

Ihres ganz ergebenen
Meyerbeer

Prinzessin Augusta von Preußen (1811–1890), Gemahlin des Prinzen Wilhelm von Preußen und spätere Kaiserin, war nicht nur musikalisch hochgebildet, sie hegte auch eine Vorliebe für die französische Sprache, für französische Literatur und Kunst und nahm reges Interesse an Meyerbeers Schaffen.
Königin Victoria von England (1819–1901) war zusammen mit ihrem Gemahl Prinz Albert am 11. August 1845 zu einem Staatsbesuch in Köln, das damals zu Preußen gehörte, eingetroffen. Am gleichen Abend veranstaltete Friedrich Wilhelm IV. ihr zu Ehren ein großes Fest in Schloß Brühl; bei dem Souper wurde unter Leitung Meyerbeers ein kleines Konzert abgehalten, in dem auch Jenny Lind mitwirkte. Ein großes Konzert zu Ehren der hohen Gäste fand am 16. August in Koblenz statt.

An Augusta Prinzessin von Preussen

[*Köln, etwa 20. August 1845*]
Ew. K[*önigl.*] H[*oheit*] haben mich durch das Geschenk Hochdero Kirchenkompositionen auf das innigste beglückt und geehrt. Es weht in diesem Werke derselbe Geist edler Einfachheit, Klarheit und deutscher Innigkeit, der mich schon in den reizenden Liedern Ew. K. Hoheit so gewinnend ansprach.
Indem ich meinen ganz ergebensten Dank für Höchstdero Huld auszusprechen die Ehre habe, wage ich zugleich die Bitte um einen neuen Beweis derselben. Ihro Majestät die Königin Victoria geruhten mir so gnädig ihren Beifall für den Festgruß auszusprechen, welchen ich zu Allerhöchst Dero Ankunft im Hofkonzert zu Brühl komponiert habe, daß ich den Wunsch nicht unterdrücken kann, diese kleine Komposition Ihrer Majestät zu Füßen legen zu dürfen, und dazu die gnädige Protection Ew. Königl. Hoheit in An-

spruch zu nehmen mich erdreiste, indem ich diese Musik hier in dem bescheidenen Gewande ihrer Entstehung ergebenst beilege.

Als man nach dem Tode Salomon Heines (gest. 24. Dez. 1844) feststellte, daß die jährliche Unterstützung von 4000 Franken, die er seinem Neffen Heinrich Heine bisher gewährt hatte, testamentarisch nicht abgesichert war, weigerten sich die Erben unter Hinweis auf die Verunglimpfungen gegen den Verstorbenen, Heine diese Pension weiter zu bewilligen. Meyerbeer suchte vermittelnd und beschwichtigend bei Heine zu wirken. „Jeder", so schreibt Heine am 31. Oktober 1845 seinem Verleger Campe, „beschwört mich, der Zeit die Ausgleichung zu überlassen, der besseren Natur, die bei Carl Heine endlich hervortreten würde, zu vertrauen; ich würde auch keinen Pfennig einbüßen. Das sagte mir noch gestern Abend der wakkere Meyerbeer, der mir jedes Defizit garantierte aus eigenen Mitteln ..."

An Heinrich Heine

[*Paris, 31. August 1845*]

Verehrter Freund

Erlauben Sie mir Ihnen schriftlich zu antworten auf Ihr gestern geäußertes Verlangen, daß ich Carl Heine in Bezug auf Ihre beiderseitigen Differenzen schreiben möge. Verzeihen Sie, wenn ich dieses ablehne. In Familienangelegenheiten so harter Natur scheint mir die Einmischung eines Dritten ganz untunlich und würde meinerseits eine Undelikatesse sein. Allerdings hat der selige Salomon Heine nach meinen Erinnerungen Ihnen Ihre Pension (die aber so viel ich weiß nur auf 4000 Frs und nicht auf 4800 Frs wie Sie äußerten festgesetzt war) auf lebenslänglich gewährt. Da ich selbst damals Ihrem Wunsch gemäß die Sache mit in Anregung bringen half, so erinnere ich mich noch einigermaßen des dabei Vorgefallenen und daß der alte wohlwollende würdige Greis äußerte, daß Sie durch diese Pension nun geschützt wären, einst in Ihren alten Tagen nicht mehr ums Brot arbeiten zu müssen.

Erlauben Sie mir nun aber als Ihrem alten aufrichtigen

Freund einige Bemerkungen. Carl Heine ist ein so durch und durch wohlwollender und loyaler Charakter, ich habe ihn stets mit so vieler Teilnahme und Liebe sich über Sie äußern hören, daß ich vermute, es muß irgend ein spezieller Grund vorhanden sein, warum er die von seinem Vater versprochene Pension Ihnen nicht in ihrer Integrität weiterzahlen will. Haben Sie vielleicht den seligen Sal. Heine vor seinem Tode beleidigt? Oder haben Sie nicht etwa der Familie Gelegenheit gegeben fürchten zu müssen, daß Sie vielleicht einst in einem Anfalle Ihres so geistreichen überschäumenden aber nichts verschonenden poetischen Übermutes das Andenken Ihres so wahrhaft ehrwürdigen Familienhauptes in einer zukünftigen Schrift angreifen würden? Sollte diese meine Vermutung gegründet sein (was Sie ja leicht erfahren können) so scheint es mir Ihrerseits Pflicht der Dankbarkeit und der Pietät für den Edeln Dahingeschiedenen, daß Sie durch eine loyale schriftliche Erklärung die Familie vor der Möglichkeit eines solchen Schrittes sicher stellen. – Tun Sie dies werter Freund, so hege ich die feste Überzeugung, daß bei einem so edeln Mann wie Carl Heine jedes Mißtrauen schwinden und er Ihnen gegenüber das Versprechen seines seligen Vaters erfüllen wird.
Mit herzlicher Freundschaft und Ergebenheit

Ihr Meyerbeer

Meyerbeers Erörterungen des Opernprojektes „Noëma", das begonnen, schließlich aber doch verworfen wurde, bezeugen die intensive Zusammenarbeit mit Scribe schon während der Konzeption eines Werkes. Sie bestätigen aber auch Meyerbeers Literaturkenntnis, seinen Blick für dramatische Wirkung und sein Verständnis für die Belange des Theaters. Bezeichnend ist Meyerbeers intensive musikalische Vorstellungskraft schon bei der Ausarbeitung des Opernplanes, die sich am Sänger orientiert: Nicht Noëma, nicht Nephtali, die Hauptfiguren der Oper, stehen vor seinen Augen, sondern Madame Nau und Herr Gardoni, die als Interpreten vorgesehen waren. In den angeführten ausführlichen „Bemerkungen" hebt Meyerbeer die unbedingte Notwendigkeit der „Couleur locale", des Lokalkolorits, heraus; der 1. Akt müsse ganz von der „couleur pastorale", vom biblischen Stil, geprägt sein, es sei gut, wenn Scribe bei der Arbeit eine Bibel zur Seite habe, um sich ihrer Sprache zu bedienen.

AN EUGÈNE SCRIBE

[*Berlin, 21. April 1846*]

Mein lieber Freund!

Wenige Tage nachdem ich Ihnen den letzten Brief geschrieben hatte, auf den Sie mir geantwortet haben, bin ich sehr ernsthaft (möglicherweise als Folge einer Erkältung) an einem Gallenfieber erkrankt, das mich lange Zeit gezwungen hat im Bett zu bleiben. Kaum war ich genesen, als eines meiner Kinder mit sehr gefährlichen Symptomen erkrankte. Die Angst, die mich erfüllte, bewirkte bei mir einen Rückfall und ich mußte abermals das Bett hüten. Endlich sind wir Gott sei Dank beide geheilt, aber es waren doch mehr als zwölf Tage, daß man mir keine Beschäftigung erlaubte. Darum, mein lieber Freund, konnte ich Ihnen nicht eher meine Bemerkungen über den Plan, den Sie mir schickten, schreiben. Der Plan gefällt mir im allgemeinen noch immer recht gut und ich danke Ihnen sehr, daß Sie ihn so detailliert gemacht haben. Ich habe Ihnen im Ganzen gesehen nur wenige Bemerkungen zu machen, aber es gibt einen wesentlichen Punkt, der mir außerordentlich schwerwiegend erscheint: daß man für das Schicksal dieser Frauengestalt (Noëma), auf der das ganze Stück ruht, nicht das geringste Interesse gewinnt. Das ist eine Furie, eine Megäre, denn sie hat keine Entschuldigungen für die hunderttausend Schandtaten; daß sie von Eifersucht erfüllt ist, genügt nicht, sie zu entschuldigen, denn mit welchem Recht ist sie eifersüchtig? Medea ist, wenn sie ihre Kinder tötet, noch unserer Teilnahme würdig, denn sie wurde getäuscht, wenn auch am wenigsten durch diese. Es erscheint mir als gewichtiger Mangel in einem Stück, wenn die Hauptpersonen keine Anteilnahme erregen, und dieser Fehler wird doppelt groß, wenn durch diese Personen eine Folge von Irrtümern und schlechten Taten nötig ist, um das Verständnis der Zuschauer zu erlangen und ihr Interesse zu gewinnen. Dieser Fehler war mir in Paris nicht weiter aufgefallen, wo ich noch nicht den ganzen Plan vor Augen hatte. Aber jetzt stört mich das sehr. Ich wollte wissen, ob das vielleicht nur mein subjektiver Eindruck sei und gab diesen Plan nacheinander meiner Frau und meinem Bruder [*Wilhelm*] zu lesen, ohne ihnen meine Beobachtungen mitzuteilen. Und richtig!

beide empfanden denselben Eindruck bei der Lekture wie ich. Ich habe nachgedacht, ob ich Ihnen nicht irgendeine Abhilfe vorschlagen könnte, aber das ist alles, was ich gefunden habe: ich schlage vor, daß Madame Nau [*Noëma*] bei einem Elternteil abwesend ist, wenn Gardoni [*Nephtali*] die Bekanntschaft ihrer Familie macht. Madame Stoltz [*Miriam*] hat Gordoni [*Nephtali*] gefallen, er liebt sie zunehmend, er macht ihr den Hof, ohne sich ihr allerdings förmlich zu erklären. Später, wenn Madame Nau [*Noëma*] in die Familie zurückgekehrt ist und Gardoni [*Nephtali*] sie gesehen hat, ist er erneut und noch stärker verliebt, was indessen von Madame Stoltz [*Miriam*] nicht wahrgenommen wird. Das alles ereignet sich in der Vorgeschichte. – Aber, wie ich gesehen habe, erscheint mir dieser Ausweg sehr ungenügend, und ich fürchte, daß auch Sie ihn sehr schlecht finden werden. – Erlauben Sie mir, mein lieber Freund, Sie um eine Gunst zu bitten, die Sie mir schon zweimal gewährt haben, bei Gelegenheit des „Propheten" und der „Afrikanerin", d. h. den Plan unserem gemeinsamen Freund Germain Delavigne zu zeigen. Ich weiß, welches Vertrauen Sie in sein Urteil und seine Kritik setzen. Sollte er meine Einwendungen teilen, oder andere haben, so bin ich sicher, daß Sie dort die Lösung finden, denn es gibt keine Schwierigkeit, die nicht durch ihre schöpferische Kraft bewältigt würde. Glauben Sie aber nicht, mein lieber Freund, daß mein Interesse für dieses Werk auch nur im geringsten abgekühlt sei. Ich betrachte es noch immer als außerordentlich musikalisch und neuartig als Schauspiel. Indem ich Ihnen einen Fehler aufdecke, den ich für sehr gravierend halte, gehorche ich dem unwiderstehlichen Zwang meines subjektiven Gefühls: aber dieses Gefühl unterwerfe ich Ihrem Urteil, das erfahrener ist als meines und dem ich mich im voraus beuge.
Ich habe Ihnen noch ein anderes Hindernis darzustellen: Das Werk ist viel zu lang. Es ist vor allem zu lang für die musikalische Ausführung, bei der man, wie Sie aus Erfahrung wissen, den Stücken eine größere Ausdehnung geben muß. Ich kann wohl hie und da kleine kurze Stücke anbringen, aber nicht zu oft, das gelingt mir nicht immer. Wäre es nicht vor allem wichtig, mein lieber Freund, daß Sie das Stück kürzten und einige Nebensächlichkeiten und Details wegließen, soweit Ihnen das möglich ist, ohne die Interes-

Ferdinand Lassalle. Gemälde von Theodor Hosemann

sen und die Klarheit der Handlung zu verbauen? Darüber hinaus beeinflußt die Einfachheit des musikalischen Stiles, die das biblische Kolorit erfordert, ein Kolorit, das den ganzen ersten Akt und die zweite Hälfte des dritten Aktes beherrschen muß, die Länge des Werkes doppelt gefährlich. Schließlich, mein lieber Freund, hätte ich noch kleine Bemerkungen zu musikalischen Details der 3 Akte zu machen. Aber obgleich diese Bemerkungen nicht lang wären, so fühle ich mich noch so schwach, um heute diesen Brief fortzusetzen, der ohnehin schon zu lang ist für die Kräfte eines Rekonvaleszenten. Morgen, mein lieber Freund, erhalten Sie den Rest meiner Bemerkungen und zugleich werde ich schriftlich den Zeitpunkt für die Ablieferung des Gedichtes und der verschiedenen Akte in der Form bestimmen, wie Sie mir in Ihrem Brief vorgeschlagen haben.
Adieu, mein lieber Freund. Möge dieser Brief Sie und Madame Scribe, der Sie mich bitte empfehlen wollen, bei bester Gesundheit antreffen.

Ihr von Herzen ergebener
Meyerbeer

Am 19. Februar 1846 notierte Meyerbeer in seinem Tagebuch: „Besuch von Lasalle, der mir mit verblümten Worten, aber unter einer sehr diaphonen Allegorie ankündigte, daß Heine gegen mich schreiben würde. Der wahre Grund dieser Feindseligkeit ist, daß ich ihm vor meiner Abreise von Paris 1000 Franken, die er verlangte, nicht borgen wollte, nachdem ich ihm so viele Tausende schon in meinem Leben geborgt habe, von denen natürlich er mir nie einen Pfennig wiedergab." *Wenige Tage später, am 27. Februar, schreibt Heine an Lasalle: „Legen Sie dem Bären [im Anklang an Meyerbeers ursprünglichen Namen Beer] die Daumenschrauben an. Schonen Sie daher kein Mittel, den Bär zum Tanzen nach unsrer Pfeife zu bringen. Er muß an Carl [Heine] einen Brief direkt en confidence schreiben ..." Am 7. März wiederholt Heine seine Forderung: „... sorgen Sie, daß er in entschiedener Sprache an Carl Heine schreibt ..." Meyerbeer fügte sich zwar nicht sogleich, folgte aber dennoch dem Drängen von Lassalle. Carl Heine antwortete Meyerbeer unverzüglich mit einem bitteren, ablehnenden Brief.*

An Carl Heine

[*Berlin, 14. Juni 1846*]

Hochverehrter Herr!
Verzeihen Sie, wenn ich von 2 verschiedenen Empfindungen unwiderstehlich angeregt, es wage, Ihnen gegenüber einen vielleicht indiskret scheinenden Schritt zu tun. Die eine dieser Empfindungen gründet sich auf die hohe unbegrenzte Achtung, die ich für Ihren ehrenhaften, gütigen und menschenfreundlichen Charakter, sowie für das Andenken Ihres unvergeßlichen Herrn Vaters hege. Die 2te dieser Empfindungen findet ihren Ursprung in meiner langjährigen Freundschaft für H. H. und in der Bewunderung, die ich diesem großen Dichtergenius zolle, auf den sein deutsches Vaterland mit Recht stolz ist!
Durch Herrn Ferd. Lassalle, einen Freund Heines, der mit demselben in stetem Briefwechsel, habe ich in neuester Zeit erfahren, daß leider H[*eine*]s Gesundheitszustand, längst erschüttert, in den letzten Monaten immer mehr verfällt. Diese üble Wendung seines Gesundheitszustandes wird bedeutend durch die moralische Agitation und den Trübsinn vermehrt, der bei ihm durch die Unsicherheit

über die pekuniäre Existenz seiner Zukunft gebracht wird, da Sie ihm seiner Meinung nach weder die volle Summe seiner bisherigen Pension, noch die Dauer derselben für seine Lebenszeit fest versprechen wollen. Ich würde mir nicht erlauben in dieser Familienangelegenheit meine, des Fremden Stimme vernehmen zu lassen, wenn ich Ihnen nicht bestimmte Data über die Gesinnungen Ihres seligen Hrn. Vaters in dem Momente der Gestattung dieser Pension mitteilen könnte, da ich selbst der Veranlasser der Gewährung derselben von Ihrem im Wohltun unerschöpflichen Hrn. Vater gewesen bin.

Als der edle Greis nach Paris zu Ihrer Hochzeitsfeier kam, bis zu welcher Zeit H. H. zwar stets temporäre Zuschüsse, aber keine bestimmte regulierte Pension erhalten hatte, war ich so frei, diesen Gegenstand bei ihm in Anregung zu bringen und der treffliche Mann, der in Erinnerung seiner Freundschaft für meine guten Eltern ein herzliches Wohlwollen bezeugte, besprach die Sache nach allen Details öfters mit mir. Und aus dieser Kenntnis kann ich es als meine bestimmte Überzeugung aussprechen, daß Ihr Hr. Vater die H. H. gewährte Pension als eine lebenslängliche betrachtete, wie dies auch schon aus der Phrase hervorgeht, mit der er ihm diese Gunst ankündigte, indem er ihm sagte „nun brauchst Du wenigstens nicht zu fürchten einst in Deinen alten Tagen auch Dein Brot durch Bücherschreiben erwerben zu müssen".

Da ich von mehreren Seiten her weiß, mit welcher Pietät Sie, hochgeehrter Herr, jede Willensäußerung, jede wohltätige Intention des edlen Verblichenen im weitesten Umfange zu erfüllen suchen, so habe ich es für meine Pflicht gehalten unter den gegenwärtigen Umständen Ihnen diese ergebene Mitteilung zu machen, hoffend, daß Sie in derselben nicht bloß den Ausdruck meiner Freundschaft zu H. H. sondern auch meiner innigen Hochachtung für Sie und für das Andenken Ihres mir unvergeßlichen Hrn. Vaters erblikken wollen.

In dieser Hoff[*nung*]
M. B.

Die Zensur hatte 1827 eine Aufführung des „Struensee" in Berlin verweigert, da nach geltendem Recht die Darstellung von Mitgliedern und Ahnherren der königlichen Familie auf dem Theater untersagt war und auch der dänische Gesandte in Preußen im Auftrag seines Monarchen gegen die Inszenierung votierte. Erst im Februar 1846 hatte man die Gesetze gelockert, da sie „einem freien und auch bedeutendem Aufschwung der dramatischen Poesie zu hinderlich" waren, vor allem aber die Darstellung historischer Stoffe aus der eigenen Vergangenheit nahezu unmöglich machten. Nun, angesichts der drohenden Wolken am politischen Himmel, erhob sich das Verlangen nach vaterländischen Stücken. Der Weg für eine Aufführung des „Struensee" war also frei, zumal auch der König von Hannover seine Einwilligung gab (eine Prinzessin seines Hauses war eine der Hauptfiguren des Schauspiels), und es war nur gerechtfertigt, daß dieses ältere Stück von Michael Beer dem Werk von Laube vorgezogen wurde. Eine andere Wahl hätte eine Brüskierung der vom Hofe sehr geachteten und geschätzten Amalia Beer und des eigenen Generalmusikdirektors bedeutet.
„Die Aufführung des ‚Struensee' war überaus glänzend und in jeder Hinsicht vortrefflich", berichtete Alexander v. Humboldt nach der Premiere am 19. September 1846 seinem König, „und das Berliner Publikum, gewöhnlich rhadamantisch zum Blutgerichte sitzend, hat sich überaus befriedigt und tief angeregt bezeigt."

An Louis Gouin

[*Berlin, 19. September 1846*]

Mein lieber und vortrefflicher Freund!
Sie müssen sehr erstaunt sein, seit zwei Monaten keine Briefe von mir erhalten zu haben. Dieses Mal war es keine Faulheit meinerseits, und ich will Ihnen den Grund nennen. Vor 7 Wochen hat mir der König den Auftrag erteilt, die Musik für die Tragödie meines verstorbenen Bruders Michael („Struensee") zu komponieren, die noch niemals aufgeführt wurde, weil die Zensur dies vor 15 Jahren verhindert hatte durch ein Verbot, das unser König nun aufgehoben hat. Aber der König erklärte mir, daß er die Aufführung vor seiner Abreise nach Schlesien, die für die ersten Tage des September festgesetzt war, sehen wolle. Ich mußte also pausenlos arbeiten, denn ich mußte viel Musik schreiben für dieses Stück, eine Ouvertüre, vier große Zwischen-

aktsmusiken, Märsche, Chöre, melodramatische Szenen etc. Sobald ich die Arbeit beendet hatte, mußte ich die Proben leiten, die doppelt beschwerlich und ermüdend für mich waren, denn Sie verstehen, daß die Liebe zu meinem armen Bruder Michael mich auch bewog, sowohl die Proben der Schauspieler in der Tragödie zu überwachen als auch die Proben meiner Musik. Endlich ist alles geschafft; wir haben gestern Abend die letzte Generalprobe gehabt und das Werk (unbeschadet unvorhergesehener Zwischenfälle) wird heute Abend gespielt. – Nun, ich schwöre Ihnen, mein lieber Freund, ohne Übertreibung, daß ich soviel während dieser 7 Wochen zu tun hatte, daß es mir unmöglich war, eine freie Stunde zum Schreiben zu finden. Das ging so weit, daß meine Tochter Blanka während dieser Zeit meine Mitteilungen an meine Frau übernommen hatte, die noch immer in der Schweiz ist, aber in 8 Tagen zurück sein wird. Ich nütze nun den Tag der ersten Aufführung als ersten freien Tag seit 7 Wochen, um Ihnen wenigstens die Gründe meines Schweigens zu erklären, damit Sie nicht glauben, ich sei in meinen alten Fehler der Schreibfaulheit zurückgefallen. Das ist der einzige Grund dieses kleinen Briefes, denn ich habe weder die Absicht noch die Kraft, heute Ihre Briefe zu beantworten und vor allem auf die schwerwiegenden Fragen, die sie enthalten, einzugehen. Sie kennen mich genug, mein lieber Freund, um zu wissen, daß ein Premierentag für mich ein Tag voller Angst ist. Diesmal habe ich doppelt Angst, denn es gibt einen Dichter (Herr Laube), der zum „jungen Deutschland" gehört, einer unruhigen und bis zum Übermaß aufrührerischen Gesellschaft, der vor kurzer Zeit dasselbe Sujet des „Struensee" bearbeitet hat; er und seine Sippschaft sind wütend darüber, daß man es vorzieht, das Stück meines Bruders anstatt das seinige zu spielen, und ich habe allen Grund zu fürchten, daß sie eine große Kabale für diesen Abend vorbereiten. Sie verstehen, welch tiefen Kummer ich für meine gute Mutter und für das Andenken meines lieben Bruders empfände, wenn ein mutwilliger Streich diese Tragödie durchfallen ließe, die, ich versichere es Ihnen, eine schöne und edle poetische Schöpfung ist. Darüber hinaus würde in diesem Fall auch meine Musik in diesen Fiasco hineingerissen werden. Hoffen wir in Gott, daß nichts davon ge-

schieht. Sie sprechen sicher ein kleines Gebet für den glücklichen Ausgang des Werkes und für meine Musik, wenn Sie den Brief erhalten. Ist es nicht so, mein lieber und teurer Freund? Ich weiß, welchen Anteil Sie an allem nehmen, was mich als Mensch und als Künstler betrifft. Ich werde Ihnen übermorgen von neuem schreiben, da ich mich morgen auf Anordnung meines Arztes einer medizinischen Behandlung unterziehen muß. Sie müssen wissen, mein lieber Freund, daß ich seit über zwei Monaten sehr ernstlich unwohl bin. Und trotz dieser Indisposition hatte ich den Mut, diese Arbeit anzunehmen und die Kraft, sie zu Tag und Stunde, wie vereinbart, zu vollenden.
Adieu lieber und vortrefflicher Freund, empfehlen Sie mich Ihrer ganzen Familie

Ihr ganz ergebener
Giacomo

Louis (Ludwig) Brandus (1816–1887) hatte zusammen mit seinem Bruder Gemmy (1823–1873) im Januar 1846 die Pariser Musikalien- und Verlagshandlung von Maurice Schlesinger übernommen, in der seither fast alle Werke Meyerbeers erschienen waren. Unmittelbar danach brachten sie eine Sammlung von 32 Liedern Meyerbeers heraus – nun hoffte Meyerbeer wohl mit der „Struensee"-Ouvertüre, die bei der Uraufführung viel Beachtung gefunden hatte und wegen ihrer großartigen Dimensionen und ihrer Charakteristik gelobt wurde, auch den Konzertsaal zu erobern. Obwohl es nicht zu einer Bearbeitung mit erklärendem Zwischentext der Schauspielmusik kam, fand die Ouvertüre zu „Struensee" doch Eingang in die Konzertprogramme.

An Louis Brandus

Berlin, 13. November 1846

Mein lieber Herr!
Wollen Sie mich entschuldigen, wenn ich auf Ihren Brief in französisch antworte, obgleich Sie mir in deutsch geschrieben haben. Aber ich wünsche, daß mein Freund, Herr Gouin, Kenntnis von diesem Brief nehmen kann, und daß Sie sich gemeinsam über seinen Inhalt beraten. Sie bitten

mich in Ihrem Brief, Ihnen das Recht der Publikation für Frankreich der Musik, die ich für die Tragödie „Struensee" komponiert habe, zu verkaufen. Herr Schlesinger wird Sie über die Zahl der Musikstücke, die in dieser Partitur enthalten sind, und ihre Beschaffenheit unterrichtet haben. Ich muß hinzufügen, daß sich diese Musik nach Meinung vieler Personen auch dazu eignet (in ihrem ganzen Umfang) im Konzertsaal aufgeführt zu werden, indem man die verschiedenen Stücke durch einen Text verbindet, der immer den dichterischen Inhalt des folgenden Musikstückes erklärt. Ein hiesiger Dichter befaßt sich sogar mit einer ähnlichen Arbeit. – Aber es besteht nicht der geringste Zweifel, daß, so wie Sie es in Ihrem Brief sagen, die erfolgversprechendste Art für mich als Komponist und die fruchtbarste als Herausgeber wäre, wenn das französische Publikum die Musik so hörte, wie sie komponiert wurde, das heißt im Theater, während der Tragödie, mit der die Musik bis in die kleinsten Wendungen innig verbunden ist. Aber Ihre Tragödien-Theater, die französischen und das Odéon, haben keine guten Orchester und Chöre zu ihrer Verfügung, und was das Théâtre Montpensier angeht, so ist es noch nicht eröffnet und es wird auf alle Fälle klug sein, vorher zu sehen, auf welche Weise es sich hinsichtlich des Orchesters und der Chöre ankündigt. Wenn dieses Material gut wäre, wenn ein Mann von großem dramatischem Talent wie A. Dumas das Stück arrangieren wollte (denn so wie es ist, entspricht es nicht dem Stil der französischen Bühne), und wenn das Arrangement mir gefiele, so würde ich zustimmen noch neue Musikstücke denen, die ich schon gemacht habe, hinzuzufügen, sofern die neue Konstruktion des Stückes es erforderte. Ich gehe in diese Details, weil Sie diese Verbindung in Ihrem Brief zu wünschen scheinen, die mir indessen als ein Projekt mit guten Chancen erscheint.
Auf keinen Fall kann ich indessen die Publikation dieser Musik in Deutschland aufhalten, sobald sie gestochen ist, da die Theater bereits anfangen öfter danach zu fragen. Mittlerweile könnten Sie die Musik stechen, sie verlegen (um ihr Eigentumsrecht zu garantieren), aber sie nicht sogleich publizieren, wenn Sie die Hoffnung haben, unter dem Aspekt der Musik und des Stückes eine gute Aufführung im Théâtre Montpensier erreichen zu können; oder

Sie könnten Sie sogleich publizieren, wenn Sie keine gute dramatische Darstellung erwarten. Was die finanziellen Bedingungen angeht: Ich überlasse Ihnen das exklusive Recht der Publikation (so wie das Recht der beiden Länder mir erlaubt) für Frankreich und für England für die Summe von dreitausend Francs, von denen die Hälfte sofort zahlbar ist, die andere sechs Monate später.
Wollen Sie, mein Herr, die Versicherung meiner vollkommensten Hochachtung entgegennehmen

Meyerbeer

Schon im September 1846 hatte man in den Berliner Gazetten offen die Frage diskutiert, ob Meyerbeer ein neues Urlaubsgesuch einreichen werde, da er dem Verderben der Königlichen Oper nicht mehr länger ruhig zusehen wollte: „Wie tief die Königliche Oper unter der von manchen Seiten so enthusiastisch gerühmten Einheit der Verwaltung" [d. h. der Generalintendanz von Theodor v. Küstner] „gesunken ist, das hat sich leider schlagend herausgestellt ... Nie war der Zustand der Königlichen Oper ein so verwahrloster, schreiend kläglicher als jetzt!" Meyerbeer war als Generalmusikdirektor Küstner unterstellt, vor allem gab es Differenzen bei der Bewilligung von zusätzlichen Kräften oder dem Engagement bedeutender Sänger. An der Abfassung des vorliegenden „ostensiblen" Briefes – für den es in der Meyerbeer-Korrespondenz zahlreiche Beispiele gibt –, der quasi zur Veröffentlichung bestimmt war, haben auch Adalbert v. Ladenberg und Wilhelm Beer mitgewirkt. Das erklärt auch den förmlichen Ton gegenüber Alexander v. Humboldt, dem Meyerbeer in Freundschaft verbunden war. – Meyerbeer richtete wenige Tage später ein fast gleichlautendes Schreiben an Friedrich Wilhelm IV., der Humboldt umgehend antwortete: „Hier ist der Brief des herrlichen Giacomo zurück. Ich bin ganz bereit, in Hoffnung besserer Zeiten seinen Urlaub unbestimmt zu verlängern ..." Der König bat nur, Meyerbeer möge die Leitung der Hofkonzerte beibehalten.

An Alexander v. Humboldt

[*Berlin, 23. November 1846*]

Ew. Excellenz
haben mir noch ehe ich in mein Vaterland zurückberufen ward, so viele mir unvergeßliche Beweise des Wohlwollens

Karl Theodor v. Küstner

gegeben, daß ich mich dadurch ermutigt fühle, in einer für mich eben so wichtigen als ihrer Natur nach sehr zarten Angelegenheit, Sie um geneigte Mitteilung Ihrer erlauchteten Ansicht zu bitten. – Ew. Excellenz ist es bekannt, wie groß für mich das Gewicht der Gründe war, welche mir den überaus schweren Entschluß abnötigten, im Laufe des Jahres 1845 wiederholt seine Majestät den König alleruntertänigst zu bitten, mich aus Allerhöchst Dero Diensten zu entlassen. Seine Majestät geruheten mit einer Huld, welche sich unauslöschlich in mein Herz geprägt, mir hierauf mittelst Allerhöchster Ordre vom 8ten Oktober 1845 folgendes wörtlich zu eröffnen: „Die Gründe welche Mich bestimmt haben Ihr früheres Entlassungs-Gesuch abzulehnen, haben ihr Gewicht für Mich seitdem nicht verloren, und ich kann Mich daher auch jetzt nicht dazu entschließen, auf Ihr erneuertes Gesuch gleichen Inhalts einzugehen. Vielmehr hoffe Ich durch eine der Theaterverwaltung zu gebende anderweitige Organisation, allen ferneren Kollisionen zwi-

Alexander
v. Humboldt

schen dem bisherigen General-Intendanten und dem General-Musikdirektor vorzubeugen, und dadurch den Grund, um deswillen Sie in Ihrer Stellung zu verbleiben Anstand nehmen, völlig zu beseitigen. Inzwischen bewillige Ich Ihnen mit Rücksicht darauf, daß Sie weit über Ihre Verpflichtung hinaus Ihren Aufenthalt in Berlin verlängert und Ihre Tätigkeit der Oper gewidmet haben, einen einjährigen Urlaub mit Belassung Ihres vollen Gehaltes, innerhalb dessen Ich mir aber vorbehalte Ihre Mitwirkung bei den Musikaufführungen bei Hofe in Anspruch zu nehmen."

Dieser mir allergnädigst bewilligte einjährige Urlaub ist nun abgelaufen, und es läge mir ob, wie früher, mit dem 13ten Dezember dieses Jahres meinen Dienst bei der Königlichen Oper wieder zu übernehmen. Ich würde auch nicht zögern, mit dem lebendigsten Eifer dieses zu tun, allein die von Seiner Majestät in Aussicht gestellte anderweitige Organisation der Theaterverhältnisse ist bis jetzt nicht erfolgt. –

Nun habe ich aber, als ich voriges Jahr mit schwerem Herzen den Entschluß faßte, meinen gnädigsten Herrn, dem zu dienen mein größter Stolz war, um meine Entlassung zu bitten, nur der aus Erfahrung geschöpften Überzeugung gefolgt, daß unter den jetzt bei dem Theater obwaltenden Verhältnissen, es mir ganz unmöglich sein würde, meinen erleuchteten Monarchen zu befriedigen, und zur Ehre der Kunst dem Publikum genügen zu können. Ich bin demnach in der schmerzlichen Lage, mein Gesuch um gänzliche Entlassung aus dem allerhöchsten Dienste nochmals alleruntertänigst vorzutragen. Allein die Verehrung und Dankbarkeit, welche ich unserm allergnädigsten Herrn aus der Tiefe meines Herzens weihe, machen es mir schmerzlich schwer, die Lösung der Bande zu erbitten, welche mich so fest an meinen gnädigsten König ketten. Ein Beweis der Huld hat mich nach dem andern beglückt: in tiefer Beschämung habe ich oft und noch neuerlich die allergnädigste Anerkennung meines schwachen Talents aus dem Munde Seiner Majestät zu vernehmen das Glück gehabt; ja eine noch tiefere Saite meines Herzens hat unser Herr in seinem unerschöpflichen Wohlwollen auf das innigste berührt. Die Liebe zu meiner von mir hochverehrten achtzigjährigen Mutter, zu meinem verklärten Bruder, hat in meinem allergnädigsten Könige die huldvollste Pflege gefunden, denn nur Seiner unmittelbaren Vermittlung, Seinem gnädigen Befehle habe ich es zu verdanken, daß meines Bruders Trauerspiel „Struensee" auf die hiesige Bühne verpflanzt werden durfte. Die Huld des Königs hat die Tränen meiner hochbejahrten Mutter um den zu früh verlorenen Sohn, mit denen der Freude über den Triumph vermischt, den der wohlwollende Monarch seinem Andenken bereitete. Ew. Excellenz werden es begreifen, wie schwer es mir wird, eine Trennung da zu erbitten, wo das Herz so mächtig spricht, und dennoch sehe ich keinen anderen Ausweg als den, der vielleicht in einer unbestimmten Verlängerung meines Urlaubs gefunden werden könnte. Sind Ew. Excellenz der Ansicht, daß ein solcher Ausweg in den Absichten Sr Majestät des Königs läge, so würde ich mich ehrfurchtsvoll fügen, falls Seine Majestät die Erteilung eines unbestimmten Urlaubs zu verordnen geruheten, und zwar in der bisherigen Weise, unter Fortdauer meiner Dienstleistungen bei der Hofmusik.

Dieser unbestimmte Urlaub fände dann von selbst ein Ende, wenn vielleicht mit der Zeit andre Verhältnisse, mir den Eintritt in den Dienst bei der Oper wieder möglich machten, oder wenn Allerhöchstdieselben später beschließen sollten, daß mein Entlassungsgesuch aus den Königlichen Diensten zu genehmigen sei. Jedenfalls würde ich in dem gewiß verzeihlichen Gefühle, welches es mir unmöglich macht eine Belohnung für Dienste anzunehmen, die zu leisten mir nicht vergönnt ist, Seine Majestät alleruntertänigst bitten, so lange der unbestimmte Urlaub dauert die Zahlung meines Gehalts gänzlich zu sistieren, so wie ich auch zu hoffen wage, daß Allerhöchst dieselben es nicht ungnädig vermerken werden, wenn ich aus denselben Gründen beschlossen habe, mein Gehalt welches ich während des Jahres, wo ich bereits beurlaubt war, genossen, den Mitgliedern der Königl. Kapelle und des Theaterchors zufließen zu lassen, da ich mit Ausnahme der Komposition der Musik zu „Struensee", gar keine effektive Dienstleistung in diesem Jahre zu vollziehen hatte. Ew. Excellenz wage ich nun nach dieser ausführlichen Vorlegung meiner Verhältnisse die ergebenste Frage zu stellen:
Ob in der angedeuteten Weise, oder in welcher andern, ich hoffen dürfe die Gnade Seiner Majestät nicht zu verscherzen, und dennoch den Pflichten zu genügen, welche das Gefühl für meine Ehre und für meine Kunst mir auferlegt?
In unwandelbarer treuer Verehrung und Ehrfurcht verharre ich

Ew. Excellenz gehorsamster
Meyerbeer

N. S. Dürfte ich wohl auf Ew. Excellenz Nachsicht rechnen wenn ich eine möglichst baldige Antwort von Ew. Excellenz zu erbitten mir erdreiste? Ich habe nämlich auch noch Seiner Majestät dem König das ehrerbietige Gesuch vorzutragen, mir von den Dienstleistungen bei der Hofmusik einen zweimonatlichen Urlaub vom 1sten Dezember ab allergnädigst zu bewilligen, um in Wien dem mir gemachten Antrag gemäß meine Oper „Das Feldlager" unter Mitwirkung der Dlle Jenny Lind einzustudieren und auf die dortige Bühne zu bringen.

Meyerbeer war am 10. Dezember 1846 in Wien eingetroffen. Unzählige und ermüdende Proben waren zur Vorbereitung der „Vielka", einer Umarbeitung des „Feldlager in Schlesien", nötig; der Theaterdirektor Pokorny, so schrieben die Zeitungen, sei ganz desperat über die Strenge und unbedingte Pünktlichkeit, mit der Meyerbeer dabei zu Werke gehe. Der geplagte Maestro mußte sich obendrein selbst die geeigneten Kräfte für eine Verstärkung des Orchesters und der Chöre zusammensuchen und, den Wünschen der Protagonisten entsprechend, noch manches Neue hinzukomponieren oder ändern. Aber all das geschäftige Wirken im Theater an der Wien steigerte nur die Erwartung: Man schickte Herrn Kriehuber, einen berühmten Meister seines Faches, um Meyerbeer zu zeichnen, man ließ ihn in Topas schneiden, man feierte ihn in Gesellschaften, mit Kränzen, Liedern und Gedichten, man genoß das „Jenny-Lind-Fieber" und naschte „Jenny-Lind-Gefrorenes". Ein gewaltiges Präludium ging der umjubelten Aufführung voran, die endlich am 18. Februar vor einem überfüllten Hause stattfand.

An Amalia Beer

[*Wien, 5. Februar 1847*]

Teure geliebte Nonne!

Kann ich auch an dem festlichen Tage, wo Dir Blanca diesen meinen Brief überreichen wird, nicht körperlich in Berlin sein, im Geiste bin ich doch bei dir, meine geliebte Nonne, und küsse und herze Dich und preise und danke dem allmächtigen Gott, der Dich (unberufen) so körperlich und geistig frisch und regsam bis auf den heutigen Tag erhalten hat, und flehe ihn an, daß er Dich noch lange, lange Jahre gesund, fröhlich, glücklich und zufrieden unter uns erhalte. Amen. Du bist der Schutzgeist, der gute Genius unsrer Familie, geliebte Nonne. Solange Dich der Allmächtige uns erhält, so lange habe ich den festen Glauben, daß es unsrer Familie gut gehen wird. Möge das allerwenigstens so lange sein, daß Du noch die Kinder von meiner kleinen Cornelie auf Deinem Schoß wiegen mögest. Und warum sollte das nicht sein? Gestern erst erzählte mir Salomon von Rothschild, daß seine Mutter, die jetzt 97 Jahre alt, so munter und rüstig und lebenslustig wie eine junge Frau sei. Gott verleihe Dir das Gleiche und noch einmal und aus vollster Seele Amen und Maseltof [*jidd. = „es bringe Glück"*] –

Jenny Lind

Hätte die erste Vorstellung meines „Feldlagers“ nur 3 Tage vor Deinem Geburtstag stattfinden können, so würde mich nichts abgehalten haben, die Oper dann weiter ihrem Schicksal zu überlassen, um an dem hohen Familienfesttag Deines 80ten Geburtstages bei Dir zu sein, teure Nonne. Aber trotz aller meiner Tätigkeit und eisernen Beharrlichkeit habe ich es nicht dazu poussieren können. Ich glaube nicht, daß es möglich sein wird, vor Sonnabend d. 13ten damit herauszukommen. Nun wünscht man noch und werde ich sehr darum angegangen die „Hugenotten“ im Hoftheater, die mit großen Abkürzungen und Verstümmlungen gegeben werden, wieder in ihrer völligen Integrität herzustellen, einige Proben und die Aufführung davon zu leiten. Ebenso soll ich im Concert spirituel „Struensees“ Musik einstudieren und dirigieren. Ob ich aber das alles tun werde, weiß ich nicht, denn ich bin über allen Ausdruck er-

mattet und ermüdet von den anstrengenden Proben des „Feldlagers“ und habe einen wahren Durst mich auszuruhen. – Vorgestern fand wieder ein recht schönes heiteres, cordiales Fest mir zu Ehren statt. Diesesmal war es der Kaufmännische Verein, der es gab.
Daß ich an Deinem Geburtstage Deine Gesundheit an meinem einsamen Tischchen ausbringen werde, versteht sich natürlich von selbst. Vergeßt aber auch Ihr nicht, an dem festlichen Tage im fröhlichen Familienkreise des abwesenden Giacomos, der so gerne unter Euch weilte und Dir seinen Gratulationskuß so gern auf die Lippen drücken möchte.
Und nun Adieu teure geliebte Nonne

Dein treuer Sohn Giacomo

Trotz der Umarbeitung blieb „Vielka“ eine Preußenoper. Man könne nur den Standpunkt des Außenstehenden, des Nichtpreußen vertreten, heißt es in einer Wiener Kritik, „uns fehlt schon von vornherein die Sympathie der Nationalität, die in diesem Werk durchklingt und die es zu einer eigentlichen Volksoper macht“. „Meyerbeer“, so schreibt ein anderer Kritiker, „hatte den Mut, die lyrische Mattherzigkeit unsrer Opern von ihrer zerflossenen Sentimentalität zu emanzipieren, diese Süßholzsaft-Ergüsse von zwei und drei Stimmen ... dieses Sichweiden und Ergötzen an der Individual-Seligkeit einer in Himbeer-Essig schwimmenden Liebes-Seele ... Meyerbeer ist der Abbé de l'Epée der musikalischen Massen, er lehrt sie empfinden, artikulieren, sprechen, hinreißen, begeistern, siegen und jubilieren ...“

An Amalia Beer

[*Wien, 28. März 1847*]

Teure geliebte Nonne!
Ich habe Dir zwar sehr selten geschrieben, weil ich, dem seine Faulheit das Schreiben so sauer macht, Wilhelm den Auftrag gegeben hatte, Dir alles, was nur ein Gegenstand des Schmalzens sein kann, mitzuteilen. Aber heute muß ich Dir selbst schreiben, erstlich um Dir mitzuteilen, daß mir der Direktor vom Theater zu Prag geschrieben hat, daß uns-

res geliebten Michaels „Struensee“ mit dem größten Succès in Prag gegeben worden ist. Alle Darsteller sind 2mal am Schluß der Vorstellung gerufen worden; die Ouverture ward da capo verlangt etc. etc. An demselben Tag, wo die 2te Vorstellung angekündigt ward, waren auch gleich alle Sperrsitze vergriffen. Warum hat der liebe Michael diese Triumphe seines herrlichen Stückes nicht noch erleben können! Ferner habe ich Dir zu berichten, daß die 13te und letzte Vorstellung der „Vielka“ (denn die ganze Karwoche bleibt hier das Theater geschlossen, und nach Ostern singt die Lind nur noch einmal die Norma zu ihrem Benefiz und geht dann nach London) mit einem Andrang des Publikums und einem Enthusiasmus stattgefunden, der gar nicht zu beschreiben ist. Nachdem nach der Ouvertüre der Vorhang schon aufgegangen war, applaudierte man und rief so lange und so wütend da capo, daß der Vorhang wieder heruntergehen und die Ouvertüre noch einmal gespielt werden mußte. Außerdem mußten den Abend noch 5 Stücke repetiert werden, und sogar eine gewisse Stelle in dem Flötenstück, die in Berlin spurlos vorübergeht, mußte die Lind 4mal, sage 4mal hintereinander wiederholen. Ich wurde 8 Male gerufen, und als ich nach dem 2ten Akt erschien, ward mir (was bei der ersten Vorstellung auch schon geschehen war) ein Lorbeerkranz aus der kaiserlichen Loge geworfen. Er soll, wie man sagt, vom Erzherzog Albrecht geworfen sein worden. Die Vorstellung war zu Staudigl's Benefiz, und derselbe hatte die ohnehin schon erhöhten Preise noch verdoppelt, so daß z. B. ein Sperrsitz 4 Gulden Conventions-Münze, eine 4 Personen-Loge 30 Gulden C. M. kostete. Trotz dessen war am Tage der Vorstellung auch nicht ein einziges Billet mehr zu haben.
Ich werde nun, meine teure geliebte Nonne, in einigen Tagen abreisen, und da Du so sehr dagegen bist, daß ich über Breslau gehe, so werde ich über Prag und Dresden gehen. Apropos: auch die Ouvertüre zu „Struensee“ macht hier großes Glück. In dem philharmonischen Konzert, im Concert spirituel, sogar in den Konzerten bei Strauß, kurz überall wo sie in Wien aufgeführt wurde, ist sie immer da capo gerufen worden. Nun denke ich, meine teure geliebte Nonne, für ein Brief ist das Schmalz genug. Teile ihn Wil-

helm mit, der sich gewiß damit freuen wird. Adieu, meine geliebte Nonne. Grüße mir Doris, Georg, Julius und die liebe Alte. Auch Herrn Burguis.

Dein treuer Giacomo

Die Londoner hatten Jenny Lind bei ihrem Debüt als Alice in Meyerbeers Oper „Robert der Teufel" im Mai 1847 einen triumphalen Empfang bereitet – am Schluß der Vorstellung entlud sich die Begeisterung in einer wahren „Explosion", die über zwanzig Minuten das Haus durchtoste. Nun hatte jedoch Meyerbeer Anfang Juli eine Nachricht aus London aufgeschreckt, die Lind habe bei einer Aufführung von Rossinis „Barbier von Sevilla" das für sie komponierte Flötenstück aus „Vielka" eingelegt, um mit den atemberaubenden Koloraturen dieser Bravourarie ihr großes Können zu demonstrieren. Meyerbeer wagt nicht, der „teuren Jenny" Vorwürfe zu machen, ja nicht einmal der mimosenhaft empfindlichen Sängerin einzugestehen, daß man ihm von der Aufführung berichtet hatte. Er wählt – was für ihn charakteristisch ist – den diplomatischen Weg einer vorsorglichen Bitte, um für die Zukunft eine Wiederholung zu verhindern.
Zu einer Aufführung der „Vielka" in London kam es indes nicht, es hätte einer erneuten, für England geeigneten Umarbeitung dieses „preußischen Märchens" bedurft.

An Jenny Lind

[*Franzensbad, 24. Juli 1847*]

Verehrtes teures Fräulein!
Ihr lieber freundlicher Brief, den Sie nach Berlin adressiert hatten, ist mir hier in Franzensbad zugekommen, wo ich bereits seit 4 Wochen weile, um durch den hiesigen Mineralbrunnen jenen bösen Husten zu vertreiben, welcher mich schon so sehr in Wien plagte, aber durch eine Erkältung auf der Reise hierher mir ein katarrhalisches Fieber ward, welches mich drei Wochen lang darniederwarf und von dem ich jetzt erst langsam genas. Ich werde mir die größte Freude daraus machen, teures Fräulein, Ihnen wunschgemäß für Ihre Konzerte in den Provinzstädten Englands das Flötenterzett aus Vielka für die Singstimme,

Franz Grillparzer

die beiden Flöten und das Pianoforte zu arrangieren, und zu schicken. Nur spreche ich die Bitte aus teure Jenny, daß Sie dieses Musikstück nicht in London singen, damit, wenn vielleicht dereinst zukünftig die „Vielka" in London gegeben werden sollte, dieses Musikstück nicht schon bekannt sei, und den Reiz der Neuheit verloren habe. Hätte ich die Partitur bei mir, so würde ich Ihnen die kleine Arbeit gleich machen, aber dieses ist nicht der Fall. Allein den 10. August kehre ich wieder nach Berlin zurück, und dann soll das Arrangement in ein paar Tagen vollendet und abgesendet sein, so daß Sie darauf rechnen können es gewiß den 20. August in Ihren Händen zu haben, und da, wie Sie mir schreiben, die Konzerte in der Provinz erst Ende August angehen, so trifft die Sendung noch zur rechten Zeit bei Ihnen ein. Die Nachrichten von Ihren so riesenmäßigen unerhörten Triumphen in der britischen Hauptstadt, deren Beschreibung die Runde durch alle europäischen Zeitungen gemacht hat, haben mich als Ihren enthusiastischen Bewun-

derer und treuen Freund entzückt, aber nicht überrascht. Sie wissen, daß ich Sie immer versicherte (als Sie früher vor Berlin, dann vor Wien, dann vor London, Paris und Italien sich scheueten), daß wo Ihre Zuhörer fühlende Herzen und Sinn für das wahre Schöne und Erhabene mitbrächten, Ihr Triumph überall gesichert sei, und daß Sie den Vergleich mit keiner lebenden Künstlerberühmtheit in der Welt zu scheuen hätten, denn Sie bezaubern das Herz wie den Geist.
Sie sehen teure Jenny, daß sich meine Weissagungen von einer Hauptstadt zu anderen erfüllen. Sie lassen Ihren Freunden nur noch 2 Dinge für Sie zu wünschen übrig, eine recht dauernde Gesundheit, um Ihre Triumphe viele Jahre zu feiern, und eines frohen Gemütes, um sie mit Ruhe zu genießen.

Franz Grillparzer (1791–1872) berichtet in seinem Tagebuch recht griesgrämig über das erwähnte Diner bei Amalia Beer im Frühjahr 1836 in Paris. Auch diesmal fand der etwas ungesellige Dichter wenig Gefallen an der zuvorkommenden Einladung Meyerbeers und den Gesprächen Alexander v. Humboldts. „Er hat nichts als gute und gescheite Dinge gesagt", notierte er im Tagebuch, „aber es fehlt die geistige Atmosphäre. Man fühlt nicht die Gegenwart eines bedeutenden Mannes."
Grillparzer hatte 1833 eine Rezension über „Robert der Teufel" verfaßt, die allerdings unveröffentlicht blieb. Er stellte später die „Hugenotten" über dieses Werk: „Robert der Teufel" habe zwar „bei weitem mehrere schöne Einzelheiten, dafür aber nichts, was sich so sehr auf gleicher Höhe erhielte, als die zwei, oder, wenn man will, die drei letzten Akte der „Hugenotten".

AN FRANZ GRILLPARZER

[*Berlin, 25. September 1847*]

Hochgeehrter Herr!
Ich habe heute früh aus den Zeitungen Ihre Ankunft in Berlin erfahren und wäre gleich zu Ihnen geeilt, müßte ich nicht auf einige Stunden nach Potsdam. Ich werde morgen früh kommen Sie zu begrüßen, aber noch vorher muß ich

Ihnen eine Bitte meiner Mutter mitteilen (welche das Vergnügen hatte Sie in Paris zu sehen), daß Sie ihr nämlich die Freude machen, Morgen Mittag (um 4 Uhr) bei ihr zu speisen: in kleinem Kreise nur, doch finden Sie den trefflichen Alexander von Humboldt dort, mit dem Sie sich gewiß gern treffen. In der Hoffnung Ihrer freundlichen Zusage werde ich die Ehre haben Sie morgen vor halb vier Uhr im Wagen abzuholen, da meine Mutter sehr entfernt von Ihrem Hotel zum Kronprinzen (im Tiergarten) wohnt.
Genehmigen Sie hochgeehrter Herr den Ausdruck der Verehrung und Ergebenheit Ihres

Meyerbeer

Nachdem am 11. März 1848 die Aufführung des „Propheten" für Paris vertraglich abgesichert worden war, galt es nun, auch die entscheidenden Abschlüsse mit den Sängern zu tätigen: Meyerbeer schrieb noch am gleichen Tag nach London, um mit Louis Viardot die noch offenen Fragen des Engagements seiner Frau Pauline Viardot-Garcia zu klären, dem die neuen Direktoren Duponchel und Roqueplan bereits zugestimmt hatten, falls ihre Forderungen die Summe von 75 000 Francs jährlich nicht übersteigen würden. Schon damals überboten sich die Theaterdirektoren bei den Primadonnen, und mancher Sänger erhielt mehr als das Doppelte eines Ministergehalts – auch in Deutschland. Für Meyerbeer aber war das Engagement der Viardot-Garcia, seiner Fides, die alles entscheidende Frage, an die Erfolg oder Nichterfolg seiner Oper geknüpft war, zumal hier zum erstenmal in der Operngeschichte einem Mezzosopran [bzw. hohen Altistin] die Hauptrolle zufiel.
Die Aufführung der „Hugenotten" in London, in Gegenwart der Königin Victoria und ihres Gemahls Prinz Albert, gestaltete sich zu einer Ovation für Meyerbeer: endlich sei ihm in England Gerechtigkeit widerfahren, heißt es in einem Londoner Bericht, man habe die Partitur respektiert und nicht wie bei „Robert le Diable" massakriert, das heißt gekürzt, verändert und obendrein schlecht aufgeführt.

An Louis Gouin

Ischl, 11. August 1848

Mein lieber, trefflicher Freund!
Ich habe mit meinen Kindern einen Ausflug von einigen Tagen in die Berge gemacht. Gestern bin ich zurückgekommen und habe Ihre beiden letzten Briefe vom 30. Juli und 3. August vorgefunden. Nachdem was Sie mir über die guten Dispositionen Duponchels hinsichtlich der Sängerin sagen, die ich ihnen vorschlage, werde ich keine Minute verlieren und noch heute schreiben. Machen Sie jedoch Herrn Duponchel darauf aufmerksam ... daß notwendigerweise drei Wochen vergehen werden, bevor er das Resultat dieser Demarche erfahren wird. Ich habe gestern einen Brief von Herrn Viardot aus London erhalten, in dem er mir den großen Erfolg der „Hugenotten" in London mitteilt, und mir auch ankündigt, daß er von Roger die Zusage erhalten habe, daß er nicht die Premiere des „Propheten" abwarten werde, um in der Opéra zu debutieren, sondern daß er im November in der Rolle des Raoul in den „Hugenotten" mit Madame Viardot debutieren wolle. Das freut mich sehr für unsere Operndirektoren und dann auch für mich, zuallererst aber für das Werk, das unsere Direktoren so lange vernachlässigten, nachdem es von Herrn Pillet so abscheulich schlecht behandelt wurde, und dann auch, weil ich die Stimme von Roger sehr viel besser studieren kann, wenn ich sie in einer Komposition von mir höre. Ich vermute, daß unsere Direktoren diese Entscheidung von Roger noch nicht kennen und ich denke, daß Sie sie darüber in Kenntnis setzen sollten. Also, mein lieber Freund, haben Sie die Güte ihnen diese gute Nachricht mitzuteilen. Adieu lieber Freund, ich beendige so schnell diesen Brief, weil ich gleich unsrer Sopranistin schreiben will.
Gebe Gott, daß ich Erfolg habe. Das wäre eine excellente Sache für den „Propheten", aber besser noch für unsere Direktoren.

Ihr von Herzen ergebener
Meyerbeer

Pauline Viardot.
Gemälde von
Ary Scheffer

Nach einem Erholungsurlaub in Bad Gastein und Ischl war Meyerbeer im September zur Einstudierung seines „Propheten" nach Paris zurückgekehrt. Die Hinauszögerung des Probenbeginns und somit auch der Aufführung verursachte Aufregungen und erneute Verhandlungen, da das Engagement der Protagonisten Roger und Pauline Viardot-Garcia terminiert war.
Heine hatte im Frühjahr die abgebrochenen Beziehungen zu Meyerbeer wieder geknüpft. Obwohl er 1847 in einer Glosse über das Debüt der Lind Meyerbeer in der „Allgemeinen Zeitung" (Augsburg) der Lächerlichkeit preisgegeben hatte, vermochte dieser nicht, sich den Bitten Heines zu entziehen.
Zur Silbernen Hochzeit des Königs von Preußen komponierte Meyerbeer eine Kantate, eine Festhymne, „Du, Du, der über Raum und Zeit" für Soli und Chor a cappella, nach einem Text von Karl Winkler, die am 29. November 1848 in Berlin aufgeführt wurde.

An Amalia Beer

Paris, 10. Oktober 1848

Teure geliebte Nonne!

Heute hat mir Gouin einen sehr schönen Überrock als Geburtstags-Präsent von Dir überreicht. Es ist ein sehr elegantes Kleidungsstück, was mir diesen Winter vortreffliche Dienste leisten wird, und wofür ich Dir von ganzem Herzen danke, meine liebe gute Nonne. Mit großem Bedauern hatte ich aus einem frühern Brief des Herrn Burguis gesehen, daß Du so heftig an rheumatischen Schmerzen am Knie gelitten hast. Desto mehr habe ich mich gefreut aus Wilhelms Brief zu ersehen, daß es Dir Gottlob jetzt besser geht (unberufen) ...

Der Dichter Heine ist in einem furchtbaren Zustande. Sein ganzer Körper ist so gelähmt, daß er sich nicht mehr bewegen kann und dabei noch die furchtbarsten Krämpfe ausstehen muß. Als ich Paris vor 6 Monaten verließ, hat er mir 500 Franken abgepreßt, und jetzt bei meiner Ankunft hier wieder 500 Franken. Bei jetzigen Zeiten ist das viel Geld, besonders für ihn, da er sich so undankbar bewiesen hat. Allein ich konnte seiner schrecklichen Lage mein Mitleid nicht entziehen. – Benny Goldschmidt, der ihn gestern sah, sagte mir er hätte ihm gesagt, das einzige was ihm bitter leid in seinem Leben tue, sei, daß er seine Religion gewechselt habe, und daß, wenn er mit dem Leben davon käme, er so strickt fromm werden wolle, daß er nur Gosches [*Koscheres*] essen würde. –

Sei so gut, teure Nonne, Wilhelm zu sagen, daß bis jetzt das Gedicht von Winkler für die silberne Hochzeit des Königs noch nicht zu mir gelangt ist. Teile Wilhelm auch folgende Notizen über die Angelegenheiten des „Propheten“ mit. Meinem Traité [*Vertrag*] nach hätten die Proben des „Propheten“ d. 1. Oktober beginnen müssen. Allein der elende Pantin [= *Hampelmann* = *Duponchel*] hat seine Calculs mit der neuen Oper „Jeanne la folle“, die vor der meinigen gegeben werden soll, gemacht, daß diese Oper, welche d. 15. September schon hätte gegeben werden sollen, noch so weit in den Proben zurück ist, daß allerfrühestens d. 2. November die Proben davon vollendet sein werden. Bis so lange also muß ich mit dem Beginn meiner

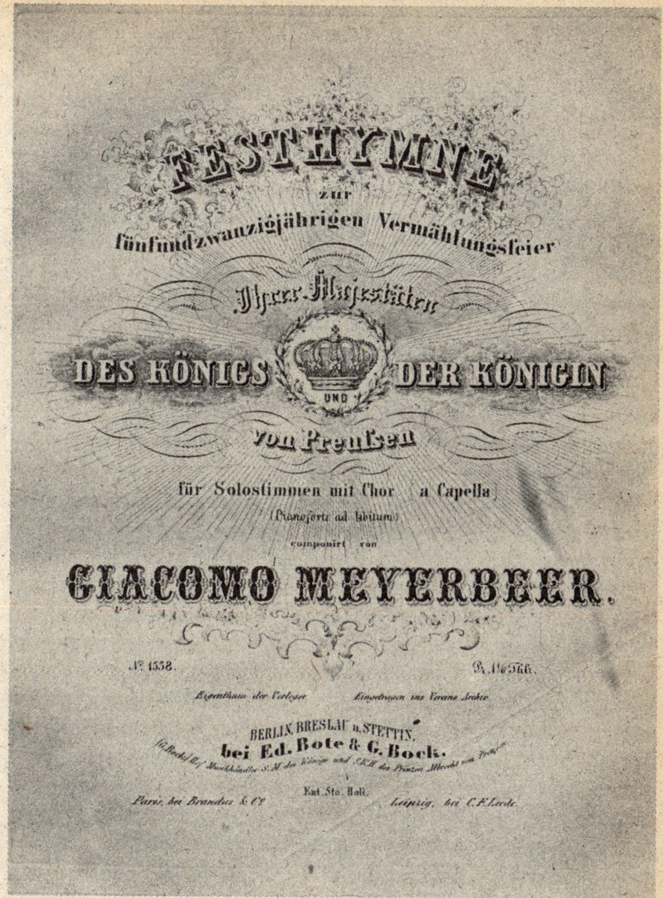

Festhymne, 1848

Proben warten, und verliere also einen d i c k e n Monat, und meine Oper wird also einen Monat später gegeben, also statts des 15. Februar, der für die erste Vorstellung festgesetzt war, der 15. März. Nun hätte ich das nicht zu leiden brauchen, und hätte ich ihn verklagt, so würde er nach dem Inhalt meines Traité von den Tribunälen dazu gezwungen worden sein. Allein erstlich hätte das einen sehr üblen Ein-

druck gemacht, wenn ich so zu sagen einen Componisten mit seiner fertigen Oper gezwungen hätte, weil er mit seinen Proben einen Monat im Rückstand ist, sie vor der Aufführung zurückzuziehen, und dann ist auch Scribe der Dichter dieser „Jeanne la Folle“ [*Musik von Clapisson*], und hat mich sehr gebeten zu warten, und da ich ihn seinerseits so lange habe mit dem „Propheten“ warten lassen; so konnte ich es ihm nicht abschlagen, und warte nun ruhig bis zum 2. November ...
Adieu teure geliebte Nonne. Mögen Dich diese Zeilen in bester Gesundheit und heiterer Stimmung treffen. Grüße mir Wilhelm und alle Übrigen

Dein treuer Sohn
Giacomo

AN AMALIA BEER

Paris, 6. Februar 1849

Teure geliebte Nonne!
Zum dritten Male ist es mir nicht vergönnt, an dem Jahrestag Deiner Geburtsfeier mich bei Dir zu befinden, und meinen Glückwunsch und meinen Kuß Dir auf die Lippen zu drücken. Doch ist auch mein Körper nicht gegenwärtig, mein Herz und mein Geist sind bei Dir an diesem glücklichen Tage, der uns die beste zärtlichste Mutter, und so vielen Leidenden und Bedürftigen die unermüdliche edle Wohltäterin schenkte. Möge Dich der Allmächtige noch viele Jahre zu unser aller Glück erhalten in voller Kraft der Gesundheit und des Geistes, und mögst Du nur Freude erleben an uns allen. Amen: es gehe in Erfüllung.
Mit meinem Husten geht es Gottlob (unberufen) seit längrer Zeit sehr gut. Aber dafür leide ich sehr häufig an Schmerzen in der rechten Seite, im Rücken und zwischen den Schultern. Aber auch diese haben sich seit 8 Tagen Gottlob sehr gemildert. – Mit dem Ergebnis meiner Proben bin ich bis jetzt (unberufen) recht zufrieden. Alle Sänger und die Chöre geben sich die größte Mühe und glühen vor Eifer. Sie scheinen auch mit der Musik zufrieden zu sein. Die Gesangsstudien sind beendigt, Sänger und Chöre wissen die 5 Akte auswendig, und gestern habe ich die Quartettproben begonnen. Gott gebe seinen Segen und schütze

das Werk. Am Tage der Aufführung bitte ich Dich, mich und den „Propheten“ zu benchen [*segnen*]. Denn wer sollte mehr Kredit bei dem lieben Gott haben wie eine solche edle treffliche Frau wie Du meine teure geliebte Nonne. Adieu, teure geliebte Nonne. Möge Dich dieser Brief in bester Gesundheit und heitrer Stimmung treffen und möge uns Gott ein fröhliches Wiedersehen schenken, wenn ich hier meine schwere Arbeit vollendet haben werde.

Dein treuer Sohn
Giacomo

Meyerbeer, der als hervorragender Dirigent galt, wie auch Berlioz bezeugt, ließ es sich aus eigenem Interesse nicht nehmen, an wichtigen Opernhäusern Europas seine Werke persönlich einzustudieren und zu dirigieren, was man auch als Geste der Höflichkeit gegenüber dem Publikum verstand. Nur in Paris war es den Komponisten verwehrt, die eigenen Werke zu dirigieren. Der Perfektionsanspruch, den man hier stellte, mochte für diese salomonische Entscheidung maßgebend sein – sie enthob den Operndirektor der problematischen Entscheidung, wer von den Komponisten auch ein guter Dirigent sei. Vielleicht wollte man auch den ständigen Orchesterchef des Hauses bei der Vielzahl der Erst- und Uraufführungen in Paris, wo das Kulturleben anders als in Deutschland zentralisiert war, nicht zu einem Repertoire-Dirigenten herabwürdigen, der am strahlenden Premierenerfolg unbeteiligt blieb. – Meyerbeer leitete jedoch den Großteil der Orchester-Proben und machte Girard hier mit seinen Auffassungen vertraut. Narcisse Girard (1797–1860), der zugleich eine Professur für Violine am Conservatoire bekleidete, erwies sich, wie die Uraufführung zeigte, als zuverlässiger Mittler dieser musikalischen Gedanken.
Der Brief an Girard, der hier stellvertretend für viele andere, ähnliche Dankesschreiben steht, beweist, daß sich der Komponist stets der Abhängigkeit von dem guten Willen der Mitwirkenden und Ausführenden bewußt war.

An Narcisse Girard

Paris, 14. April 1849

Am Vorabend der ersten Aufführung des „Propheten" wollen Sie mir erlauben, mich Ihrer Stimme zu bedienen, um den Herren Künstlern des Orchesters der Opéra meinen lebhaftesten Dank für den unermüdlichen Eifer auszudrükken, den sie mir unablässig während der langen Dauer der so ermüdenden Proben bewiesen haben, für die loyale und ganz künstlerische Hingabe, mit der sie vereint so glänzend über alle Schwierigkeiten triumphierten, die mit der Einstudierung eines so schwierigen und komplizierten Werkes verbunden sind. Dank ihrer wohlwollenden Zusammenarbeit kann ich hoffen, daß mein schwaches Werk vor dem Publikum mit dieser Perfektion der Ausführung erscheint, die seit langer Zeit den Ruhm der Opéra ausmacht und die die Bewunderung der musikalischen Welt verdient. Niemals wäre mir in den Sinn gekommen, mich der Freude zu berauben, selber und mündlich den Mitgliedern des Orchesters meine Gefühle tiefster Dankbarkeit auszusprechen, wäre ich nicht davon durchdrungen, den Gefühlen meines Dankes ein größeres Gewicht zu geben, wenn meine Dankesgrüße durch Ihren Mund vermittelt werden, mein Herr, durch Sie, den würdigen und meisterlichen Chef des Orchesters, der Sie so außerordentlich viel zu dem Erfolg dieser Neueinstudierung beigetragen haben, nicht allein durch Ihre Gewissenhaftigkeit und die hohe Sorgfalt, mit der Sie die Proben geleitet haben, sondern auch, wie ich erkennen konnte, durch den großen Nutzen Ihrer erfahrenen und kritischen Ratschläge. Könnten doch die Mitglieder des Orchesters Ihre hervorragende Leitung noch viele Jahre genießen, was ich dringend wünsche, so hätten sie stets einen sicheren und unfehlbaren Führer für ihre edle Mission.

Ihr sehr ergebener und dankbarer
G. Meyerbeer

Die Uraufführung des „Propheten" fand am 16. April statt. Der Erfolg war beispiellos – die Einnahmen erreichten während der ersten zehn Vorstellungen allabendlich Spitzenwerte zwischen 9000 und 10000 Francs. Meyerbeer erhielt für die Partitur von seinen

Verlegern den höchsten Preis, der je für eine Partitur gezahlt worden war: 19000 Francs für die Verlagsrechte in Frankreich, 17000 Francs für die Rechte in England, 8000 Francs für die Rechte in Deutschland, insgesamt 44000 Francs. – Meyerbeers Schlittschuhläufer-Ballett, das als „Les Patineurs" in einer modernen Fassung in die Ballett-Literatur einging, erregte großes Aufsehen; der Anblick der pittoresken Winterlandschaft vor den Toren Münsters, der gleitenden Bewegungen der Schlittschuhläufer, faszinierte die Pariser, und die Grisetten und Loretten, die Näherinnen und die galanten Damen mit ihren Galans, die sich in den oberen Rängen amüsierten, jubelten der „Redowa", dem beliebtesten Modetanz jener Tage in Paris, zu. – Die Schlittschuhe waren Rollschuhe, die schon 1790 in Paris erfunden worden waren, aber als vermeintlich nutzlose Skurrilität unbeachtet blieben. Doch jetzt machten die Händler mit den „Propheten-Schlittschuhen" glänzende Geschäfte!
Am Schluß der Oper sprengt sich der Prophet mit seiner Mutter und den kaiserlichen Soldaten, die in den Palast eingedrungen sind, in die Luft. In einer riesigen Feuersbrunst geht die Propheten-Herrlichkeit zugrunde. Meyerbeer hat die Feuersbrunst musikalisch nicht dargestellt, sondern nur das Tumultuarische der Szenen in seiner Musik wiedergegeben. Das Feuer ereignet sich als optischer Bühneneffekt, anders als in der Schluß-Szene von Wagners „Walküre", wo sich die Wabelohe auch musikalisch mitteilt. Meyerbeer ist objektiv genug, sich diese künstlerische Schwäche und das Nachlassen der Wirkung seiner Musik an dieser Stelle einzugestehen.

An Amalia Beer

[*Paris, 17. April 1849*]

Teure geliebte Nonne!
Ich habe den mütterlichen Segen, den Du mir in Deinem Brief geschickt hast, mit Andacht und Rührung in dem vorgeschriebenen Moment gelesen, habe Deinen teuren Namen mit Inbrunst geküßt, und habe Deinen Brief auf der Brust bis zu Ende der Vorstellung getragen. Gott hat Dein Gebet erhört, teure geliebte Nonne, denn so viel man nach einer ersten Vorstellung beurteilen kann, so ist der „Prophet" (unberufen und zur guten Stunde sei es gesagt) ein großer glänzender Succès. Viele Leute behaupten, daß sie diese Oper weit über „Robert" und die „Hugenotten" setzen. Die Aufnahme war enthusiastisch. Roger ward

„Le Prophète", 4. Akt, Exorzismus-Szene, Gustave Roger und Pauline Viardot. L'Illustration, Journal universel, Paris

schon nach dem 2ten Akte, die Viardot nach dem 4ten Akt herausgerufen, zum Schlusse alle, und das Publikum gab keine Ruhe, bis ich zuletzt mich entschließen mußte, obgleich sehr ungern, auch herauszukommen. Aber der Ruf „Meyerbeer" wollte gar nicht enden. Gefallen, wenn man

nämlich auf den Applaudissement schließen soll, hat bis auf 4 oder 5 Stücke alles. Aber den größten nachhaltigsten Eindruck machten folgende Stücke: Im ersten Akt das große Ensemblestück der Anabaptisten-Predigt und eine zweistimmige Romanze von Mademoiselle Castellan und Madame Viardot in der höchsten Vollendung gesungen. Im 2ten Akt die Erzählung des Traumes und eine Romanze, die Roger mit großem Liebreiz sang. Ein einfaches Adagio von der Viardot mit solcher Vollendung und tragischem Ausdruck vorgetragen, daß es dreifach applaudiert wurde. Dann das Hauptstück des Akts, ein Männer-Quartett, worin Roger als Schauspieler und Sänger wahrhaft rührend und ergreifend war (womit der Akt schließt), nach welchem er herausgerufen ward. – Im 3ten Akt gefiel vorzüglich ein Bouffterzett von 3 Männerstimmen und das Ballettdivertissement, welches allerliebst in die Szene gesetzt ist. Meine Ballettmusik soll mir, wie man sagt, diesmal glücklich geraten sein, besonders ist man mit einem Galopp und einer Redowa sehr zufrieden.
Das zweite Tableau des 4ten Aktes, das in der Kirche spielt und 22 Minuten dauert, obgleich es nur einen Triumphmarsch und das Finale enthält, ist die Hauptszene des Stückes, sowohl als Gedicht, wie als Musik. Du kannst Dir denken, wie gespannt ich auf die Wirkung desselben war. Gott sei Dank, die Wirkung hat meine Erwartung übertroffen, man hat in dieser Szene wie in einer Tragödie geweint. Aber einen großen Teil der Wirkung bin ich der Viardot schuldig, die sich als Sängerin und Schauspielerin zu einer tragischen Höhe erhob, wie ich sie noch nie auf dem Theater gesehen habe. Auch Roger war in dem Moment, wo er seine Mutter verleugnet, ganz vortrefflich. Beide wurden nach diesem Akt stürmisch hervorgerufen. In den Proben war die Befürchtung allgemein, daß nach diesem Akt kein 5ter Akt möglich sei. Und doch hat die große Arie der Viardot im 5ten Akt solche foudroyante [= *flammende*] Wirkung gemacht, daß sie mit einer vierfachen Salve Applaudissements, wie ich sie nur in Wien kannte, überschüttet wurde, und man eine kleine Pause machen mußte, ehe das Duett angefangen werden konnte. Und auch das Duett zwischen der Viardot und Roger hat eine ganz außergewöhnliche tragische Wirkung hervorgebracht. Dann aber

sinkt die musikalische Wirkung in den darauffolgenden Szenen. Allein ein wundervoller Brand, womit das Stück endigt, kam mir zu Hilfe, um den Enthusiasmus bis zuletzt wachzuhalten. Alles jedoch was ich Dir hier mitteile, teure Nonne, ist die Wirkung der ersten Vorstellung, und sehr häufig verraucht der Enthusiasmus einer ersten Vorstellung in den folgenden. Gebe Gott, daß dieses nicht bei dem „Propheten" der Fall sei.
Adieu, teure Nonne: teile meiner geliebten Minna und Wilhelm gleich den Inhalt dieses Briefes mit. Nach der 2ten Vorstellung ein Mehreres. In den „Débats" und „Constitutionel" sind heute schon ein paar sehr freundliche Zeilen über die Vorstellung.

Dein treuer Sohn Giacomo

Meyerbeer fürchtete im Hinblick auf das Anwachsen der politischen Unruhen, diese könnten auch auf Berlin übergreifen. Am 28. April 1849 hatte Friedrich Wilhelm IV. die Wahl zum deutschen Kaiser und somit auch die Reichsverfassung mit einem Zwei-Kammer-System abgelehnt. Anfang Mai kam es in Dresden zum Aufstand, den

Barrikadenkampf im Mai 1849 in Dresden.
Gemälde von Julius Scholz

jedoch preußische Truppen niederschlugen. Schon Mitte Mai strömten die Berliner, wie Minna Meyerbeer berichtet, „als partie de plaisir" nach Dresden, um die Barrikadenreste zu besichtigen, „auf 4–5 Tage sollen keine Plätze für die Eisenbahn zu haben sein".
Angesichts dieser Vorgänge erfuhr in Berlin Meyerbeers Oper „Ein Feldlager in Schlesien" unerwartet eine politische Aufwertung. Die Devise „Für unsern König unser Blut!" (nach der Gefangennahme Friedrichs des Großen) und der Chor „Ein Preußenherz schlägt voller Mut in Tod und in Gefahr" lösten bei Aufführungen in jenen Tagen eine wahre „Explosion jubelnden Beifalls" aus und mußten wiederholt werden. Von nun an wurde das „Feldlager" häufig bei patriotischen Anlässen und bei Staatsbesuchen auf das Programm gesetzt.

AN MINNA MEYERBEER

Paris, 4. Mai 1849

Teure Geliebte!
Das, was ich vorgestern als Vermutung der lieben Nonne geschrieben, hat sich vollkommen bestätigt. Gestern Abend erhielt ich folgendes Schreiben vom Minister des Innern: „Mein Herr! Durch Beschluß, der auf meinen Vorschlag zurückgeht, hat Sie der Präsident der Republik zum Commandeur der Ehrenlegion ernannt. Ich bin glücklich, Ihnen diesen Beweis der hohen Anerkennung seitens der Regierung mitteilen zu dürfen. Der Herr Großkanzler des Ordens wird Ihnen unverzüglich die Urkunde Ihrer Ernennung zukommen lassen." Das Übrige sind die gewöhnlichen Schlußformeln. Heute ist meine Ernennung bereits in dem offiziellen Teil des „Moniteurs" angezeigt. Was mich am allermeisten dabei freut, ist, daß meinerseits auch nicht der allergeringste Schritt geschehen, um diese Sache zu provozieren. –
Auch ist kein einziger meiner Bekannten en main [*verbunden*] mit dem heutigen Gouvernement, so daß ich vielleicht annehmen darf, daß diese Ernennung als eine von der öffentlichen Meinung angedeutete zu betrachten ist. Trotz der Nähe der Wahlen zur neuen Kammer, welche unzählige Wahlreunionen veranlassen, in Folge deren sämtliche Theatereinnahmen sehr fallen, ist dennoch vorgestern die 7te Vorstellung des „Propheten" ungeheuer voll gewesen:

die Recette [*Einnahme*] betrug 9600 Franken, und die Aufnahme war auch sehr brillant. Heute sollte die 8te Vorstellung sein, aber leider ist Roger krank geworden. Teile das alles der lieben guten Nonne mit, die sich so dafür interessiert, aber vergiß es nicht.
Die Nachrichten aus Berlin betrüben mich unaussprechlich und erfüllen mich mit der größten Angst für die nächste Zukunft, die mir vom größten schwärzesten Unheil erfüllt scheint. Gebe der allmächtige Gott, daß ich mich irre, und alles zum Frieden und zur Einigkeit sich wenden möge. Mögen diese Zeilen Dich meine teure Geliebte und die herzigen Kinder im besten Wohlsein antreffen

Dein Dich anbetender Mann
Giacomo

Meyerbeer hatte im Januar 1850 die Einstudierung des „Propheten" in Dresden geleitet, reiste jedoch sogleich nach der Premiere, die am 30. stattfand, nach Wien. Auch hier bedurfte es harter Probenarbeit, um das schwierige Werk einzustudieren. Am 28. Februar, dem Tag der Erstaufführung, standen die Wiener schon am frühen Morgen vor der Theaterkasse Schlange, gegen Mittag herrschte ein solches Gedränge vor der Oper, daß Militär zur Aufrechterhaltung der Ordnung eingesetzt werden mußte. Am Ende bezahlte man unterderhand bis zu 100 Gulden für einen Sperrsitzplatz! Der Abend wurde ein voller Erfolg für das Ensemble, Meyerbeer wurde begeistert gefeiert und mit einem goldenen Lorbeerkranz gekrönt.
Meyerbeer, tief religiös und sogar abergläubisch, ließ sich bei gewichtigen Anlässen, auch vor Antritt einer Reise, von seiner fürsorglichen Mutter segnen, „benchen", wie es im jüdischen Sprachgebrauch heißt. Weilte er aus Anlaß von Premieren in fremden Städten, so ließ er sich den mütterlichen Segen schriftlich zusenden.

An Amalia Beer

Wien, d. 6. Februar 1850

Teure geliebte Nonne!
Auch diesesmal ist es mir nicht vergönnt, an Deinem Geburtstage bei Dir zu sein. Doch ist auch mein Körper abwesend, mein Herz, mein Geist sind am 10. Februar bei Dir, teure geliebte Nonne, und diesen Tag verlebe ich in mei-

nen Gedanken, wo ich auch sein mag, bei Dir, dem Himmel dankend, daß er mir eine so liebe gute herrliche Mutter wie Du geschenkt hat, und Gott bittend, daß er Dich uns noch 100 Jahre erhalte, bei vollkommener Gesundheit in Freuden und Glück, Du bist der Schutzengel der Familie, und so lange Dich der liebe Gott uns erhalten wird, habe ich den festen Glauben, daß es unsrer ganzen Familie gut gehen wird, denn gewiß hat das Gebet einer so tugendhaften heiligen Frau wie Du teure eine große Kraft bei dem Schöpfer, der in die Herzen der Menschen schaut, und den Wert ihres Gebetes danach prüft. Zu Deinem diesesmaligen Geburtstage wünsche ich Dir hauptsächlich, daß der Himmel unsern guten Wilhelms Gesundheit recht bald wieder herstellen und auf das dauerhafteste befestigen möge. Wenn nur auch Wilhelm sich entschließen kann, mit Ausdauer und Konsequenz dem Arzte, dem er sich jetzt anvertraut hat, zu folgen und nicht zu gleicher Zeit andre Ärzte um Rat zu fragen, denn das verwirrt nur den Patienten und raubt ihm das Zutrauen, welches gewiß zu dem Gelingen einer Kur auch notwendig ist. Gott segne ihn, und lasse die Kur vollständig gelingen. –

Perspektivische Ansicht des Hofburgtheaters in Wien (H. Giesel, G. Semper, C. Hasenauer)

Während ich Dir diese Zeilen schreibe, teure Nonne, erhalte ich eben einen Brief aus Marseille, der mir meldet, daß in Marseille am 25ten Januar der „Prophet" zum ersten Male mit enthusiastischem Beifall aufgeführt worden ist. Hier in Wien habe ich von Seiten des Theaters die größte Hingebung und Bereitwilligung gefunden. Der neue Direktor (Hollbein) hat, ohne daß ich es verlangt habe, eine ganze Reihe Sperrsitze wegnehmen lassen, um dadurch das Orchester zu vergrößern, weil er es bedeutend zu dem „Propheten" verstärken will, ebenso hat er auch zu dem „Propheten" den Chor bedeutend verstärkt. Da ich erst zwei Tage hier bin, und in dieser Zeit nur mit jedem Sänger einzeln probiert habe, so bin ich nicht im Stande Dir gegenwärtig zu sagen, ob es im ganzen gut gehen wird, und wann die Oper wird in die Szene gehen können. Doch hoffe ich jedenfalls, daß dieses vor Ende dieses Monats wird stattfinden können.

Und nun, teure geliebte Nonne, lebe wohl und glücklich. Noch einmal meine innigsten Glückwünsche zu Deinem Geburtstage, der noch mehr für uns als für Dich ein Fest- und Freudentag ist. Gott erhalte Dir bis zum 100sten Jahre eine feste und kräftige Gesundheit, er bewahre Dir Deinen regen Sinn für das Gute, Edle und Schöne, und lasse Dich nur Freude erleben an Deinen Kindern und Enkeln. Amen! es gehe in Erfüllung.

Grüße mir unsern Wilhelm tausendmal

Dein treuer Sohn Giacomo

P.S. Der Brief, worin Du mir Deinen Segen zur ersten Vorstellung des „Propheten" nach Paris schicktest, hat auch bei der ersten Vorstellung des „Propheten" in Dresden auf meiner Brust geruht, und auch hier hat der liebe Talisman seine segensreiche Kraft bewährt.

Der Geheime Kommerzienrat und Bankier Wilhelm Beer (1797–1850), Sekondeleutnant in den Freiheitskriegen, seit 1836 im Ältestenkollegium der Berliner Kaufmannschaft, Mitglied der Direktion der Potsdam–Magdeburger Eisenbahngesellschaft und des Zentral-Ausschusses der Preußischen Bank, Berliner Stadtver-

ordneter und Mitglied der ersten preußischen Kammer, genoß auch als Wissenschaftler hohes Ansehen: 1824 hatte er auf dem Dach der Beerschen Villa im Tiergarten eine Sternwarte errichtet und nach mehrjährigen Beobachtungen gemeinsam mit Johann Heinrich Mädler die erste Mondkarte veröffentlicht. Meyerbeer verlor in Wilhelm Beer einen wahren Bruder, der seinem Schaffen zeitlebens in uneigennütziger Weise gedient hatte und stets mit Rat zur Seite stand. Gelegentlich suchte er auch mit Korrespondenzberichten – so über Hofkonzerte, zu denen die Journalisten keinen Zugang hatten – den Ruhm seines Bruders zu verbreiten.

An Karl Kaskel

Berlin, 28. März 1850

Teurer geliebter Bruder!
Ich weiß, wie sehr Du meinen teuren Wilhelm geliebt hast, auch er zählte Dich zu seinen besten, wärmsten Freunden. Leider ist er nicht mehr. Gestern Abends um $^1/_2$ 6 Uhr schlief er sanft ein, ohne schweren Kampf: das 4wöchentliche Fieber hatte seine Kräfte aufgezehrt. Was ich an ihm verliere, das sprechen keine Worte aus. Und nun habe ich zu dem Schmerze über diesen unersetzlichen Verlust noch die Angst, wie meine teure 83jährige Mutter, die den 3ten Sohn begraben muß, diesen Schlag ertragen wird. – Gott behüte Dich und schütze Dich vor solchem Unglück teurer Freund und Bruder

Dein treu ergebener
Meyerbeer

Am 28. April 1850 fand in Berlin die Erstaufführung des „Propheten" unter Meyerbeers Leitung statt. Obwohl die Oper im Zeitraum eines Monats elfmal bei überfülltem Hause, trotz ungewöhnlich erhöhter Preise, gegeben wurde, war die öffentliche Meinung über das Werk geteilt, namentlich stellte sich die größere Zahl der Berliner Kritiker – wie eh und je – gegen Meyerbeers Kunstauffassung. – Meyerbeer verbrachte den wesentlichen Teil des Sommers in Berlin, wo er seine Pflichten als Generalmusikdirektor der Oper und Leiter der Hofmusik erfüllte, und reiste erst am 18. August zur Kur nach Spa, wo er bis zum 24. September weilte. Am 25. September traf er wieder in Paris ein.

Paris, 10. Oktober 1850

Teure geliebte Nonne!

Ich habe Dir seit einigen Tagen nicht schreiben können, weil ich ganz außerordentlich beschäftigt war. „Der Prophet", welcher bis zum Wiederauftreten der Viardot ruhen sollte, hat aus administrativen Gründen doch jetzt gegeben werden müssen, da die Alboni in ihren andern Rollen nicht genug Geld machte. Da nun teilweise eine neue Besetzung erfolgen mußte, da mehrere Künstler abgegangen waren, so war es im Interesse des Werkes notwendig, daß ich mich um die Proben bekümmerte, wodurch alle meine Zeit in Anspruch genommen wurde. Der „Prophet" ist denn nun endlich Mittwoch wieder in Szene gegangen (mit der Alboni) unter einem so ungeheuren Zudrange, daß man 10742 Franken eingenommen hat. Die Vorstellung ging sehr gut und ward außerordentlich brillant aufgenommen. Die Alboni kann sich als Schauspielerin auch nicht im Entferntesten mit der Viardot messen, auch hat sie bei ihrem natürlichen Phlegma in den begeisterten Stellen nicht Feuer genug; allein alle die Partien der Rolle, welche mütterliche Zärtlichkeit oder wehmütigen Schmerz verlangen, singt sie wunderschön, und dabei kann ihre schöne Stimme recht ressortieren [*hervortreten*], weil die Rolle ganz wie für ihre Stimmenlage geschrieben erscheint. Das Publikum nahm sie mit dem größten Enthusiasmus auf. Obgleich man Mittwoch den „Propheten" gegeben hatte, so hat man ihn doch schon gleich gestern wieder gegeben, und auch gestern war die Einnahme fast 10000 Franken. Auf morgen ist er bereits wieder angekündigt, das wird die 76. Vorstellung sein ... In einer Stunde kommt der Agent der königl. Theaterdirektion in Madrid zu mir. Es wird nämlich dort ein neues königl. Theater, „Teatro del Oriente" genannt, künftigen Monat mit italienischer Oper eröffnet (wo auch die Alboni und Gardoni hingehen), wo der „Prophet" gegeben wird. Dieser Agent soll mich (wie ich sub rosa erfahren habe) [*fragen*], ob und unter welchen Bedingungen ich wohl geneigt wäre, selbst nach Madrid zu kommen, die Proben des „Propheten" zu leiten und die drei ersten Vorstellungen zu dirigieren. Wenn man mich bereitwillig fände, so würde mich die

Königin von Spanien durch ein Schreiben dazu einladen. Wäre eine solche Einladung vor Jahr und Tag gekommen, als unser lieber guter Wilhelm noch lebte, so würde ich sie vielleicht angenommen haben, da sie sehr ehrenvoll ist. Allein jetzt, liebe gute Nonne, ist es meine teure Pflicht, Dich so wenig wie möglich zu verlassen. Meine Geschäfte hier werden in wenigen Tagen vollendet sein und in 8 Tagen spätestens werde ich mit Gottes Hilfe nach Berlin zurückreisen. Mögen diese Zeilen Dich geliebte Nonne in bestem Wohlsein treffen.

Dein treuer Sohn
Giacomo

Adolphe Sax (1814–1894) war wohl der schöpferisch begabteste und zugleich bedeutendste Instrumentenbauer seiner Zeit: die Baß-Klarinette, Zylindertrompeten und das nach ihm benannte „Saxophon", das man 1843 in Paris als „véritable création de génie" feierte, zeugen für seinen Erfindungsreichtum. Meyerbeer, stets an seinen Arbeiten interessiert, war ihm freundschaftlich verbunden und nutzte die neuen Instrumente als einer der ersten in seinen Partituren. Als Sax später in wirtschaftliche Bedrängnis geriet, suchte Meyerbeer ihn durch Zahlung einer größeren Summe vor dem Konkurs zu bewahren.

An Adolphe Sax

[*Berlin, 16. Juni 1851*]

Mein lieber Herr Sax,
ich kenne Ihre so große Gefälligkeit und Liebenswürdigkeit mir gegenüber, so daß ich mich bei einem Freund verbürgt habe, Sie hätten die Güte, ihre Meinung in einer schwierigen Angelegenheit und in einer Materie, für die Sie ganz und gar kompetent sind, zu äußern. Es handelt sich um folgendes: Man ediert jetzt in Leipzig diejenigen Teile der musikalischen Werke von Johann Sebastian Bach, die bis zu diesem Tage noch Manuskript geblieben sind, unter der künstlerischen Leitung des kenntnisreichen Professor Dehn, Bibliothekar der Königlichen Bibliothek zu Berlin, auf dessen Wunsch, mich an Sie zu wenden, ich Ihnen

schreibe. Sie wissen wahrscheinlich, daß in der Epoche dieser Komposition, d. h. vor nahezu 130 Jahren, die Trompeter, obgleich die Ventile und Klappen noch nicht erfunden waren, nicht allein nur durch die Geschicklichkeit der Finger die größten Schwierigkeiten ausführten, sondern daß auch ihre Mundstücke ihnen viel mehr als heute ermöglichten, so auch, die Naturtrompeten in die Höhe zu treiben. In dem beiliegenden Fragment aus einem Konzert von Bach muß das System, das mit roter Tinte geschrieben ist, durch eine F-Trompete ausgeführt werden, eine unmögliche Sache für eine in F stehende Naturtrompete unserer Tage. Da der Direktor der Edition wünscht, die auf unseren heutigen Instrumenten mögliche Ausführung so genau wie möglich wiederzugeben, möchte er wissen, ob es Trompeten oder Cornets à Piston mit Auswechselstücken gibt, mit denen man diese extremen Passagen ausführen könnte. Wenn solche existierten und wenn Sie die Güte hätten, es mir anzuzeigen, so würde man darüber in der gestochenen Partitur eine Anmerkung machen. Wenn ich mich nicht täusche, so haben Sie kleine Cornets in Es erfunden, die in der hohen Lage sehr große Möglichkeiten bieten, aber ich bin mir meiner Sache nicht sicher genug, um das mit ganzer Überzeugung beschwören zu können. Wollen Sie bitte die außerordentliche Gefälligkeit haben, diese Passage zu prüfen und mich ihre Meinung schriftlich wissen zu lassen. Obgleich ich weiß, wie sehr Sie beschäftigt sind, wage ich noch an Ihre Güte zu appellieren, um Sie zu bitten, Ihre Antwort möglichst zu beschleunigen, da die Edition nahezu abgeschlossen ist. Erlauben Sie, mein lieber Herr, daß eine fremde Hand die Feder führt, eine kleine Indisposition zwingt mich, das Bett zu hüten.

Lange hatten die Niederschriften der „vecchia Africana", der alten „Afrikanerin", gebündelt und verschnürt in den Schränken geruht. Meyerbeer begann die Komposition 1837, brach aber die Arbeit ab, als Cornélie Falcon, die als Protagonistin der weiblichen Hauptrolle vorgesehen war, die Pariser Oper verließ. Offensichtlich stellte ihn aber auch das Textbuch nicht zufrieden, in dem der Vasco-da-Gama-Stoff noch fehlte. 1842 gestand Meyerbeer seinem Freund

„Die Afrikanerin“, 3. Akt, 6. Szene. L’Illustration, Paris 1865

Gouin: „Unter uns, Dichtung und Musik der ‚Afrikanerin‘ sind weit unter denen des ‚Propheten‘, der die beste Partitur ist, die ich in meinem Leben geschrieben habe.“ *Drei Jahre später, als noch einmal zur Diskussion stand, welche Oper zuerst vollendet werden sollte, ergänzte Meyerbeer:* „Ich habe ein so großes Zutrauen in die Musik des ‚Propheten‘ und ich habe ein ebenso geringes in diejenige der ‚Afrikanerin‘, und nachdem ich so lange geschwiegen habe, scheint es mir angemessen, mit meinem besten Werk in Paris herauszukommen.“ *Aber auch jetzt, 1851, bleibt es nur bei Ansätzen, obwohl Scribe am 1. Dezember das neue Szenarium abliefert.*
Meyerbeer, der erfolgreichste Opernkomponist seiner Zeit, lebte in ständigen Skrupeln und in der Sorge, seine strahlenden Welterfolge mit dem neuen Werk wieder erreichen und gar überbieten zu können. Das veranlaßte ihn nicht nur zur Sorgfalt, sondern trieb ihn gelegentlich auch zu überängstlichen Maßnahmen.

An Eugène Scribe

Minden (auf der Reise) 27. Oktober 1851

Mein lieber Freund!
Die Erschöpfung meiner Kräfte infolge einer derzeitigen Erkrankung zwingt mich, meine Reise sehr zu verlangsa-

men, und so denke ich jetzt in der Eisenbahn über unsere neue „Afrikanerin“ nach, in Erinnerung unserer letzten Unterredung. Ich weiß nicht, ob ich mich täusche, aber es scheint mir, daß dies eine gute und verständliche Eröffnungsszene wird, die zugleich eine großartige musikalische Introduktion bietet, mit einer feierlichen Ratsszene der portugiesischen Admiralität, vor der Vasco seine Pläne zur Entdeckung Indiens erläutert und um Schiffe und Truppen bittet. Diesem Rat würde der Rivale von Vasco vorstehen (der spätere Ehemann von Ines). Wie in allen Sitzungen gibt es unter den Mitgliedern geteilte Meinungen, jeder verteidigt seine Ansicht, aber schließlich siegt die Kabale gegen Vasco, man erklärt seine Projekte als unausführbar, als Hirngespinste – der Großinquisitor, der Beisitzer bei allen Ratsversammlungen der Regierung ist, kritisiert die Meinungen Vascos zur Lage des ketzerischen Landes. Vasco braust auf, droht, man entsetzt ihn seines Amtes, man verbannt ihn. Er enteilt wütend und erklärt, daß er allein sein Glück versuchen wolle, ein Schiff auszurüsten und durch die Tat zu beweisen, daß er sich nicht getäuscht habe – die Szene wechselt und zeigt den Sklavenmarkt. Das sind nur zwei, aber wichtige Szenen für den 1. Akt und das genügt, denn das neue Werk muß um ein Drittel kürzer werden als in seiner alten Anlage. Wenn es für die Verständlichkeit des Stoffes nötig wäre, daß sich die beiden Liebenden im 1. Akt begegnen, so könnten Sie eine Szene im Rezitatif einfügen, unmittelbar beim Hochgehen des Vorhanges, wo Ines, die durch ihren Vater die Zusammensetzung des Rates und die schlechten Aussichten für Vasco kennt, ihrem Geliebten einen Wink gibt und ihn bittet, auf der Hut zu sein. In dieser Szene könnten Sie sie alles sagen lassen, was Sie dem Publikum notwendigerweise erklären müssen. Ich teile Ihnen diese Idee mit, lieber Freund, so wie sie mir durch den Kopf kam. Machen Sie es, wie Sie es nach Ihrer Erfahrung für richtig halten aber in diesem Fall zähle ich auf Ihr ernsthaftes Versprechen, daß Sie versuchen wollen, das Stück auf ganz neue Grundlagen vor einen historischen und noblen Hintergrund zu stellen, mit interessanten und schärfer gezeichneten Charakteren als dies Fernand, Inez und Salvator waren, für die man nicht das mindeste Interesse aufbringen konnte, indem Sie vor allem

Vasco einen heroischen und chevaleresken Charakter geben. Begnügen Sie sich nicht mit einer kleinen Retusche, lieber Freund, und hegen Sie vor allem keine Sorge, mehr oder weniger von meiner Musik zu retten, die ich für das alte Stück gemacht habe. Davon muß nicht ein einziges Stück bleiben. Ich selbst werde mit Begeisterung an die neue „Afrikanerin" herangehen, wenn sie mich interessiert und anregt, und seien Sie sicher, daß ich in diesem Fall die musikalische Komposition rascher beendet haben werde als das jetzige Poeme, obgleich ich das im Ganzen fertig komponiert habe. – Sie wissen, daß ich mich nicht entschließen kann, es zu geben.
Erlauben Sie mir noch, Sie daran zu erinnern, daß Sie mit mir übereinstimmen, das neue Stück kürzer als das alte zu gestalten, um dem Ballett mehr Platz einzuräumen. Schließlich haben Sie mir versprochen das Szenario zu schicken, detailliert und komplett, damit ich es kennen lerne, um mich für oder wider die Ausführung entscheiden zu können. Ich glaube, mein lieber Freund, da Sie sich für dieses Stück erneut erwärmt haben, muß man das Eisen schmieden so lange es heiß ist und Sie für die Konstruktion des neuen Planes und die Niederschrift des Szenario gewinnen, bevor neue Arbeiten auf Sie zukommen und Ihnen die Lust daran nehmen und Sie wieder davon abhalten. – Wenn wir uns über das Szenario einig sind, werde ich Sie nicht mehr wegen der Zeit drängen, wann es Ihnen gefällt es in Verse zu setzen.
Und noch eins: Ich weiß, wie sehr Sie es nötig haben, Ihre Gesundheit in Nizza wiederherzustellen, und auch ich selbst bin im Augenblick noch krank, wie Sie wissen. Aber ich habe die Erfahrung, wie schnell es geht, wenn Sie sich ernsthaft ans Werk machen. Ich schicke Ihnen diesen Brief durch die Vermittlung meines lieben Freundes Gouin, dem Sie unverblümt alles sagen können, was Sie auf diesen Brief antworten möchten – wenn Sie mir direkt antworten wollen, hier ist meine Adresse in Berlin ... Was unsere Opéra comique angeht, so habe ich den Probenbeginn auf den Zeitpunkt verschoben, den Sie mir während unsrer letzten Unterhaltung geraten haben, d. h. auf den nächsten Herbst.

An Louis Gouin

Berlin, 30. Januar 1852

Mein lieber und vortrefflicher Freund!

Scribe schickt mir endlich den Plan aller 5 Akte der umgearbeiteten „Afrikanerin“. Wenn er auch so lange auf sich warten ließ, so hat er sich dafür doch auch wirklich viel Mühe mit dieser Arbeit gemacht. Ich habe ihm einige Überlegungen zu dem Plan der beiden ersten Akte mitgeteilt, die er mir geschickt hat. Darauf antwortete er mir, daß er meine Anmerkungen richtig finde und daß er den Plan zu diesen beiden Akten umgehend verworfen habe. Er hat sie so umgearbeitet, daß das ganze Stück nun auf eine andere Basis gestellt wird. Ich glaube, daß wir jetzt den Kernpunkt treffen. Dennoch gibt es noch große Ungereimtheiten und Mängel, vornehmlich Längen, und es werden noch viele Briefe zwischen mir und Scribe gewechselt werden müssen, ehe er beginnen kann, das Libretto zu schreiben; aber das ist egal, die Hauptsache ist, daß die neue Fabel ein rührendes Sujet bietet, das gleichermaßen interessant und klar ist und einen grandiosen historischen Hintergrund, musikalische Situationen und ein neuartiges Szenarium bietet. Ich habe Scribe auch geschrieben, daß ich ihn nicht mehr bitte, ein anderes Sujet für die Oper zu suchen und daß ich diese umgearbeitete „Afrikanerin“ als mein nächstes Werk für die

Panoramische Ansicht von Berlin vom Zeughaus aus gesehen. Stahlstich, Anfang 19. Jahrhundert, von C. Peschek nach C. Enslen

Pariser Oper akzeptiere, vorbehaltlich, daß wir uns zuvor über die Schwierigkeiten und die Anmerkungen verständigen, die ich ihm bezüglich der Details in diesem Plan unterbreitet habe, und über die wir uns einigen müssen, bevor Scribe beginnt das Libretto auszuarbeiten. – Ich erwarte viel von dem Poeme in seiner neuen Form und mit Gottes Hilfe denke ich, einen großen und dauerhaften Erfolg mit diesem Werk an der Opéra erhoffen zu dürfen. Um den Zeitpunkt zu präzisieren, an dem ich diese Partitur der Oper übergeben könnte, so kann ich keine Entscheidung darüber fällen, bevor ich nicht das Libretto in Versen geschrieben und im Ganzen besitze, denn erst dann werde ich wissen, wieviele Stücke meiner Partitur bleiben und wieviele Stücke ich neu komponieren muß. Schließlich, wenn Herr Roqueplan weiß, daß es von diesem Zeitpunkt an einige Monate dauerte, so müßte ihm das genügen, weil wir in meinem letzten Brief darüber übereingekommen sind, daß er sich auf alle Fälle an einen anderen Komponisten für das nächste große Werk nach „Le Juif errant" [*Halévy*] wenden soll, um eine Oper für Ende nächsten Herbstes bereit zu haben. Ich habe mit Vergnügen in den belgischen Zeitungen gelesen, daß Herr Roqueplan selbst meine Entscheidung nicht erwartet hatte, daß er aber schon einen Vertrag mit Herrn Verdi für eine große Oper nach „Le Juif errant" gemacht hat. Ich billige das absolut. Eine Oper in 5 Akten läßt sich nicht improvisieren und Herr Roqueplan hat völlig Recht gehabt, sich vor allem ein großes Werk eines berühmten Meisters zu sichern. – Ich billige auch sehr die würdevolle Wiederaufnahme des Meisterwerkes „Guillaume Tell" [*Rossini*] mit der dreifachen Anzahl der Chormassen wie ehedem. Das ist ehrenwert seitens der Opéra, besonders, wenn dies keine Ausnahme bleibt, so daß wir künftig mit einer so großen Zahl von Mitwirkenden bei allen Werken des Repertoires fest rechnen können, also auch bei den neuen Opern.

Adieu, lieber und vortrefflicher Freund. Teilen Sie bitte den Inhalt dieses Briefes unserem teuren und liebenswerten Direktor mit und sagen Sie ihm, wie glücklich ich sei zu hören, daß sein Privileg auf zehn Jahre erneuert ist und daß das Gouvernement ihm durch die Zahlung der Schulden zu Hilfe kommt, die letztlich die Folgen der Administration von Léon Pillet sind. Ich hoffe, ihm während seiner Pachtzeit mehr als ein Werk geben zu können.

Ihr von Herzen ergebener
Meyerbeer

Die Favoritstücke aus Meyerbeers Oper wurden – dem großen Bedarf und dem Usus der Zeit entsprechend – in unzähligen Bearbeitungen für kleine und große Orchester, für Militär- und Tanzkapellen, verbreitet. Namhafte Virtuosen und Komponisten schrieben Arrangements für Klavier und andere Instrumente, Paraphrasen, Potpourris, Märsche oder Walzer, so Adolphe Adam, Frédéric Chopin, Carl Czerny, Anton Diabelli, Henri Herz, Friedrich Kalkbrenner, Joseph Lanner, Johann Strauß, Gioacchino Rossini und auch Franz Liszt. Hatte dieser in seinen Paraphrasen über „Robert der Teufel", die „Hugenotten" und die dramatische Romanze „Le Moine" noch einseitig den Virtuosen herausgekehrt, so ragt die in diesem Brief erwähnte Fantasie und Fuge für Orgel über Meyerbeers Choral „Ad nos, ad salutarem undam" aus der Gruppe der Gelegenheits- und Salonkompositionen schon durch die Wahl des Instrumentes heraus, aber auch durch die Ernsthaftigkeit der Auseinandersetzung mit dem gegebenen Thema, wenngleich die Virtuosität nicht ausgespart bleibt. Die Vielfalt der thematischen Variationen und der große Umfang des Werkes, mit dem Liszt die Reihe seiner großen Orgelwerke eröffnet, lassen den Begriff der „Bearbeitung" vergessen: Man erkennt ein eigenständiges Werk, dem nur das Thema vorgegeben ist.

An Franz Liszt

[*Berlin, 8. Februar 1852*]

Mein lieber und illustrer Kollege!
Herr Schlesinger hat mir einen Brief von Ihnen mitgeteilt, in dem Sie ihn in Kenntnis setzen, daß Sie ein großes Klavierstück über den Gesang der Anabaptisten des „Propheten" komponiert haben und daß Sie die Absicht hegen, mir das Werk zu dedizieren, wenn es veröffentlicht wird, daß Sie mir aber zuvor noch direkt schreiben würden. Ich will nicht die Ankunft dieses Briefes abwarten, um Ihnen auszudrücken, wie glücklich ich darüber bin, daß einer meiner

Gesänge Ihnen würdig erscheint, als Motiv für eine Ihrer Klavierkompositionen zu dienen, dazu bestimmt, ganz Europa zu durcheilen und von denen bewundert zu werden, die das Glück haben sie durch Ihre Hände wunderbar und poetisch ausgeführt zu hören. Indessen werde ich mich noch mehr durch das Zeichen der Sympathie geehrt fühlen, das Sie mir durch die Widmung Ihres Werkes geben, denn wenn es schon ehrenvoll ist, seinen Namen mit dem Ihren vereint zu sehen, ist es für mich nicht noch schmeichelhafter, daß man dadurch erkennt, daß wir Freunde sind? Nebenbei gesagt, einige Personen glauben und selbst einige Kritiker haben geschrieben, daß ich ebenso wie in den „Hugenotten" für den Lutherchoral auch für den Gesang der Anabaptisten einen Choral der Epoche benutzt habe. Da ich nicht die Gewohnheit habe zu widerlegen, was man über mich irrtümlich in den Zeitungen sagt, so habe ich diesen Irrtum durchgehen lassen wie viele andere. Aber ich lege großen Wert darauf, daß Sie, lieber und verehrter Kollege, wissen, daß es nicht stimmt. Der Gesang der Anabaptisten, sei er nun gut oder schlecht, ist auf meinem eigenen Terrain gewachsen, ich habe versucht, ihm das Kolorit eines Chorals der damaligen Zeit zu geben, das ist alles.
Herr Marquis de la Ferriere, der den Vorzug hatte, Ihre letzten Kompositionen zu hören, so das Konzert für Klavier, Ouvertüren und Ihre Musik zu „Prometheus", hat mir kürzlich mit dem größten Enthusiasmus davon erzählt; das läßt mich doppelt bedauern, daß ich im letzten Sommer Ihrem Konzert nicht beiwohnen konnte. Ich bin sehr oft in Versuchung geraten nach Weimar zu kommen, um mir diesen Genuß zu verschaffen, aber eine schwere Erkrankung, die ich diesen Sommer durchmachte, und die mich zu sehr geschwächt hat, um mich fortzubegeben, erfordert noch zu große Schonung, um eine derartige Reise im Winter unternehmen zu können, eine Reise, die viel länger ist als die nach Dresden, die einzige, die ich seit meiner Erkrankung gewagt habe zu riskieren. Ohne diese Besorgnis wäre ich auch nach Weimar gekommen zur ersten Vorstellung des „Benvenuto Cellini" von unserem illustren Freund Berlioz, um so mehr, als ich aus den Zeitungen ersehe, daß er sein meisterhaftes Werk selber dirigieren wird. Wollen Sie ihm in meinem Namen die Hand schütteln. –

Ich habe nicht die Ehre, die Prinzessin von Wittgenstein persönlich zu kennen, aber nach allem, was ich von denjenigen, die ihr nahestehen, über die Überlegenheit ihres Geistes, ihre hohe Intelligenz, ihren herausgehobenen Charakter sowie ihre poetische Phantasie gehört habe, bedaure ich lebhaft, dieser Ehre beraubt zu sein. Bis ich die Ehre haben werde, ihr durch Sie persönlich vorgestellt zu werden, wollen Sie ihr meine Huldigung und meine ehrerbietigsten Wünsche übermitteln.
Genehmigen Sie, lieber und verehrter Kollege den Ausdruck der tiefsten Ergebenheit

Ihres Bewunderers

Berlin den 8. Februar 1852 G. Meyerbeer

An Louis Gouin

Berlin, 30. Mai 1852

Mein lieber und vortrefflicher Freund!
Ich habe Ihren lieben Brief vom 24. erhalten, der mir viel Freude bereitet hat, wie stets Ihre Briefe. Gerade deswegen wünschte ich, daß Sie mir öfter schrieben. Ich will jetzt auf alle Punkte Ihres Briefes antworten.
1. Sie schreiben mir, daß Nestor [*Roqueplan*] Ihnen gesagt habe, er wolle eine neue Dekoration für das Innere der Kirche des 5. Aktes [*der „Hugenotten“*] machen. Sagen Sie ihm, daß Sie mich davon unterrichtet haben und daß dies mir um so mehr Freude bereitet, als der Effekt des Trios im 5. Akt in Paris durch die Stupidität der Dekorationen und der Inszenierung gelitten hat, während in ganz Deutschland diese nach den Dekorationen von Berlin gestaltete Szene eine ganz außerordentliche Wirkung hinterläßt. Diese Dekoration ist nicht allein als Dekoration von großer Wirkung, sondern durch die Ausgestaltung des Interieurs der Kirche wird auch die Inszenierung geprägt, die schaudererregende Wirkung von Angst und Schrecken. Wenn Nestor es wünscht, werde ich ihm sogleich eine detaillierte Skizze dieser Dekoration anfertigen lassen (darüber hinaus ist alles unbrauchbar in Berlin) und sie ihm nach Paris schicken. Aber man müßte umgehend seine Absichten erfahren, um keine Zeit zu verlieren. Lassen Sie sich ruhig die Antwort mündlich geben, so daß er mir nicht selber zu schreiben

braucht. Ich geniere mich immer sehr, ihm zu antworten, weil er außerordentlich gut schreibt, und auch weil er ein großer Spötter ist und sich mit seinen Freunden über mein fehlerhaftes Französisch belustigen wird.

2. Scribe war für drei Tage in Berlin und ist gestern nach Séricourt [*seinem Landsitz b. Paris*] zurückgereist, wir haben die ganze Zeit zusammen verbracht, um zu arbeiten und unsere unterschiedlichen Meinungen über den neuen Plan der „Afrikanerin" zu diskutieren. Wir stimmen jetzt in allen Punkten überein. Ich beschäftige mich nun damit, meine Anmerkungen schriftlich zu redigieren und werde sie ihm in ein paar Tagen nach Séricourt senden. Er hat mir versprochen, dann sofort mit der Versifizierung zu beginnen und sie in ein paar Monaten fertig zu haben, so daß ich hoffe mit der Komdesition des neuen Werkes am 15. August beginnen zu können. Ich sage neues Werk, denn nach dem neuen Plan der „Afrikanerin" bleibt von meiner alten Partitur nicht mehr als die Hälfte des 3. Aktes und zwei Drittel des 5. Aktes. Alles übrige muß neu in Musik gesetzt werden. Aber das ist mir egal, denn ich bin von diesem neuen Poeme so angetan, daß ich mit großem Eifer und Freude an die Arbeit gehen werde.

3. Die Kantate [*„Maria und ihr Genius"*], die ich zur Silbernen Hochzeit von Prinz Karl, den Bruder des Königs, komponiert habe und die am 26. im Palast des Prinzen aufgeführt wurde, ist mir, wie ich glaube, gut gelungen und hat viel Beifall gefunden. Ich hatte als Zuhörer nichts als gekrönte Häupter. Es waren anwesend der Kaiser und die Kaiserin von Rußland, der König und die Königin von Preußen, der Großherzog von Weimar mit seinem Sohn, der Großherzog von Oldenburg mit seinem Sohn, die Großherzogin von Mecklenburg, die Prinzen der Niederlande und unsere königlichen Prinzen. Dieses illustre Auditorium war sehr zuvorkommend zu mir.

4. Ich habe, glaube ich, vergessen, Ihnen zu schreiben, daß Madame Lagrun in Dresden als Valentine und Alice großen Beifall erhielt. Ich glaube, daß Nestor etwas Gutes für seine Administration und für meine beiden Werke täte, wenn er sie darin singen ließe, sobald die neue Oper durch die Gastspieltätigkeit von Roger unterbrochen werden muß.

Adieu teurer Freund

Ihr von ganzem Herzen ergebener Meyerbeer.

Huldigungsblatt um 1855

Joseph Bacher, Sohn eines Wiener Bankiers und glühender Verehrer Meyerbeers, nahm in Wien voller Eifer die Interessen des Maestro wahr, verhandelte mit den Theaterdirektoren und Journalisten, überwachte die Sänger oder hielt sie bei guter Laune und nahm durch mancherlei Beziehungen Einfluß auf die Administration der Stadt. Bei der Zensurbehörde scheiterten allerdings seine Bemühungen; man wußte in Wien, daß ein Funke genügte, um in den österreichischen Provinzen Norditaliens einen Brand des Aufruhrs zu entfachen. Ein so brisanter sozialgeschichtlicher Stoff, wie ihn der „Prophet" aufwies, mochte den Zensoren zu gefährlich erscheinen. Erst 1855 gelangte der „Prophet" auch in Mailand zur Aufführung.

An Dr. Joseph Bacher

Berlin, 29. Mai 1853

Hochzuverehrender Herr und Freund!

Ich empfange soeben Ihren freundlichen Brief, der mir Ihre Ankunft in Wien ankündigt, und hoffe demgemäß, daß Ihre Gesundheit gänzlich wieder hergestellt ist, weil Sie mir früher diese Wiederherstellung als Bedingung Ihrer Abreise von Paris angekündigt hatten. Ich habe von Ricordi aus Mailand beifolgenden Brief erhalten. Ich kann nicht leugnen, daß es mir sehr angenehm war, aus Ricordis Brief zu ersehen, daß „der Prophet" auf die großen Bühnen Italiens kommen sollte, aus demselben Grunde hat es mir daher sehr leid getan, daß, wie Ricordi schreibt, die Mailänder Zensur die beabsichtigten Aufführungen des „Propheten" für Mailand und Triest und mithin für alle übrigen Städte der österreichischen Provinzen in Italien verboten hat. Da die Aufführung des „Propheten" nicht nur in Wien sondern in Böhmen, Ungarn, Galizien, Mähren erlaubt worden ist und stattfindet, so ist dieses Verbot nicht wohl zu erklären. Können Sie durch Ihre Bekanntschaften in Wien etwas dazu beitragen, daß dies Verbot wieder aufgehoben wird, so wird mir, ich leugne es nicht, dieses außerordentlich angenehm sein. Sollte dieses für die Lombardei u. das Venetianische nicht zu erwirken sein, so versuchen Sie wenigstens, ob man nicht für Triest ausnahmsweise die Erlaubnis geben würde, welches mir auch sehr angenehm wäre, da mir dieses Theater u. dieses Publikum von meinen früheren Beziehungen zu demselben wert und lieb ist.

Es würde mich sehr interessieren von Ihnen Nachrichten über den Zustand der deutschen Oper bei Beginn der Saison unter dem neuen Direktor [*Franz v. Holbein*] zu erhalten. Sie wissen ja welches hohe Interesse die musikalisch dramatischen Ereignisse in Ihrer kunstreichen Kaiserstadt stets für mich haben.
Haben Sie Gelegenheit den für mich so gütigen und liebenswürdigen Herrn Hofrat v. Remont zu sehen, so bitte ich mich aufs angelegentlichste seinem geneigten Andenken zu empfehlen.
Mit den herzlichsten Grüßen an Ihre liebenswürdige Familie, verbleibe ich

Die Vermählung der Prinzessin Anna, einer Tochter des Prinzen Karl von Preußen, mit dem Prinzen von Hessen hatte im Mai 1853 stattgefunden.
Meyerbeer komponierte insgesamt vier dieser bei Hochzeitsfeierlichkeiten im preußischen Königshaus traditionellen Fackeltänze, die den Abschluß und zugleich einen Höhepunkt des Festes bildeten: Nach der „Zeremonientafel", dem festlichen Souper, formierten sich Brautpaar und Gäste zu einer prächtigen Polonaise, der Minister und Hofchargen mit großen brennenden Kerzen in den Händen voranschritten, um dem Königspaar zu huldigen.

An Prinzessin Anna von Hessen,
geb. Prinzessin von Preussen

Berlin, 3. Juli 1853

Allerdurchlauchtigste Prinzessin,
Ich habe es zu den schönsten und erfreulichsten Pflichten meines musikalischen Amtes gezählt, den Fackeltanz komponieren zu dürfen, welcher bei Gelegenheit der hohen Vermählung Ihrer Königl. Hoheit aufgeführt wurde, und es hat mich das huldreiche Zeichen dero höchster Zufriedenheit mit meiner schwachen Komposition, welches mir Ihre Königl. Hoheit durch H. Marquis Lucchesini überreichen ließen, mit um so größerer Freude erfüllt, da Ihro Königl. Hoheit durch Ihre eigenen so talentvollen und melodieusen musikalischen Ergüsse ein um so kompetenterer und ur-

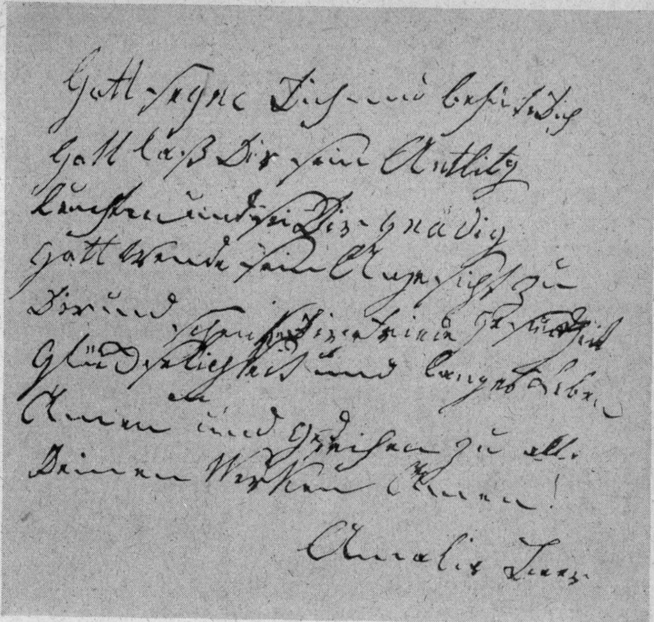

Der Segen der Mutter Amalia Beer. Zum 5. September 1853

teilsvoller Kunstrichter sind. Ihre Königl. Hoheit werden es wohl natürlich finden, daß ich den heißen Wunsch hege, mein geringes Werk in Dero Gedächtnis länger leben zu lassen, als dies durch die flüchtigen und schnell verrauschenden Klänge der Aufführung möglich wäre, und Ihre Königl. Hoheit werden mir darum gnädigst die kühne Bitte verzeihen, Sie mögen mir erlauben, ein Exemplar meines Werkes, welches so eben im Druck erschienen, Ihnen zu Füßen zu legen, mit den Gefühlen meiner unvergänglichen Ergebenheit und tiefster Verehrung.

Louis Véron (1798–1867), der 1831 die Direktion der Pariser Opéra übernommen hatte, wurde seinerzeit in der Presse beschuldigt, er habe sich von dem Millionär Meyerbeer die Orgel im 5. Akt des „Robert le Diable" bezahlen lassen. Gelegentlich der Niederschrift seiner Memoiren bat Véron den Komponisten um eine schriftliche Stellungnahme zu diesem Vorwurf, die er wörtlich in den Text seiner Autobiographie übernahm. Tatsächlich hatte sich Véron damals energisch für eine Vergrößerung des Orchesters und der Zahl der Choristen und Statisten eingesetzt, er hatte die Mitwirkung der Eleven des Conservatoires erwirkt und mit der Einstellung eines „Professeur de danse et pantomime" neben dem Ballettmeister den Boden für ein handlungsintegriertes dramatisches Ballett bereitet. Unter seiner Leitung wurden für Neuinszenierungen neue Kostüme und neue Dekorationen obligatorisch, an Pomp und Pracht sollte nicht gespart werden, um auch das bürgerliche Publikum anzuziehen.

An Louis Véron

Paris, 9. Februar 1854

Mein Herr,
ich habe es mir zum festen Prinzip, zur unabänderlichen Gewohnheit gemacht, niemals auf falsche Gerüchte einzugehen, die über mich verbreitet werden. Indessen muß ich einräumen, hat mir mein Gewissen oft vorgeworfen, dieser Regel nicht zuwider gehandelt zu haben in Fällen, wo nicht ich allein der Betroffene war, sondern wo man in Bezug auf eines meiner Werke irgend jemandem schaden wollte, den ich selbst nur loben konnte, und der meinerseits eine Vergeltung seiner guten Dienste verdiente; ich möchte von diesen falschen Gerüchten sprechen, die von zahlreichen Zeitungen verbreitet wurden, nach denen Sie die Oper „Robert der Teufel" nur gegen Ihren Willen und halbherzig zur Aufführung gebracht hätten, und denen zufolge ich letztlich gezwungen gewesen sei, selber die Orgel zu bezahlen, die im 5. Akt der Oper verwendet wird. Mein Gewissen hat mich oft gequält, nichts in den Zeitungen gegen diese Unwahrheiten gesagt zu haben; aber die Zeit schritt fort: die Jahre verstrichen, und ich fürchtete, daß es zu spät sei, so entfernte Dinge wieder aufleben zu lassen.

Aber jetzt zeigt sich eine Gelegenheit, und Sie selber, mein Herr, bieten sie mir durch die Veröffentlichung Ihrer Me-

Rosine Stoltz

moiren, in denen vielleicht einige Zeilen jenem Werk gewidmet sind, dem Sie zu einem Ihrer Erfolge während Ihrer ausgezeichneten Direktion verholfen haben. Ich ergreife diese Gelegenheit und erkläre, daß die in Frage stehenden Behauptungen völlig falsch sind. Die Orgel wurde durch Sie bezahlt, angeschafft durch Sie, wie alle Dinge, die die Inszenierung von „Robert der Teufel" erforderte, und ich möchte auch erklären, daß Sie, weit davon entfernt, sich nur an das bloß Notwendige zu halten, die üblichen Verpflichtungen eines Direktors gegenüber den Autoren und dem Publikum in hohem Maße überschritten haben.
Ich werde niemals den Dienst vergessen, den Sie mir bei der Umbesetzung der Rolle des Bertram erwiesen haben, als ich die Schwäche hatte, sie einem ansonsten sehr ehrenwerten Künstler, Dabadie, zu geben, aber nicht die Kraft, sie ihm zu entziehen. Sie hatten glücklicherweise den Mut, den ich nicht besaß; die Verhandlung war erfolgreich und

die Rolle wurde Levasseur anvertraut. Massol, ein ausgezeichneter Künstler, wurde durch Sie zur Annahme einer winzigen Rolle bewogen, der des Herolds der Truppen. Die Schüler des Conservatoire kamen auf Ihren Aufruf hin jeden Abend, um die Chöre zu verstärken und schließlich: nichts wurde an der Inszenierung, an den Kostümen oder an den Requisiten gespart. Wenn ich an diese Dinge erinnere – so weit mir das noch möglich ist – dann nur, um Ihren so großen, so einsichtigen und tatkräftigen Anteil am Erfolg des „Robert der Teufel" zu bestätigen und anzuerkennen. Ich bedauere, daß ich mich nicht gleichermaßen an die tausenderlei durchdachten Aufmerksamkeiten erinnern kann, an die behutsamen Gefälligkeiten, die ebenso dem Autor wie dem Werk zugute kamen, und für die meine Dankbarkeit lebhafter und tiefer sein muß, als das Publikum sie von mir annehmen konnte.
Wollen Sie bitte den Ausdruck meiner vollkommensten Hochachtung entgegennehmen

G. Meyerbeer

Meyerbeers Schreiben an Rosine Stoltz (1815–1903), Primadonna der Pariser Opéra, läßt noch ein traditionelles Werkverständnis erkennen, das man für diese Zeit schon überwunden glaubt. Aber noch tragen Komponisten wie Meyerbeer der stimmlichen Individualität ihrer Sänger in ihren Werken Rechnung, noch huldigt man nicht einer unbedingten, absoluten Werktreue. Zahlreiche Veränderungen und Ergänzungen, Einlage- und Auswechsel-Arien für bestimmte Sänger, für bestimmte Gelegenheiten, für Benefizkonzerte und -vorstellungen, die für einzelne Opern gedruckt oder auch nur handschriftlich überliefert sind, erinnern an das so ganz anders gerichtete Denken, wie es in dem nachstehenden Brief offenbar wird.

AN ROSINE STOLTZ

[*Berlin, 19. Dezember 1854*]

Madame!
Herr Gouin schickt mir das liebenswürdige kleine Billet, das Sie die Güte hatten an mich zu adressieren und in dem Sie den Wunsch ausdrücken, den Mittelteil des Allegro der

Arie der Fides im 5. Akt („Sainte Phalange") zu streichen. Ich stimme dem gern zu und wenn es Ihnen ratsam erscheint, das ganze Allegro der Arie (von „comme un éclair" an) zu streichen, so bin ich auch damit einverstanden, und Sie würden dann von dieser Arie nur die erste Cavatine in es-moll singen. Die Töne des Allegro in dieser Arie liegen ein wenig hoch für einen Contra-Alt und ich begreife, daß Sie das stören könnte. Übrigens, Madame, bin ich der Ansicht, daß eine Rolle gut in der Stimme des Sängers liegen muß, um Wirkung zu erzielen. Wenn Sie also in dieser Rolle Noten finden, die Ihnen nicht liegen, so meine ich, Sie tun gut daran sie auszuwechseln: Es ist allerdings nötig, daß Sie dies derart machten, daß der Charakter der Kantilene dadurch nicht verändert wird. Aber Sie haben zuviel Talent und guten Geschmack, um nicht dieser Klippe aus dem Wege zu gehen, und ich weiß aus den Zeitungen, mit welchem Erfolg Sie in Turin diese Rolle gesungen haben. Wollen Sie, Madame, die Versicherung meiner größten Verehrung entgegennehmen

Ihr ganz ergebener
Meyerbeer

Wenn auch das „Feldlager in Schlesien" eher ein Gelegenheitswerk, ein Werk aus bestimmtem Anlaß, genannt werden muß, so hegte Meyerbeer doch seit der Uraufführung den Wunsch, die Oper für Paris umzuarbeiten und durch ein neues Sujet zahlreiche effektvolle Nummern der Partitur, vor allem die bravouröse Flöten-Arie, zu retten. Zugleich sollte damit Scribe, der wahre Autor des „Feldlagers", für entgangene Tantiemen entschädigt werden. Scribe veränderte geschickt das Milieu der Oper: die Handlung des „Nordstern", der „L'Étoile du Nord", spielt in einem Dorf am finnischen Meerbusen, statt Friedrich des Großen erlernt der russische Zar Peter das Flötenspiel, und auch das Zigeunermilieu und die militärischen Tableaus des „Feldlagers" wurden übernommen, so daß große Teile der Musik in die neue Partitur Eingang finden konnten. Die Uraufführung der Oper fand am 16. Februar 1854 in Gegenwart des französischen Kaiserpaares in der Pariser Opéra comique statt und gestaltete sich äußerst glänzend. Innerhalb eines Jahres stand das Werk in den Programmen von Stuttgart, Brüssel, Toulouse, Lyon, Lille und

Dresden, die hundertste Aufführung der „L'Étoile du Nord" in der Pariser Opéra comique fand bereits am Jahrestag der Premiere, am 16. Februar 1855, statt.

An Bonard

Berlin 22. Dezember 1854

Ich autorisiere durch gegenwärtige Vollmacht Herrn Bonard, Advokat und Justitiar der französischen Botschaft, Chancery Lane, 5.6, auf gesetzlichem Wege bei den Londoner Gerichten (in Berücksichtigung der zwischen England und Frankreich geschlossenen Konventionen welche den dramatischen Schriftstellern und Musikkompositeuren welche Werke für die französische oder englische Theater schreiben, ihr Eigentumsrecht in beiden Ländern garantiert) einzukommen und zu bewirken, daß besagte Gerichte dem Drury Lane Theater untersagen, meine Oper „L'Étoile du Nord" (welche ich für das kaiserliche Theater de l'opéra comique in Paris komponiert habe) aufzuführen. Ich bin der einzige Eigentümer meiner Partitur. Ich habe zwar dem Musikverleger Beale in London das Recht verkauft, die Gesangsstücke mit Klavierbegleitung dieser Oper zu publizieren, habe mir aber das Eigentums-Recht für die Erlaubnis zu der Aufführung dieses Werkes auf den englischen Theatern vorbehalten. Ja noch mehr, in meinem Vertrage mit meinem französischen Verleger, Herrn Brandus in Paris, welcher die vollständige Partitur dieses Werkes gestochen hat, habe ich mir das Recht vorbehalten, daß er kein einziges Exemplar dieser Partitur ohne meine Erlaubnis verkaufen darf. Derselbe ist bereit zu bescheinigen, daß er kein Exemplar dieser Partitur dem Drurylane Theater verkauft hat, welches daher meine Partitur nicht auf gesetzlichem Wege erworben haben kann. Vor einiger Zeit hat mir Herr Reynoldsen aus London (dessen Brief ich hier beilege) im Namen des Direktors des Drurylane Theater geschrieben, mich einladend, selbst nach London zu kommen und die Proben und ersten Aufführungen dieses Werkes in seinem Theater zu dirigieren, zur Zeit, wenn dieses statt finden würde, wofür er mir eine Geldsumme anbot. Ich habe hierauf H. Reynoldsen geantwortet, daß ich bereits andre Bestimmungen für die theatralischen Aufführungen meines

Werkes in England getroffen, daß ich daher die Aufführung meines Werkes im Drurylane Theater nicht zugeben wollte; ich habe meinen Brief auf dem Berliner Postbureau recommandiert und bewahre die Postquittung davon, welche ich zu Ihrer Verfügung stelle, wenn Sie es nötig finden.

An Pietro Romani

Berlin, 21. Mai 1855

Mein lieber Maestro!
Ein Brief von Herrn Guidi aus Florenz hat mir angekündigt, daß man erwägt, im nächsten Herbst am Teatro della Pergola meine neue Oper „l'Étoile du Nord“ zu geben. Ich war wahrhaft entzückt, diese Nachricht zu vernehmen. Das Genre semi seria und buffo mit Tragischem vermischt ist in Italien nicht mehr üblich, „l'Étoile du Nord“, die von dieser Art ist, bietet in gewisser Beziehung größere Schwierigkeiten, um sie in Szene zu setzen, als meine anderen Werke. Für das erste Erscheinen in Italien bedarf „l'Étoile du Nord“ eines Dirigenten, begabt mit so brillanten Talenten

„L'Étoile du Nord“, Stuttgart 1854. Anonymer Holzstich aus der Illustrierten Zeitung, Band 23, Leipzig 1854

wie den Ihrigen, mein lieber Freund, mit Fingerspitzengefühl und Geschicklichkeit, von denen Sie mir bei der Einstudierung des „Crociato", des „Robert" und des „Propheten" so viele glänzende Proben geliefert haben. Sie werden mir gewiß glauben, daß ich meine Zustimmung für diese Aufführung am „Teatro della Pergola" mit dem größten Vergnügen gegeben habe.

Erlauben Sie mir, mein lieber Maestro, Ihnen hier hinsichtlich der Verteilung der Rollen einige Bemerkungen hinzuzufügen, die mir wichtig scheinen. Die beiden Hauptrollen und die Ausführung derselben bestimmen beinahe ganz den Erfolg des Werkes, es sind dies Catherina und Zar Peter. Catherina verlangt einen sopran acuto [*schlanken Sopran*] (der viel Beweglichkeit haben muß) und zugleicherzeit Ausdruckskraft und Stil, um die seriösen Partien der Rolle zu singen, die Buffo-Teile und seriöse Stücke enthält. Sie muß darüber hinaus eine gute Schauspielerin sein. In einem Wort, es ist eine Rolle, die Qualitäten verlangt, wie sie in Spiel und Gesang auch die Regimentstochter und die Somnambula erfordern. Die Rolle Peters (des Zaren Peter) ist eine Rolle, die auch gleichermaßen einen ebenso guten

„L'Étoile du Nord", 2. Akt, Russisches Heerlager

Schauspieler wie Sänger verlangt. Sie ist für einen basse-taille [*hohen Baß*] geschrieben, aber Sie finden am Ende der Partitur ein Supplement angefügt, wo ich sie für einen Bariton arrangiert habe, indessen muß es dann ein sehr tiefer Bariton sein. Unter den italienischen Sängern würde nach meiner Kenntnis Herr Belletti, der letzten Karneval in Turin gastierte, sie außerordentlich gut ausfüllen. Die Rolle des Gritzenko muß ein guter buffo comico caricato [*sehr derber komischer Buffo*] sein. Es ist wichtiger, daß er ein guter Schauspieler als ein guter Sänger ist. – Ich sehe voraus, daß die Rollen der beiden Marketenderinnen wegen der bei italienischen Theatern üblichen Ensemblezusammensetzung Schwierigkeiten bereiten werden. Sie haben nur eine einzige Szene, aber diese eine Szene ist von so großer Wichtigkeit, daß sie in Paris außerordentlich zum Erfolg des Werkes beigetragen hat. Das Buffo-Duett und das Sextett, das sie haben, sind so bedeutend, daß zweite Sängerinnen dafür nicht genügen können. Man muß dafür gute „petites prime donne" [*Soubretten*] engagieren, die man „comprimarie" nennt, und es ist nötig, daß sie jung, lebhaft und gute Buffo-Schauspielerinnen sind. – Die Rolle des Tenors Danilowitz hat, wenn man sie so beläßt, wie man sie in der Partitur vorfindet, keine sehr große Bedeutung; aber wenn Sie ihn die beiden neuen Arien singen lassen wollen, die ich für das Theater in Dresden [*für Joseph Tichatschek*] hinzugefügt habe, dann muß man einen guten Tenor „mezzo carattere" [*lyrischer Tenor*] haben. Indessen, diese Arien sind hinzugesetzt; wenn Sie keinen guten Tenor an der Hand haben, glaube ich, daß es nicht lohnt, einen zu suchen und daß Sie besser daran tun, diese beiden Arien beiseite zu lassen und Ihre Bemühungen und ihre Kosten, die sie für diesen Tenor hätten aufwenden müssen, auf die Rollen der Catherina und des Peter konzentrieren, das heißt auf die Primadonna und den Bariton.
Wollen Sie, mein lieber Maestro, die Versicherung der vollkommenen Hochachtung entgegennehmen

Ihres ganz ergebenen
Meyerbeer

P. S. Ich brauche nicht zu betonen, mein lieber Maestro, daß ich stets zu Ihrer Verfügung stehe für alle Auskünfte die Sie wünschten.

In Frankreich waren die Privilegien der Theater an ganz bestimmte Auflagen gebunden: so durften in der Pariser Opéra comique nur dreiaktige Werke mit gesprochenen Dialogen aufgeführt werden. Diesen Bedingnissen mußte sich Meyerbeer bei der Komposition des „Nordstern" fügen, sah sich nun aber genötigt, für die Bühnen außerhalb Frankreichs eine Neufassung mit Rezitativen vorzunehmen.

An Franz Freiherr von Dingelstedt

[*Wien, 5. Januar 1856*]

Hochzuverehrender Herr Generalintendant!

Wenn ich erst jetzt Ihren gütigen freundlichen Brief beantworte, so war der Grund, um mich durch eigne Anhörung zu überzeugen, ob die Verwandlung des Dialoges in Rezitative, welche ich für die Aufführung des „Nordstern" in der italienischen Oper zu London vergangenen Sommer komponierte, auch für deutsche Bühnen passend wäre. Nachdem ich nun die Wiener Aufführung (wo man sich der Rezitative bedient) gehört habe, bin ich entschieden für die Anwendung der Rezitative statt des Dialogs. Nicht nur weil die Mehrzahl der deutschen Sänger den Dialog in den Opern sehr holprig und steif spricht, sondern auch vom musikalischen Standpunkt aus glaube ich gewinnt die Oper dadurch. Sollten Sie, hochgeehrter Herr, geneigt sein, auch für Ihr Theater von den Rezitativen statt des Dialogs Gebrauch zu machen, so können Sie dieselben bei dem Theateragenten Holding in Wien finden, welcher Abschriften der Rezitative den Theatern auf Verlangen liefert. Da die Oper für Deutschland zu lang ist und deshalb gekürzt werden muß, so glaube ich, daß die Kürzungen, wie ich sie für Wien gemacht habe, die zweckmäßigsten sind, und gebe mir die Ehre, sie Ihnen am Fuße dieses Briefes mitzuteilen. – Die Rolle des Zaren Peter, welche ich ursprünglich für einen Baß schrieb, habe ich für Faure (den 2ten Darsteller dieser Rolle in Paris) in etwas höhere Stimmlage arrangiert. Ich glaube, daß diese zweite Version (welche jetzt als Supplement gestochen ist) der Stimmlage des Herrn Kindermann günstiger als die ursprüngliche ist. Ich habe daher die Ehre, Ihnen beifolgend diese Transposition, so wie auch eine deutsche Übersetzung der Mise en Scène und ein Wie-

ner Textbuch der Oper mit den Rezitativen zu senden. – Die Rolle des Danilowitz ist für einen wahrhaften primo Tenore zu klein. Ich habe daher für Herrn Tichatscheck bei Gelegenheit der Aufführung des „Nordstern" in Dresden ein Arioso im 3ten Akt zukomponiert, welches auch Gardoni in London und Ander in Wien gesungen hat. Ist es Ihnen genehm, dasselbe auch für Herrn Auerbach anzuwenden, so finden Sie die Partitur desselben in der Schlesingerschen Musikhandlung in Berlin, wo das Stück im Stich erschien. Sie fragen mich, hochgeehrter Herr, ob ich szenische oder musikalische Andeutungen oder Wünsche auszusprechen habe? Allein an einer Bühne, wo Männer von einem solchen überwiegenden Talent und solcher hohen Intelligenz wie Sie, verehrter Herr, und Herr Kapellmeister Lachner die Lenker und Leiter der Bühne und der Musik sind, wird jede Andeutung überflüssig.
Genehmigen Sie, verehrter Herr Intendant, den Ausdruck meiner aufrichtigen Ergebenheit.

Meyerbeer

Meyerbeer weilte seit Ende Oktober 1855 zur Einstudierung des „Nordstern" in Wien; die Premiere fand am 29. Dezember statt. Am 7. Januar 1856 reiste er – mit der noch unfertigen Partitur seiner neuen Oper „Dinorah" im Gepäck – nach Italien weiter, zunächst nach Venedig, um in dem milden Klima eine lang anhaltende, chronische Erkältung auszukurieren, dann u. a. nach Mantua, Parma, Brescia, Verona, Florenz und Genua. Hier ließ er sich von alten und neuen Bühnenwerken anregen und von der Gesangskunst der Italiener inspirieren.
Sein Dank an Ander ist zugleich ein Dank an die ihm stets wohlgesonnenen Wiener. „Auch in der jüngsten deutschen Opernsaison Wiens bin ich der am häufigsten gegebene Komponist gewesen. Von 173 stattgefundenen Opernvorstellungen kamen 45 auf meine Opern, nämlich ‚Nordstern' 15 mal, ‚Prophet' 12 mal, ‚Hugenotten' 11 mal, ‚Robert' 7 mal", *notierte Meyerbeer am 14. April 1856 in seinem Tagebuch.*

An Aloys Ander

[*Wien, 6. Januar 1856*]

Hochzuverehrender Herr!
Ich kann Wien nicht verlassen, ohne Ihnen noch einmal zu wiederholen, wie sehr ich mich Ihnen verpflichtet fühle für Ihre liebenswürdige Freundlichkeit, die Partie des Danilowitz im „Nordstern“ übernommen zu haben, indem diese Partie im Verhältnis zu Ihren anderen Rollen eine so geringe Anzahl von Stücken enthält, daß sie einem Tenor von Ihrem so großen Ruf und Talent füglich zu klein erscheinen könnte. Allein Sie haben bewiesen, daß es für einen großen Künstler keine kleine Rolle gibt, und durch Ihren meisterhaften Vortrag, namentlich des Arioso im 3. Akt, haben Sie der Rolle eine Wichtigkeit verliehn, welche sie früher nicht hatte, und trugen dadurch sehr wesentlich zum Gelingen des Werkes bei. – Indem ich Ihnen meinen besten Dank für den großen Dienst, welchen Sie dem Werk und mir dadurch leisteten, ausspreche, füge ich die Bitte hinzu, auch für die Folge dem „Nordstern“ die große Stütze Ihrer Mitwirkung nicht zu entziehen, und den bescheidenen Danilowitz durch die bleibende Aufnahme in Ihr Repertoire in den Augen des Publikums zu einer ersten Rolle zu stempeln.
Genehmigen Sie hoch geehrter Herr den Ausdruck der vollkommensten Hochachtung

Ihres ergebensten
Meyerbeer

An Giovanni Battista Velutti

Venedig, 25. April 1856

Lieber illustrer Freund!
Ich habe von einem Tag zum andern gezögert zu Ihrem Landsitz zu kommen, um Ihrer Einladung zu folgen, weil ich zuerst meinen hartnäckigen Husten auskurieren wollte, um mich ganz unbeschwert dem Vergnügen eines Ausflugs zum Tuskulum des unsterblichen Künstlers hinzugeben, der den Namen Velutti trägt. Aber leider bin ich noch nicht geheilt, und ein Brief, den ich soeben erhalten, zwingt mich, unverzüglich nach Berlin zu reisen. Ich werde nun

Titelblatt zum „Pater Noster", 1857

der Freude beraubt, Sie noch einmal zu sehen, mein lieber illustrer Freund; aber lassen Sie mich wenigstens durch diese Zeilen sagen, wie glücklich ich war, Sie in Venedig nach so vielen Jahren der Trennung wiederzusehen: Sie, mein illustrer Velutti, den ich als einen der größten Sänger verehre, den Ihr so reich gesegnetes Vaterland hervorgebracht hat, und den ich zugleich als einen der nobelsten

und herausragendsten Charaktere liebe. Ich bin stolz und glücklich über Ihre Freundschaft, die mich ehrt, und ich bitte, sie mir zu erhalten, so wie ich Ihnen mein ganzes Leben lang meine tiefste Dankbarkeit für Ihre bewundernswerte Creation der Rolle des Crociato bewahren werde. Ihr schulde ich den Erfolg dieses Werkes, der ihm glücklicherweise zuteil wurde.
Adieu lieber und illustrer Freund: Sobald ich in Berlin angekommen bin, werde ich Ihnen eine Lithographie meiner armen teuren Mutter senden, die Sie so sehr liebte und bewunderte.

Ihr ganz ergebener Freund und Bewunderer
Meyerbeer

„Aus der Theaterzeitung ersehen, daß Heinrich Heine am 17. gestorben ist", *notierte Meyerbeer am 23. Februar 1856 in seinem Tagebuch,* „Friede seiner Asche. Ich verzeihe ihm von Herzen seinen Undank gegen mich und die vielen Bosheiten gegen mich in seinen letzten Schriften." *Und noch gab es Ungedrucktes: Meyerbeer erfuhr von Duisberg, der im Auftrag Mathilde Heines mit der Sichtung des Nachlasses betraut war, daß Heine einige ihn betreffende Gedichte zurückgehalten hatte. Nun suchte er den Abdruck dieser ihn diskriminierenden Schmähgedichte zu verhindern. Im Juni 1857 forderte Mathilde Heine für einen Verzicht auf Abdruck in der geplanten Neuausgabe der Werke Heines 3000 Francs von Meyerbeer. Nach vielen Verhandlungen kam es am 20. Februar 1858 zum Vertragsabschluß zwischen Mathilde Heine und Meyerbeer – er zahlte der Witwe des Dichters für die Sekretierung der Gedichte „Der Prophet", „Der Wanzerig", „Puppentheater" und „Die Menge thut's" 4500 Francs. Sie wurden dennoch 1869, nach Meyerbeers Tod, durch Strodtmann veröffentlicht.*

An Louis Brandus

Berlin, 29. März 1857

Hochgeehrter Herr!
Ich habe vorgestern Ihr geschätztes Schreiben erhalten, und teile ganz Ihre Meinung über die Wichtigkeit, die Sie auf die H[*eine*]schen Memoiren legen. Lügen und Verläumdun-

gen jeder Art sind von diesem Charakter leider nur zu sehr zu erwarten. Dergleichen Dinge kann man in dem Bewußtsein seiner Unbescholtenheit an jeglichem andern Orte unbeachtet lassen. Allein in dem Munde eines so beliebten und vielgelesenen Autor's wie H[*eine*] gewinnen sie eine traurige Wichtigkeit besonders in einem nach dem Tode des Autor's erschienenen Werke. Wäre es also möglich, daß, falls Angriffe gegen mich in diesem Werke sein sollten, sie von deren literarischen Herausgebern supprimiert würden (deren Appreciation dergleichen ja immer überlassen ist), so wäre mir das sehr lieb. Vorläufig wäre es das wichtigste, daß Sie zu erfahren trachteten, wer der Redakteur der deutschen Ausgabe und wer der Redakteur der französischen Ausgabe sein wird. Ich las in einer deutschen Zeitung, daß H[*err*] Duesberg mit dem Ordnen und der Redaktion dieser Memoiren von der Wittwe H[*eine*]s betraut sei. Ist dem so? – Neulich habe ich gehört, daß H[*eine*]s Wittwe mit einem Literaten namens Julliat lebe, sollte der vielleicht der Herausgeber der französischen Memoiren sein? Vielleicht weiß Ihr H[*err*] Bruder, der doch häufig mit Duesberg zu tun hat, von demselben über den Grund oder Ungrund jener Zeitungs-Nachricht etwas zu erfahren. Jedenfalls werden Sie mich sehr verbinden, alles was Sie über diese Angelegenheit erfahren, mir baldigst mitzuteilen, um so mehr, da es leider sehr ungewiß ist, ob ich schon im Mai werde nach Paris kommen können, vielleicht erst im Juni oder Juli werde Berlin verlassen können … Sie würden mich sehr verbinden, wenn Sie stets das Feuilleton musical der Assemblée nationale, welches wöchentlich einmal (ich glaube am Dienstag) erscheint, lesen wollten und mir so oft etwas mich darin betrifft es mir schicken wollten.

Empfehlen Sie mich Ihrer Frau Gemahlin und genehmigen Sie die Versicherung meiner vollkommensten Hochachtung

Meyerbeer

Louis Brandus hatte als Verleger Meyerbeers Vertrauen gewonnen, nach dem Tode von Louis Gouin im Jahre 1856 gewann er auch das persönliche Vertrauen, mehr noch, die Freundschaft Meyerbeers. Wie

Marie Josephe Cabel als Dinorah in „Le Pardon de Ploërmel“

einst Gouin suchte er von nun an Meyerbeer mit all seinen Kräften, mit Rat und Tat, durch Unterhandlungen mit den Theaterdirektoren, Sängern oder Journalisten und mit Informationen zu dienen, wenn der Maestro fern von Paris weilte.
Da Meyerbeer seine Rollen stets für bestimmte Sänger konzipierte, ist seine Unruhe verständlich: Die neue Oper von Ambroise Thomas „Le Carneval de Venise“ gelangte mit Madame Cabel in der Hauptrolle, die Meyerbeer auch als Dinorah vorgesehen hatte, erst am 9. Dezember des Jahres in der Pariser Opéra comique zur Aufführung.

An Louis Brandus

Berlin, 30. April 1857

Hochgeehrter Herr!
Ich bin im Besitz Ihres geehrten Schreibens vom 13. dieses. Ich danke Ihnen sehr für die interessanten Mitteilungen bezüglich der Memoiren H[*eine*]s und dessen posthumen Poesien. Es scheint mir Ihre Ansicht und die Schritte, die Sie

dazu vornehmen wollen das allerzweckmäßigste. Es wäre wünschenswert, wenn Sie die Güte haben wollten mir speziell mitzuteilen, in welchem Gedichte und in welcher Art dasjenige ist was D[*uisberg*] in den ihm mitgeteilten Nachlasse bis jetzt über mich gefunden hat.
Wie kömmt es, daß Madame Cabel bis jetzt noch nicht in der neuen Oper welche Thomas für sie komponierte und die glaube ich schon seit mehreren Monaten en répétition ist gesungen hat? Wann soll denn diese Oper nun gegeben werden, da Madame Cabel doch erst im August wieder nach Paris kömmt. Falls ich mich entschlösse, meine Oper in Perrins Theater und nicht woanders zu geben (worüber ich bis jetzt noch nicht mit mir einig bin) würde ich dadurch, wenn vorher erst noch Thomas Oper einstudiert würde, sehr spät herankommen, und doch möchte ich auch wiederum keinen confrère [*Kollegen*] irgend hinderlich sein.
Was mir Ihr Herr Bruder und Sie über Calzados Vorschlag [*sagen*] ist sehr beachtungwert, jedenfalls sehr wichtig für mich. Der „Crociato" in seiner jetzigen Gestalt sowohl musikalisch als auch wegen des ganz ungenießbaren Librettos hätte durchaus keine Chance dem heutigen Publikum zu gefallen: allein andrerseits hat diese Musik Elemente, daß wenn ein ganz neues interessantes Libretto von einem der guten Pariser dramatischen Dichter gemacht würde, worin diejenigen guten Stücke des „Crociato" die beibehalten werden müßten, Platz fänden, und wo ich dann die andern neu komponieren würde, so könnte das allerdings dann ein interessantes Werk geben, welches im italienischen Theater wohl wirkungsreich sein könnte. Doch erfordert das meinerseits viel Arbeit, denn sogar die beibehaltenen Stücke müßten den neuen Situationen angepaßt werden, den Anforderungen der jetzigen Sänger gerecht gemacht werden: Der rezitativische Teil müßte durch und durch neu gemacht werden. Ich würde das übrigens nicht ungern tun, denn auch Gye hat mich schon voriges Jahr für Coventgarden darum ersucht; allein es noch für diese Saison zu tun, wo ich durch das Einstudieren meiner Opéra comique so sehr in Anspruch genommen sein werde, würde schwerlich angehen, wohl aber im Herbst der Saison von 1858. Ich werde in diesen Tagen Ihrem H[*errn*] Bruder, der mir in Calzados Namen schrieb, eine ostensible Antwort schrei-

ben, worin ich ihm mitteilen werde, zu wann, und unter welchen Bedingungen (die weit mäßiger sind als Calzados sehr genereuse Anerbietung) ich es tun will. Ich werde Ihren H[*errn*] Bruder veranlassen, Ihnen meinen Brief vorher mitzuteilen.
Ich ersehe aus den Zeitungen, daß Madame Lauters die Alice in „Robert" singen wird. Sie würden mich sehr verbinden, mir aufrichtig mitzuteilen, wie sie diese Rolle ausgeführt hat, und eben so wie sie dem Publikum gefallen hat. Da sie, wenn ich meine „Affricaine" geben werde, eine der beiden Hauptrollen singen muß, so wäre es mir natürlich sehr erfreulich, wenn sie Erfolg in „Robert" hätte. Ich fürchte, die gegenwärtigen Direktoren, die sich mir bei Gelegenheit der Madame Borghi Mamo im „Propheten" sehr feindlich gezeigt haben, werden deshalb auch die Lauters in „Robert" nicht soutenieren [= *unterstützen*].
Können Sie ihr hilfreich bei dieser Gelegenheit sein, so tun Sie es. Wenn Sie dieselbe persönlich kennen, so sagen Sie ihr, es wäre mir viel wichtiger sie als Valentine in den „Hugenotten" wie als Alice zu hören, indem der Charakter der Musik der Valentine viel mehr Maßstab für den in der „Afrikanerin" gäbe, wie jener der Alice. Ich ersehe aus den Zeitungen, daß der Tenorist Giulini und die Sängerin Spezia bei Lumley jetzt singen – Giulini hat schon voriges Jahr und auch dieses Jahr die „Hugenotten" in Mailand mit vielem Erfolg gesungen und eben so die Spezia. Sie sollten Lumley darauf aufmerksam [*machen*] …
Genehmigen Sie die Versicherung meiner vollkommensten Hochachtung

Meyerbeer

Jules Étienne Pasdeloup (1819–1887) hatte 1851 eine „Société des jeunes artistes du Conservatoire", also eine Art Studentenorchester, gegründet, mit der er in der „Salle Herz" Symphoniekonzerte gab. Bei der Aufführung der „Struensee"-Ouvertüre waren die jungen Herren aber offensichtlich nur mit mäßigem Eifer bei der Sache, sie fand nur „eine kalte Aufnahme", *wie Meyerbeer in seinem Tagebuch notierte. Dahingegen gefiele sie in den Tanzmusikkonzerten der „Concerts de Paris", wo man es doch weniger erwarte, so sehr, daß sie seit 14 Tagen täglich gespielt werde. – Die „Wallfahrt nach Ploërmel", ursprünglich unter dem Titel „Das verfluchte Tal" nach einem Bühnenstück gearbeitet, geht stofflich auf eine provenzalische Volkssage zurück.*

AN LOUIS BRANDUS

Nizza, 13. Dezember 1857

Hochgeehrter Herr!

Ich bin im Besitz Ihrer beiden geschätzten Briefe und danke Ihnen für die vielen interessanten Mitteilungen, welche sie enthalten. Daß Sie 1) Herrn D[*uisberg*] veranlaßt haben, Madame H[*eine*] zu besuchen, haben Sie sehr wohl getan. Es wäre gut, wenn D. veranlassen könnte, daß Sie sich mit M[*adame*] H[*eine*] wie zufällig zusammenträfen, denn ich glaube, Sie würden sich leichter mit ihr verständigen als mit ihrem Mandataire [= *Rechtsanwalt*]. Es wäre wünschenswert, daß die Sache endlich zu Stande käme. Ich habe schon so viele Concessionen in dieser Angelegenheit gemacht, daß ich (wenn Sie sehen sollten, daß es durchaus nicht anders möglich wäre) auch den letzten Teil der Summe, über die wir in Differenz sind, bewilligen würde. Nur würde ich Sie dann bitten den Traité noch einmal von H. Gautier durchsehen und noch fester verklausulieren lassen, damit für die Zukunft keinerlei Ausflucht für etwaige Perfidie bleibt.

2) Was Sie mir von Ihrer Absicht sagen, die Aufführung der Struensee-Ouvertüre bei Pasdeloup und was damit in Verbindung steht zu beaufsichtigen, ist mir sehr angenehm und wert. Sie werden mich verbinden, wenn Sie die Güte haben wollen, mir einen aufrichtigen und ungeschmeichelten Bericht über den Erfolg der Aufführung mitzuteilen, so wie die Berichte der Presse darüber, die günstigen sowohl wie die ungünstigen.

3) Ich habe von einem armen Manne der sich Galant nennt und seinem Brief nach Nr 3 Rue Mornay (9te arrondissement) wohnt, einen Brief erhalten, worin er mich um Unterstützung bittet und seine sehr mißliche Lage schildert. Da er, wie er schreibt, ein Berliner ist, so bitte ich Sie die Güte zu haben, ihm für meine Rechnung zehn Franken zu geben ...

4) Mit großer Verwunderung habe ich aus Ihrem Briefe er-

fahren, daß Sie Roqueplan gefragt hat, ob Sie nicht glauben, daß es indifferent wäre, ob der Ort der Handlung meiner neuen Oper in der Bretagne spiele oder wo anders. Ich glaube es wäre gut, wenn Sie ihm darüber folgendes sagen wollten: Ich habe Meyerbeer mitgeteilt, worum Sie mich gebeten haben, weil ich nicht glaubte, daß es ihm gleich sei, daß der Ort der Handlung seiner neuen Oper, der in der Bretagne liegt, verändert würde. Er hat mir daraufhin geantwortet, daß sowohl die Couleur der Dichtung als auch die Couleur der Musik dieser Gegend entwuchsen, daß sie also konsequenterweise nicht verändert werden könnte. Es ist gut, daß er bei Zeiten dieses weiß. Ich begreife übrigens nicht, was ihn zu dieser Anfrage veranlaßte.

5) Sie fragen mich in Ihrem Briefe, ob ich auf den Figaro abonniert bin. Ja wohl, doch lasse ich ihn mir nicht nach Nizza nachkommen. Hat Sie zu dieser Frage vielleicht sein Artikel über meine Wohnung im Gouin'schen Hause veranlaßt? Den las ich in der Zeitung von Nizza, wo er reproduziert war …

Mit dem Wunsche, daß diese Zeilen Sie im besten Wohlsein antreffen mögen, und in der Hoffnung bald wieder Nachrichten von Ihnen zu erhalten, verbleibe ich mit der vollkommensten Hochachtung Ihr ergebenster

Meyerbeer.

Meyerbeers Oper „Le Pardon de Ploërmel", auch „Dinorah" genannt, wurde am 4. April 1859 in der Pariser Opéra comique uraufgeführt. Schon im Juli des gleichen Jahres kam sie im Londoner Covent-Garden-Theater in italienischer und im Oktober in englischer Sprache heraus, noch 1859 folgten Aufführungen in Coburg, Haag, Brüssel, Stuttgart, 1860 in Genf, Dresden, Gotha, Rostock, Augsburg, Hamburg und Gent; die Theater rissen sich förmlich um das neue Werk, obwohl die Partie der Dinorah außerordentliche Anforderungen an die Interpretin dieser Rolle stellt: Die berühmte „Schatten-Arie", eine der typischen, in der Opern-Literatur so beliebten Wahnsinns-Arien, ist von schwindelerregender Virtuosität. Um den beginnenden Wahnsinn und später die glückliche Heilung der Dinorah glaubhaft werden zu lassen, bedarf es aber auch einer vorzüglichen Schauspielerin, die auch vom Äußeren her der Rolle entsprechen muß. – Die Popularität der Oper dokumentiert sich in

138 Dinorerl oder die Wallfahrt in Hemdärmeln.

Chor
der Geister verstorbener Geisböcke.

Wer hat denn dieses Lied gemacht
Und uns darin so schlecht bedacht?
Ja ganz gewiß auf Ehre,
Das Ding verdrießt uns sehre
Und wer das Lied nicht singen kann,
Der fange es zu me—c—cken an.
Meck meck meck meck meck ꝛc.

Ende des ersten Akts.

II. Akt.

(Um dem Mangel dieses Aktes an Handlung einigermaßen abzuhelfen, ist im Hintergrunde der Bühne eine Spezerei-Handlung angebracht.)

Romanze.

Dinorerl: Da d'runten im Schulhaus
Bin i sechs Jahr lang g'west,
'Weiß nit, wie's ist kemma,
War all'weil die Letzt'.

Bin i auch kein Professor,
G'studirt auch nit hoch,
Es reicht doch, da wett' ich
Zu 'nem Operntext noch.

Mei Schatz is a Verwalter,
A Verwalter muß sei,
Bei 'nem richtigen Hofgut
Is a Gans a dabei.

Melodram.

(Die Musik spielt die Melodie: Schon dreißig Jahre bist Du alt ꝛc.)

Deixel! will es denn gar nicht mehr Tag werden? (Sie sieht den Herrn Landrichter aus dem Wirthshause nach Hause gehen.) Herr Gott erst ein Uhr! (Ein Strahl des Mondes will auf sie fallen, Dinorerl duckt sich, der Strahl fällt neben ihr auf den Boden und zeichnet den Schatten ihrer Nase ab.) Ach, gehorsamer Diener! das ist g'scheidt, jetzt wird es Tag! (Sie grüßt lächelnd den Schatten ihrer Nase) Empfehl mich Ihnen recht sehr! Bitte, behalten Sie doch Platz! Wie angenehm, wenn man eine Nase hat, die doch wenigstens einen Schatten gibt! (plötzlich scrupulös und mit pathetisch akustischer Stimme) Hah! oder sollte vielleicht Hoel in den Mond durchgebrisen sein und mir diese Nase herabgemacht haben? Na, da bitt' ich doch um 15 kr. schwarze Seide!

(Die Scrupel gehen zu verschiedenen Seiten ab.)

Recitativ.

Halt, Halt, das gibt 'nen Heidenspaß:
Ich tanze jetzt mit meiner Nas.

Arie.

(Sie tanzt mit ihrer Nase.)

Du stolzes Hest bleib' mir zur Seite,
Verlasse mich niemal!
Und ob ich fahre oder reite,
Sei Du mein traut' Gemahl!

Die Menschen, die nicht Nasen zieren,
Und die statt dessen Schnäbel führen,
Die werden, wie wohl allbekannt,
Ja Vögel meistentheils benannt.

(Ein Postomnibus fährt vorüber und macht den Schatten verschwinden.)

O Omnibus, o Omnibus
Das ist von dir nicht schene,
Daß du heut erst um ein Uhr kommst,
Anstatt um halber Zehne.

(Während sie noch tanzt schwebt Corentin herein und schaut ihr zu.)

Corentin: Pfui Teufel, ist das eine schöne Erfindung!
Da scheint es mir fast angezeigt,
Daß 'mal ein vernünftiger Cantus steigt.

Lied.*)

Corentin: Heute ist Sonntag
Und leuchtet die Sonne,
Auch ich trinken mag
O göttliche Wonne!

Heute ist Montag
Der Mond, der strahlet,
Und dorten einer lag
Hätte er nicht geprahlet!

Heute ist Dienstag,
Denn er kommt vom dienen;
Und einer das Bein zerbrach
Ueber die Eisenbahnschienen.

Heute ist Mittwoch
Weil mir in der Mitte
Ein Würmchen kroch
Das erbärmlich litte.

*) Von dem Grundsatze ausgehend, daß man das Gute nehmen muß, wo man es findet, hat sich der Verfasser erlaubt, hier das wunderschöne, dem betreffenden Originalliede an innerem Gehalte und Eleganz der Formen nahezu gleichkommende Gedicht „die Woche" aus der berühmten Gedicht-Sammlung genannt: „Deubl-Körner" von Tschuba, herausgekommen zu Nürnberg, einzulegen.

„Dinorerl oder Die Wallfahrt in Hemdärmeln". Karikatur von Wilhelm Busch zu „Dinorah oder Die Wallfahrt von Ploërmel", 2. Akt, Schattentanz. Fliegende Blätter, 1860

lustigen Versen und Bildern zu „Dinorerl oder die Wallfahrt in Hemdärmeln" mit einer köstlichen Skizze des Schattentanzes von Wilhelm Busch in den „Fliegenden Blättern". Diese Bildergeschichte gehört zu den frühesten, noch nicht signierten Arbeiten des jungen, später so berühmten Humoristen.
Dingelstedt war mit der Sängerin Jenny Lutzer verheiratet, die bis 1845 der Wiener Hofoper angehörte.

An Franz Freiherr von Dingelstedt

Berlin, 28. Juni 1860

Hochzuverehrender Herr General-Intendant!

Bei meiner Rückkehr von einer kleinen Reise habe ich Ihr geschätztes Schreiben vorgefunden. Sie fragen mich in Ihrem Briefe an, ob und unter welchen Bedingungen ich Ihnen die Partitur der „Dinorah" überlassen will, um sie künftigen Winter auf Ihrer Bühne zur Aufführung zu bringen. Lassen Sie mich Ihnen, hochgeehrter Herr und Freund, vor allen Dingen meinen herzlichen Dank aussprechen für diese neue Bestätigung Ihres gütigen Wohlwollens für mich und meine Opern. Daß „Dinorah" unter Ihrer sorgsamen umsichtigen Leitung in den besten Händen sein würde, haben Sie mir durch die Weise, in der Sie meine früheren Opern in München und Weimar zur Darstellung brachten, vollständigst bewiesen. Wenn ich mir dessen ungeachtet noch einige Zweifel über die Zweckmäßigkeit einer Aufführung der „Dinorah" in Weimar zu hegen erlaube, so entspringen dieselben aus der Spezialität des Werkes. „Dinorah" hat nicht wie die anderen Opern viele erste Rollen; sie ist auch der so mächtigen Beihilfe der Chöre beraubt und hat endlich nur einen ganz einfachen ländlichen Stoff als

„Le Pardon de Ploërmel". Lithographie von Krause im deutschen Klavierauszug

Hintergrund. Es sind eigentlich nur drei Rollen in diesem Stück und unter diesen ist die allerwichtigste die der Dinorah. In dieser Rolle liegt der Schwerpunkt des Ganzen und ohne eine gute Darstellerin derselben ist ein Gelingen des Werkes unmöglich. Nun aber bietet diese Rolle wegen ihrer komplexen Natur ungewöhnliche Schwierigkeiten, indem sie für die erste Hälfte des Stückes eine sehr bedeutende Koloratursängerin und für die letztere Hälfte eine dramatische Sängerin und gute Schauspielerin verlangt. Nach all dem was ich über das Personal der Weimar'schen Oper gehört habe, scheint mir nur Frau v. Milde zur Lösung dieser Aufgabe geeignet, die aber für diesen Zweck nicht disponibel zu sein scheint, da Sie ihrer nicht in der Distribution der Rollen erwähnen. Dies ist der Grund, weshalb mir gegenwärtig eine Aufführung der „Dinorah" nicht zweckmäßig erscheint. Daß Ihre verehrte Frau Gemahlin (meine unvergeßliche Isabelle und Margarethe) noch so wohlwollend und teilnehmend meiner gedenkt, wie Sie mir schreiben, erfüllt mich mit freudigem Stolz, dies bitte ich ihr dankbar in meinem Namen auszusprechen.

Henri Blaze de Bury, Schriftsteller und Mitarbeiter verschiedener Zeitungen, hatte sich intensiv mit Goethes Leben und Werk beschäftigt und u. a. auch den „Faust" übersetzt, ehe er sich an die Ausarbeitung seines Schauspiels „La jeunesse de Goethe" [= Goethes Jugend] wagte, das Meyerbeer mit einigen Musikeinlagen versehen sollte. Meyerbeer begann die Komposition am 31. Juli 1860, im September wurde die Fertigstellung der Partitur für Mai 1861 vereinbart. Schon am 19. Dezember 1860 notierte Meyerbeer: „Die ganze Musik zur ‚Jeunesse de Goethe' fertig komponiert." *Es blieb nur einiges zu instrumentieren übrig, da die Frage des Orchesters im Odéon, einem Pariser Schauspielhaus, noch nicht geklärt war.*

An Henri Blaze de Bury

[*Berlin, 28. Januar 1861*]

Mein lieber Freund,
Ihr Brief vom 20. Januar, der erst am 25. in Paris abgestempelt wurde, ist diesen Morgen eingetroffen, und ich beeile mich, ihn umgehend zu beantworten. Seit sechs Wochen

habe ich die Musik für den Akt, um die Sie mich gebeten haben, vollkommen fertig. Ich wartete mit der Nachricht noch den Zeitpunkt ab, bis Sie mir, wie versprochen, mitteilten, daß Sie sich mit einem Theater geeinigt und arrangiert haben. Nun ersehe ich aus Ihrem Brief, daß es das Odéon ist. Wenn Sie für sich die notwendigen Kräfte in der Truppe finden und ebenso die Möglichkeit für die Inszenierung des 4. Aktes, und wenn man Ihnen für die musikalische Ausführung die Mittel garantieren kann, die mir nötig scheinen und die ich in meinem Brief, den Sie von mir besitzen, genannt habe, dann glaube ich schon, daß das Theater gut gewählt ist, vor allem mit einem Direktor wie es Herr de la Rounat ist, der als höchst intelligent und wagemutig gilt. Nun sagen Sie mir, daß Herr de la Rounat für den April, wo wir die Ablieferung meiner Partitur vereinbart hatten, ein Engagement mit Madame Ristori abgeschlossen habe und daß er infolgedessen uns vorschlägt, das Werk erst im Frühjahr 1862 zu geben. Zu dieser Zeit werde

„Le Pardon de Ploërmel", Szenenbild 2. Akt

ich sicherlich frei sein, was meine musikalische Tätigkeit anlangt. Die neue Oper, die ich vorbereite, wird erst im Laufe des kommenden Winters gegeben werden; ich sehe also im Augenblick keine Schwierigkeiten. Andererseits, mein lieber Freund, wage ich in meiner Eigenschaft als Familienvater kein definitives Engagement für einen Zeitpunkt in 14 Monaten anzunehmen, ohne festen Wohnsitz in Frankreich und unter den Verhältnissen, in denen wir jetzt leben; wer weiß, was mich in so ferner Zeit hier zurückhalten könnte.

Wenn wir bis zum kommenden 1. Oktober mit der Unterzeichnung des Vertrages für den April 1862 warten wollen, den Zeitpunkt, den Herr de la Rounat vorschlägt, dann kann er sicher sein, sieben Monate danach das Werk zu haben, und von unserer Seite gesehen heißt das, daß der Ablieferungstermin nicht auf einen so langen Zeitraum hinausgezögert wird. Ich glaube gern, wie Sie mir sagen, daß Herr de la Rounat am Werk interessiert ist, daß dies also kein Hinderungsgrund sein wird.

Lassen Sie uns jetzt noch ein wenig über unser Werk plaudern. Das Tableau, gegen das ich die meisten Bedenken hatte und das ich vorschlug zu ändern (das der Kathedrale, von Faust) ist von allen am besten gelungen, und ich hoffe, daß Sie darüber nicht unzufrieden sind. Ich habe keine Änderungswünsche, auch nicht für die anderen Tableaus und die Melodramen, die ich so ausgeführt habe, wie Sie mir empfahlen.

Nur ein einziges Stück beunruhigt mich noch im Hinblick auf die Musik, und deshalb zögere ich noch etwas mit der Ausführung: das ist die Ballade vom Erlkönig. Schuberts Musik zu dieser Ballade ist in der ganzen Welt so populär geworden, daß es mir unmöglich scheint, das Publikum könne eine andere Musik zu diesen Worten annehmen, und ich selber bin so sehr diesem Einfluß unterlegen, daß ich keine Musik habe finden können, die mich zufriedenstellte. Ich möchte also Schuberts Geflecht der Melodien bewahren, indem ich den Chor der Töchter des Erlkönigs darunter setze, Schuberts Melodie unter die drei sprechenden Personen aufteile und, das läßt sich machen, zugleich die Klavierbegleitung für Orchester setze.

Nun bieten sich zwei Möglichkeiten der Ausführung: die

eine ist, Vater und Sohn melodramatisch sprechen zu lassen und in diesen Abschnitten Schuberts Melodie ins Orchester zu legen, und nur den Erlkönig und seine Töchter singen zu lassen; die andere Möglichkeit wäre, auch die Partie von Vater und Sohn von Sängern ausführen zu lassen. Schreiben Sie mir doch bitte, welche der beiden Versionen Sie wohl vorziehen. Vom rein musikalischen Standpunkt aus gesehen, wäre es vorteilhafter, wenn alle drei sängen; aber ich richte mich nach Ihrer Entscheidung. Lassen Sie mich auch wissen, ob Sie, wie Sie planten, im 1. Akt einen Chor der Studenten hinzugefügt haben. In diesem Falle schicken Sie ihn mir bitte umgehend, denn ich möchte lieber jetzt diese Musik komponieren, wo die Eindrücke der übrigen Musik noch frisch in mir sind, als später, wenn andere Arbeiten mich von ihr entfernt haben. Wollen Sie mich bitte Madame de Bury und meiner charmanten Jetta empfehlen – machen Sie mir die Freude, mich bald über unsere Angelegenheit zu informieren.

Friedrich Freiherr von Flotow (1812–1883) weilte im März 1861 zur Aufführung seiner Musik zu Shakespeares „Ein Wintermärchen" in Berlin, wo er mehrfach mit Meyerbeer zusammentraf. Dieser notierte nach der zweiten Vorstellung des Werkes in seinem Tagebuch: „Sehr interessante Vorstellung; sehr geschickte Bearbeitung *[von Dingelstedt],* recht interessante, sehr schön instrumentierte Musik ..."

An Friedrich Freiherr von Flotow

Berlin, 30. April 1861

Hochverehrter Herr und Meister

Es freut mich doppelt, daß der Empfang meiner Photographie Ihnen einiges Vergnügen machte, da mir dadurch die sehr große Freude Ihres so liebenswürdigen Briefes geworden ist. Es hat mich glücklich gemacht daraus zu ersehen, daß ich die Sympathieen des berühmten Meisters besitze, der die meinigen durch seine lieblichen, alle Herzen gewinnenden Tonschöpfungen wie durch seine persönliche Liebenswürdigkeit schon längst in höchstem Grade erwarb. Es bleibt mir nur noch der Wunsch, daß Sie mich auch durch eine Mitteilung Ihrer Photographie erfreuen, die mir ein dauerndes, angenehmes Andenken an unsere neuliche Begegnung sein würde.

Meyerbeer wehrte sich gegen eine Aufführung der „Jeunesse de Goethe" im Frühjahr 1862, weil er für den April bereits eine Reise nach London zur Weltausstellung geplant hatte, zu deren Eröffnungsfeier er eingeladen war, eine Fest-Ouvertüre zu komponieren. Seine Pflichten als Leiter der Hofmusik hielten ihn 1862 in Berlin zurück – der nunmehr über siebzigjährige und ewig kränkelnde Meister fand aber auch nicht den Elan, zur Einstudierung seiner Musik für die „Jeunesse de Goethe" nach Paris zu reisen. Als er Anfang September 1863 nach Paris zur Vorbereitung der Aufführung seiner „Afrikanerin" zurückkehrte, galt seine ganze Kraft diesem neuen Werk. Nach seiner Premiere, so berichtet Blaze de Bury, sollte dann endlich die „Jeunesse de Goethe" aufgeführt werden. Der Tod Meyerbeers machte Burys Hoffnungen zunichte – das Manuskript Meyerbeers ist mit Teilen seines Notennachlasses verschollen.

An Louis Brandus

Berlin, 29. September 1861

Sie werden zweifelsohne wohl gleich aus dem Inhalte des beifolgenden Briefes ersehen, daß es ein ostensibler ist, den Sie die Güte haben sollten, dem Herrn Blaze de Bury vorzulesen. Gestern nämlich empfing ich einen Brief von demselben, worin er schreibt, daß wenn ich mit seinem Stück nach dem Odéon komme, in diesem Fall das Odéon nicht wie gewöhnlich am 1sten Juni schließen, sondern den ganzen Sommer spielen wird, um unser Stück eine ganze Zeit lang hindurch geben zu können. Ferner schickt er, um in Musik gesetzt zu werden, eine große Szene der Studenten für den ersten Akt, die die Ausdehnung eines Finale hat u. kündigt außerdem auch für den Schluß des Aktes Musik an und scheint mir sogar aus dem Briefe hervorzugehen, daß auch in den anderen Akten wahrscheinlich Musik sein wird und schließt mit den Worten „und jetzt, mein Freund, gehen wir an die Arbeit". Unter den traurigen Gesundheitsumständen, in denen Sie mich verlassen haben u. trotz welcher ich die eingegangenen Verpflichtungen für die Königsberger u. Berliner Hofkonzerte und für das Konzert für die Londoner Ausstellung im Kristallpalast zu erfüllen habe, würde es mir unmöglich sein, diesen Winter neue Kompositionen für Henri Blaze zu machen. Ich habe dazu auch nicht die mindeste Verpflichtung. Mein Versprechen die Musik zum dritten Akt zu komponieren habe ich, wie Sie wissen, längst erfüllt. Allein ich gestehe, daß ich bei meinem jetzigen Unwohlsein, selbst wenn ich auch keine neuen Stücke außer dem schon fertigen dritten Akt liefern sollte, nicht die Strapaze unternehmen möchte, im April nach Paris zu kommen, um die Proben des Werkes zu leiten. Vom künstlerischen Standpunkt aus wäre es mir zu jeder anderen Zeit ganz gleichgültig das Werk im April oder künftigen Herbst in die Szene zu setzen, aber ich fühle, daß ich einer langen Ruhe bedarf ehe ich mich der anstrengenden Arbeit, die für mich immer das Einstudieren eines Werkes ist, hingebe. Deshalb wünsche ich, daß es lieber im künftigen Oktober wie im Frühjahr geschieht. Ihre Aufgabe, verehrter Herr, wäre nun, Henri Blaze dazu zu bringen, daß er von selbst darauf eingeht, daß der Zeitpunkt des künftigen Herbstes für sein Werk nützlicher ist als der Sommer. Ich weiß wohl, daß er mich überhaupt nicht zwingen kann, aber weil ich ihn gern habe und wegen unserer langjährigen Freundschaft die große Arbeit übernommen habe, diesen dritten Akt zu komponieren, wünsche ich doch auch nicht, daß er wegen der Frage der Zeitverschiebung böse wird. Indem ich diesen Gegenstand Ihrer gütigen recht baldigen Besorgung empfehle, bitte ich Sie ergebenst mir von dem Resultat Ihrer Begegnung mit ihm Mitteilung zu machen …

In Wiesbaden, wo sich Meyerbeer einige Tage vor seiner Schwalbacher Kur aufhielt, notierte er am 13. Juli in seinem Tagebuch: „In der Kölner Zeitung ein Lied gelesen, ‚Ein Lied vom blinden Hessen', welches mich so sehr ansprach, daß ich es im Zeitraum von einer Stunde und ohne Beihilfe des Fortepiano für eine Tenorstimme und Männerchor (ohne Instrumentalbegleitung) komponierte; nur die 4. Strophe, welche eine verschiedene Melodie haben soll, bleibt noch zu komponieren" – *aber auch das geschah schon wenige Tage später.*

An Carl Altmüller

Berlin, d. 5te November 1862.

Hochgeehrter Herr!

Ein günstiger Zufall verschaffte mir kürzlich die Gelegenheit Ihr so schwungvolles, von echtem Patriotismus durchglühtes „Lied vom blinden Hessen" zu lesen, und ward ich davon so angeregt, daß ich es unmittelbar nach der Durchlesung als Chorlied für Männerstimmen komponierte. – Ich mache es mir zur angenehmen Pflicht, Ihnen beifolgend eine Abschrift von unserem gemeinschaftlichen Kinde im Manuskript mitzuteilen, da die Publikation durch den Stich erst in einigen Wochen erfolgen wird. Genehmigen Sie es freundlich als Erinnerung an unsre kleine Collaboration hochgeehrter Herr, und empfangen Sie die Versicherung der vollkommensten Hochachtung Ihres

ergebensten G. Meyerbeer.

Im März 1860 hatte Meyerbeer die Arbeit an „Vasco da Gama", wie er jetzt seine „Afrikanerin" nannte, wieder aufgenommen; sie wurde im Oktober nur für kurze Zeit wegen der Musik zur „Jeunesse de Goethe" unterbrochen. Aber wieder drängte sich Unerwartetes dazwischen: Am 1. Januar 1861 starb in Berlin Friedrich Wilhelm IV., und Meyerbeer erhielt den Auftrag, zur Inthronisierung des neuen Herrschers einen Krönungsmarsch und einen Festhymnus zu komponieren. Als einen persönlichen Schicksalsschlag empfand Meyerbeer wenig später den plötzlichen und unerwarteten Tod seines Librettisten und langjährigen Mitarbeiters Eugène Scribe am 21. Februar 1861. Wer sollte nun die dichterischen Veränderungen und Kürzungen ausführen, die sich während der Komposition und auch noch während der Inszenierung stets als notwendig erwiesen? Scribe hatte ihm auch während der Inszenierung seiner Werke stets mit seiner reichen Erfahrung, mit seinem untrüglichen Blick für theatralische Wirkung zur Seite gestanden. Wer konnte ihn ersetzen? Obendrein quälte Meyerbeer die Ungewißheit der Besetzung seiner Oper, so daß die Arbeiten an der „Africaine" nur langsam voranschritten.

An Louis Brandus

Schwalbach, 3. August 1863

Hochgeehrter Herr!

Obgleich schon seit mehrern Tagen im Besitz Ihrer 3 geschätzten Briefe, habe ich dieselben doch noch nicht beantworten können, da mich in der letzten Zeit die Kur so furchtbar echauffierte ... Der Arzt fand sich sogar gestern Abend durch diese Congestionen veranlaßt, mir eine dreitägige Pause in der Kur vorzuschreiben. Diese Vakanz will ich zu allererst benutzen, Ihre 3 Briefe zu beantworten.

1) Daß, wie Sie mir schreiben, Villaret in den „Vespres Siciliennes" [*„Sizilianische Vesper" von Verdi*] die Hoffnungen zerstört hat, welche er im „Guillaume Tell" [*von Rossini*] erregte, und ich ihn, wie Sie glauben, für meine neue Oper nicht werde gebrauchen können, hat mich wahrhaft betrübt. Ich hatte, nachdem was ich allseitig über ihn in der Rolle des Arnold im „Tell" gelesen und gehört hatte, gehofft, in ihm einen Vertreter meines Vasco zu finden. Vasco ist die bedeutendste Tenor-Rolle, die ich in meinem Leben komponiert habe, und von deren Darstellung hängt ein bedeutender Teil des Erfolges der Oper ab. Der alte, dicke, und abgesungene Geymard für diese jugendliche heroisch-chevalereske Rolle scheint mir gar nicht passend. Ich will nun, wenn ich meine Kur hier beendigt haben werde, welches wegen der dreitägigen Pause statt des 21. erst d. 24. sein wird, nach Baden gehen, wo um diese Zeit Naudin in der dortigen italienischen Oper singen wird, um denselben zu hören, ob er für den Vasco passen könnte oder nicht. Sie erinnern sich wohl noch, daß ich Ihnen schon früher in Berlin sagte, daß mir von einem recht kompetenten Deutschen, der Naudin in Italien den Raoul in den „Hugenotten" hatte singen hören, gesagt wurde, daß er ihn für den korrektesten und anmutigsten Tenor der Gegenwart halte, der auch bedeutendes Feuer und Energie besitzt. Nun, wir werden ja sehen, ob er mir auch so erscheint. Jedenfalls ist es wichtig genug für mich, ihn in Beziehung auf Vasco zu hören und zu prüfen. Anfangs September kann ich trotz dieser Badner Exkursion in Paris sein, um die Debuts der Lucca zu hören, welche um diese Zeit stattfinden werden, wie Sie mir schreiben.

Meyerbeer. Fotografie von L. Haase, Berlin um 1860

3) Ich muß Sie aber recht dringend bitten, niemand ohne irgend eine Ausnahme, zu sagen, daß ich nach Baden gehen werde um Naudin zu hören. Naudin selbst würde gewiß nicht mangeln die große Trommel zu rühren um ein bißchen Wind zu machen, Bagier, der Direktor der italienischen Oper [*in Paris*], der bloß wegen Differenzen im Geldpreise Naudin nicht engagiert hat, würde ihn dann koste was es wolle engagieren, um ihn der französischen Oper wegzunehmen, und ich selbst würde eine Menge Scherereien von den französischen Operisten und deren befreundeten Journälen zu erleiden haben. Sagen Sie es auch nicht einmal Perrin, obgleich dessen Interesse wäre darüber zu schweigen, um nicht Naudins Prätensionen zu erhöhen. Aber er wäre doch genötigt, im Staatsministerium darüber zu sprechen, und diese Herren wissen Sie, sind nicht sehr schweigsam. Außerdem kann ich ja auch nicht wissen, ob mir Naudin gefallen wird, und wäre das nicht der Fall, warum vorher unnütz die Frage angeregt zu haben.

...

4) Haben Sie denn Perrin gesagt, daß in meiner Oper 2 große Frauenrollen sind, und zwar beide Genre Falcon, durchaus nicht chanteuse légère? Wenn die Tietjens oder die Lucca einen solchen durchschlagenden Succes in Paris haben sollten, daß ich Ihnen die Afrikanerin anvertraute, so könnte dann allerdings Demoiselle Sax die andre Rolle singen. Wenn aber die Tietjens und die Lucca keinen so eklatanten und vollständigen Succes hätten, oder mir vielleicht Demoiselle Sax (die ich, wie Sie wissen, gar nicht bis jetzt kenne) dazu passender erscheinen sollte, dann müßte allerdings noch eine Künstlerin für diese andre weibliche Rolle gefunden werden, denn die Oper hat keine so viel ich weiß. Und da glaube ich doch, würde die Barbot die einzige dazu befähigte sein, obgleich ich nicht übertrieben für sie schwärme.

...

7) Haben Sie denn Engel zur Zeit mein neues Präludium zu „Aspiration" geschickt? Hat er es richtig bekommen und hat er schon Gebrauch davon gemacht? Ich frage das, weil er mir nicht eine Zeile des Dankes für meine Mühen geschrieben hat, was ich bei seiner sonstigen Höflichkeit mir nicht zu erklären wüßte, wenn er das Stück erhalten hätte.

Minna Meyerbeer. Gemälde von Gustav Richter

8) Sie würden mich recht verbinden, wenn Sie erfahren könnten (aber ohne daß die Anfrage von mir zu kommen scheint) ob Henri Blaze noch in Paris ist, oder abwesend, ob er in diesem Fall in Deutschland oder bloß auf dem Lande ist und wann man ihn in Paris zurück erwartet

Genehmigen Sie die Versicherung meiner vollkommensten Hochachtung

Meyerbeer

Meyerbeer war ein Mann mit religiösen Grundsätzen, kein orthodoxer Eiferer. Das tägliche Gebet war ihm Bedürfnis. Sein Tagebuch ist ein beredtes Zeugnis der Unterwerfung unter die Allmacht Gottes.
Dennoch leben tiefe Religiosität und sensibler Aberglaube in ihm eine rätselhafte Symbiose. Den Freitag fürchtet er als Dies ater, als einen Unglückstag, an dem er vermeidet, wichtige Entscheidungen zu treffen, Verträge zu schließen oder eine Reise zu beenden. Das Judentum ist ihm Trauma und Verpflichtung zugleich. Aus dieser religiösen Verpflichtung heraus fühlt er sich zur täglichen guten Tat gerufen. Ungezählt sind die Beispiele, wo Meyerbeer durch spontane Hilfe erkennbare Not lindert.
Karitative Fürsorge und soziale Hilfsbereitschaft lehrte ihn die Mutter, deren Segen er in entscheidenden Augenblicken erfleht. Meyerbeers Mutterbindung ist ein Schlüssel für sein Leben.
Das persönliche Gebet, das er sich wenige Monate vor seinem Tode zur täglichen Verrichtung niederschreibt, ist ein intimes und zugleich seltenes Dokument der in gestischer Inbrunst geführten Zwiesprache Meyerbeers mit Gott, Ausdruck gläubiger Vertraulichkeit, die uns den wahren Menschen nahebringt.

Paris, 8. Dezember 1863

Tägliches Gebet

Großer gnädiger Gott! Sei der Seelen meiner geliebten Eltern und meiner geliebten Brüder gnädig! Nimm sie auf in Dein himmlisches Freudenreich: schenke ihnen ewigen Frieden, ewige Seligkeit: und gestatte meiner geliebten Mutter, daß sie der Schutzengel ihrer ganzen Familie sei, uns alle zu schirmen und zu schützen, wie sie es schon so gern im Leben tat. –
Treues, frommes, liebendes Mutterherz, blicke segnend herab auf meine geliebte Gattin Minna, auf meine geliebten drei Kinder Blanca, Cäcilie und Cornelie, auf mein Enkelchen Fritz, auf meinen Schwiegersohn Emanuel, auf Wilhelms Kinder und auf mich selbst. Erflehe zum Ewigen, daß er uns sämtlich wandeln lasse unser ganzes Leben lang auf der Bahn der Tugend, der Ehre des Rechts, daß er uns bewahre vor Versuchungen zu schlechten Handlungen, uns behüte vor Krankheiten und Unglück. [...]

Großer allmächtiger Gott! veredle und verbeßre mein Herz und mein Gemüt. Tilge aus meinem Charakter die vielen Flecken, die ihn verunzieren: mache mich zu einem religieusen, tugendhaften, energischen, wohlwollenden Charakter. Schenke mir so viele Lebensjahre, wie du meiner seligen Mutter geschenkt hast, und noch mehr. Mache, daß ich sie in Gesundheit, Tugend, Freude, häuslichem Glück, Herzensfriede, Wohlstand, künstlerischer Wirksamkeit, künstlerischem Ruhm erlebe. Erhalte mir vor allem gnädiger Gott, die geliebte Minna, die geliebten drei Kinder Blanca, Cäcilie und Cornelie, das geliebte Enkelchen Fritz.

Verleihe mir die Gnade, großer Gott, daß ich Cäcilie und Cornelie recht bald glücklich verheiratet sehe. – Erhalte mir alle meine Sinne bis zu meinem Tode, erhalte mir besonders das Augenlicht und das Gehör: mache, daß beide nicht schwächer werden, als sie es in diesem Augenblicke sind. Erhalte mir Rüstigkeit und Klarheit des Geistes. Erhalte mir künstlerische Schöpfungskraft und künstlerische Wirksamkeit. Erhalte mir den Wohlstand, den deine Gnade mir geschenkt hat. Erhalte, vermehre und veredle meinen künstlerischen Ruhm. Mache, daß er sich über die ganze Welt verbreite, mache, daß alle meine Feinde und Gegner meine Anhänger und Bewunderer werden. Erhalte die fünf französischen Opern, die ich komponiert habe, auf dem Repertoire aller Theater der Welt während meines ganzen Lebens, und ein halbes Jahrhundert hindurch nach meinem Tode. Mache, daß ich „Vasco" [*Afrikanerin*] in ein paar Monaten definitiv und komplett beendige. Mache, daß „Vasco" im Jahre 1864 auf der Großen Oper in Paris zur Aufführung gelange und ich dieses Ereignis in Gesundheit und Freude erlebe … Mache, daß „Vasco" gleich bei seinem Erscheinen auf der Pariser Oper einen großen und glänzenden Erfolg erringe. Mache, daß dieser Erfolg ein verdienter und dauernder sei. Mache, daß „Vasco" sich wie „Robert" und die „Hugenotten" schnell auf dem Repertoire aller Theater der Welt verbreite, und sich darauf erhalte, so lange, wie „Robert" und die „Hugenotten" sich auf dem Repertoire erhalten haben und sich noch erhalten werden. Mache, großer Gott, daß der succès [*Erfolg*] von „Vasco" so glänzend sei, daß er meine alten Tage mit Ruhm und Freude erfülle und meinen Namen mit Ruhm auf die Nachwelt bringe. Amen. –

Großer gnädiger Gott, schenke mir eine sanfte, leichte, schmerzlose, furchtlose Todesstunde, frei von Gewissensbissen irgend einer Art. Mache, daß ich ohne Todesfurcht, in Gottergebenheit und frommer Zuversicht dessen, was mich dort im Jenseits erwartet, sterbe. Lasse meinem Tode keine lange, schmerzhafte Krankheit vorausgehen, sondern schenke mir einen sanften, schnellen, unbewußten Tod. Mache, daß ich vorher meine irdischen Angelegenheiten weise geordnet habe: lasse mich nicht in der Fremde sterben, sondern in der Heimat, umgeben von meiner geliebten Gattin und meinen geliebten drei Kindern. Und mache, großer Gott, daß das Testament, welches ich gemacht, ein weises sei, daß es meiner Gattin, meinen drei Kindern, meinem Enkel und meinen spätesten Nachkommen den Wohlstand sichre, den Gottes Gnade mir geschenkt hat und den seine Gnade mir erhalten möge.

Amen.

Meyerbeer, der am 3. September 1863 in Paris eingetroffen war, um die Einstudierung seiner „Afrikanerin" vorzubereiten, bestätigt hier noch einmal die feste Absicht – wie es auch Blaze de Bury in seiner Meyerbeer-Biographie behauptet – im Anschluß an die Premiere der „Afrikanerin" die Aufführung der „Jeunesse de Goethe" im Odéon in die Wege zu leiten.

An Karl Kaskel

Paris, 30. Dezember 1863

Geliebter Bruder!

Der Moment wo ein durchlebtes Jahr, sich von der Gegenwart ablösend, in die Vergangenheit sinkt, und ein neues sich erhebt, mit uns unbekannten Geschicken, die es in seinem Schoß birgt, ist für mich immer ein ängstlich-feierlicher Moment. Unwillkürlich wendet sich dann das Herz zu Gott um Erhaltung aller der Teuern zu flehen die wir lieben, und von denen geliebt zu werden unser höchstes Glück ist. Wenn ich denn Gott um die Erhaltung meiner geliebten Frau, meiner Kinder und meines Enkelchen gebetet habe, so folgt unmittelbar in meinem Herzen das Gebet für Dein und der Deinigen Glück und Wohlfahrt, und für die Erhaltung Deiner Freundschaft, die ich seit vielen Jahren zu den kostbarsten Gütern meines Lebens zähle. Gebe Gott, daß bei Dir und den Deinigen alles so bleibe wie es ist, besseres kann man Dir nicht wünschen. Du bist ein hochgeachteter, hochgeehrter reicher Mann, im Besitz eines reichen Geistes und eines fühlenden Herzens, unumgängliche notwendige Requisiten um der edeln Lebensgenüsse teilhaftig zu werden. Du hast liebenswürdige brave Kinder, die glänzend und glücklich verheiratet sind. Was kann man Dir also besseres wünschen, als daß alles so bleibe wie es ist? Ich bin nun schon wieder seit ein paar Monaten in Paris, da ich von hoher Hand sehr stimuliert wurde, meine „Afrikanerin" endlich in der großen Oper zur Aufführung zu bringen, und ich es doch natürlich auch wünsche. In dem jetzigen Zustande des Personals der großen Oper aber fehlen mir noch 2 Repräsentanten (würdigster Art wie ich sie wünsche) für 2 bedeutende Rollen. Die Operndirektion glaubt seit kurzem sie gefunden zu haben. Sie sind aber noch im Engagement und werden erst zum Frühling frei werden. Früher können denn natürlich auch die Proben nicht beginnen, und so wird die „Afrikanerin" erst im künftigen Herbst in die Szene gehen, da ich sie nicht in der ungünstigen Sommerzeit geben will. Bis dahin und sogar früher werde ich ein anderes großes Werk vollendet haben. Die Musik zu einem großen Schauspiel für das Odéon-Theater habe ich schon seit anderthalb Jahren fertig. Aber ich halte es nicht für zweckmäßig, irgend eine neue dramatische Komposition von mir zur Aufführung zu bringen, ehe nicht die „Afrikanerin" gegeben ist. Da ich weiß, wie sehr sich Deine Freundschaft für mein künstlerisches Treiben interessiert, so teile ich Dir diese kleinen Details mit, wie unwichtig sie auch sonst für jeden andern sein möchten. Und nun teurer geliebter Bruder noch einmal, Glück und Heil zum neuen Jahr, und tausend Grüße dem lieben Felix

Dein ewig treuer Freund und Bruder
Meyerbeer

Meyerbeers Brief an seine Tochter Cäcilie dürfte einer der letzten Briefe seines Lebens sein. Das Tagebuch bricht schon Ende Januar 1864 ab, offensichtlich hat Meyerbeer 1864 auch keinen Taschenkalender mehr geführt. Die ermüdenden Proben zehrten an den Kräften und brachten die schon lange erschütterte Gesundheit des Meisters ins Wanken. Im April treten Schwindelanfälle auf. Meyerbeer läßt seine beiden jüngeren Töchter Cornelie und Cäcilie nach Paris kommen, er wagt aber nicht, seine Frau zu ängstigen, die bei der ältesten Tochter in Berlin weilt. Noch glaubt man an eine Besserung: da tritt am 2. Mai morgens um 5.40 Uhr der Tod ein.
Die Proben für die „Africaine" müssen abgebrochen werden, weil Teile der Partitur in mehreren Fassungen vorliegen, da Meyerbeer letzte Entscheidungen stets erst während der Proben fällte, wenn die Wirkung der einzelnen Musikstücke erprobt werden konnte. Der belgische Musiktheoretiker François Joseph Fétis, der mit Meyerbeer gut bekannt war und seinen Lebensweg auch als Kritiker verfolgt hatte, fand sich zur Revision der Partitur bereit. Die Uraufführung der „Afrikanerin" am 28. April 1865 gestaltete sich in Gegenwart des französischen Kaiserpaares und der europäischen Prominenz aus Politik und Kultur zu einer glänzenden postumen Huldigung für den Verblichenen.

Trauerfeier in der Gare du Nord von Paris vor der Überführung des Sarges nach Berlin

Paris, 8. März 1864

Meine teure geliebte Cäcilie!
Empfange meine herzliche Gratulation und meinen väterlichen Segen zu Deinem Geburtstage, und mögen diese Zeilen, die hoffentlich am 10. morgens in Wiesbaden ankommen, Dich in bester Gesundheit und heiterster Seelenstimmung treffen, und mögen diese kostbaren Güter die stete Begleiterin Deiner Lebensbahn sein, die Gott der Allmächtige bis zum hundertsten Jahre verlängern möge: und möge er Dir recht bald einen guten braven Gatten schenken, den Du liebst und der Dich in Liebe und Treue beglückte. Der Tag, wo das der Fall sein wird, wird mir der glücklichste meines Lebens sein. Ich für mein Teil verlange von Deinem Gatten nur, daß er ein braver rechtschaffener Mann sei, der Dir mit inniger Liebe und Treue ergeben ist, der Dich aus wahrer Neigung und nicht aus Spekulation auf Deine Mitgift, die ich Dir wie Deinen andern Schwestern bestimmt

Leichenbegängnis Meyerbeers auf dem jüdischen Friedhof in der Schönhauser Allee Berlin am 9. Mai 1864. L'Illustration, Paris 28. Mai 1864

habe, auskommt, und vor allem andern Dich glücklich macht. Ob er von hohem Rang oder bürgerlicher Abkunft, ob er reich oder arm sei, ob er eine hohe oder eine bescheidene Stellung in der Welt einnehme, ist mir gleichgültig, und faßt Du Dein Lebensglück aus dem richtigen Gesichtspunkt auf, so wirst Du auf diese Details bei Deiner Wahl kein großes Gewicht legen. – Was ich Dir zu Deinem Geburtstage schenke, liebes Kind, das weißt Du, da Du selbst die Wahl Deiner Präsente getroffen hast, wie mir Mamma schreibt, ich darf also annehmen, daß die Gegenstände Dir Freude machen werden. Ich will aber zu diesen Präsenten noch ein anderes für Dich und Cornelie hinzufügen, nämlich den nervus rerum (das heißt das Geld) zu einer Reise von einem Monat, im Mai, wenn Mamma ihre Badekur beginnt. Wenn es zu Stande kommt, daß ich meine Oper in Paris gebe (was leider noch immer nicht sicher ist, da von den vielen versprochenen Sängerdebuts nur 2 zustande gekommen sind, wovon das eine schlecht, das andre gut ausfiel, die Unterhandlungen mit dem guten Subjekt aber wegen übertriebener Forderungen nicht zustande gekommen sind, weshalb ich auch wahrscheinlich im nächsten Monat eine Reise nach Wien werde machen müssen, um den Tenoristen Mongini zu hören, auf den jetzt die Direktion spekuliert: wenn also sage ich es sich im nächsten Monate entscheiden sollte, daß ich meine Oper in Paris geben kann, so könnt Ihr den Monat Mai in Paris unter der Obhut Eures Vaters und Gaichen's zubringen. Ist das nicht der Fall, so könnt Ihr den Monat Mai eine Reise durch Norditalien machen, wo Ihr, da doch gewiß Mamma nach der Schweiz geht, Euch nicht zu weit von ihr entfernt, pour qu'elle puisse promptement mettre la main sur vous [*damit sie gleich die Hand über Euch halten könnte*], wenn Ihr ausreißen wolltet: so wie für den Fall der Pariser Reise, moi je pourrais vous tenir sous clef, mauvaises sujettes [*könnte ich Euch unter Verschluß halten, Ihr schlimmen Racker*]. –
Die Sand hat aus ihrem schönen Roman, „le Marquis de Villemer", den Du ja kennst, ein 5aktiges Stück gemacht, das vor einigen Tagen im Odéon-Theater gegeben wurde und einen großen Enthusiasmus erregte. Man rühmt es sehr: wenn mein Husten nachlassen wird, will ich es auch sehen. Das Wetter ist hier sehr ungesund: förmlich heiß, aber fort-

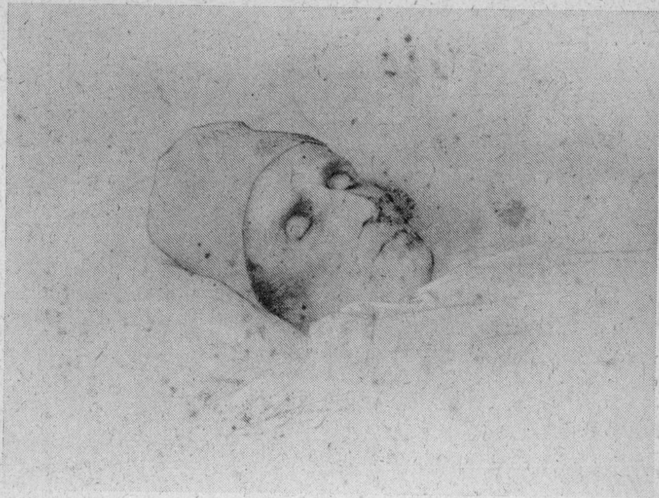

Meyerbeer auf dem Totenbett. Zeichnung von E. Mousseaux

während Regen und Sturm. Und nun noch einmal geliebte Cäcilie, Glück und Segen zum Geburtstage, und tausend Küsse im Geiste. Grüße Mamma und Cornelie.

Dein treuer Vater
Meyerbeer

ANHANG

Zeittafel

1791	Jakob Liebmann Meyer Beer wird am 5. September in Vogelsdorf oder Tasdorf bei Berlin geboren
1798	Beginn des Klavierunterrichts bei Franz Lauska
1801	14. Oktober: Erstes öffentliches Auftreten als Pianist mit Mozarts d-Moll-Klavierkonzert
1803	Eintritt in die Berliner Singakademie. Kompositionsunterricht bei Carl Friedrich Zelter. – 12. Dezember: Vollendung der *1. Klaviersonate*
1807	Aron Wolfssohn übernimmt die Erziehung Meyerbeers. – Beginn der Studien bei Bernhard Anselm Weber
1810	Zusammenziehung des Namens zu: Meyerbeer. – Übersiedlung nach Darmstadt. – Unterricht bei Abbé Vogler. – Gründung des Harmonischen Vereins mit den Mitschülern und Freunden Carl Maria v. Weber, Gottfried Weber, Johann Baptist Gänsbacher, Alexander v. Dusch
1811	8. Mai: Uraufführung der lyrischen Rhapsodie *Gott und die Natur* (Schreiber) im Königlichen Nationaltheater in Berlin
1812	Meyerbeer trifft am 25. April in München ein und beendet zu diesem Zeitpunkt die Ausbildung bei Vogler. – 23. Dezember: Uraufführung der Oper *Jephtas Gelübde* (Schreiber) im Münchner Königlichen Hof- und Nationaltheater
1813	3. Januar: Reise nach Stuttgart, wo am 6. Januar das Lustspiel mit Gesang *Wirth und Gast* oder *Alimelek* (Wohlbrück) aufgeführt wird. – 12. Februar: Ernennung zum Hofkompositeur des Großherzogs von Hessen-Darmstadt. – März: Reise nach Wien
1814	Meyerbeer trifft Ende Dezember in Paris ein
1815	Aufenthalt in London vom 30. November bis 31. Dezember
1816	Reise nach Italien – Verona (März) – Rom (Mai) – Neapel (Juni) – Sizilien
1817	19. Juli: Uraufführung der Oper *Romilda e Costanza* (Rossi) in Padua
1819	März: Uraufführung der Oper *Semiramide* (Rossi) in Turin. 26. Juni: Uraufführung der Oper *Emma di Resburgo* (Rossi) in Venedig
1820	14. November: Uraufführung der Oper *Margherita d'Anjou* (Romani) in Mailand
1822	12. März: Uraufführung der Oper *L'Esule di Granata* (Romani) in Mailand
1824	7. März: Uraufführung der Oper *Il Crociato in Egitto* (Rossi) in Venedig

1825 23. Februar Rückkehr nach Paris. – 27. Oktober: Meyerbeers Vater Jacob Herz Beer stirbt in Berlin

1826 Am 25. Mai heiratet Meyerbeer seine Kusine Minna Mosson. – 5. Juni: Carl Maria v. Weber stirbt in London – Meyerbeer verpflichtet sich, Webers Oper „Die drei Pintos" zu vollenden

1827 Beginn der Zusammenarbeit mit Eugène Scribe

1831 21. November: Uraufführung der Oper *Robert le Diable* (Scribe) in Paris

1832 19. Januar: Ernennung zum korrespondierenden Mitglied der Akademie der Künste Paris und zum Ritter der Ehrenlegion. – 11. August: Friedrich Wilhelm III. verleiht Meyerbeer das Prädikat eines Hofkapellmeisters

1833 1. Mai: Ernennung zum ordentlichen Mitglied der Preußischen Akademie der Künste. – Meyerbeer zahlt im Oktober 30000 Francs Konventionalstrafe wegen Verzögerung der *Hugenotten* an den Operndirektor Louis Véron und reist mit seiner Frau Minna nach Italien

1836 29. Februar: Uraufführung der Oper *Les Huguenots* (Scribe) in Paris

1837 Scribe schreibt für Meyerbeer das Libretto der *Africaine*. – Arbeit an der Oper *Cinq mars* (Saint-Georges), die am 5. Dezember jedoch abgebrochen wird

1838 Im September Beginn der Arbeit an *Le Prophète* (Scribe)

1840 Bei Maurice Schlesinger in Paris erscheint eine „Collection des mélodies de Giacomo Meyerbeer", 22 Lieder

1841 Im März ist die Partitur der Erstfassung des *Propheten* beendet und wird in Paris einem Notar übergeben

1842 31. Mai: Meyerbeer erhält den Pour le mérite der Friedensklasse durch Friedrich Wilhelm IV. – 11. Juni: Meyerbeer wird zum Preußischen Generalmusikdirektor ernannt

1843 28. Februar: Uraufführung des Festspiels mit Lebenden Bildern *Das Hoffest von Ferrara* (Raupach)

1844 7. Dezember: Uraufführung des Festspiels *Das Feldlager in Schlesien* (Scribe – Rellstab) anläßlich der Wiedereröffnung des 1843 abgebrannten Berliner Opernhauses

1846 Im Februar erfolgt die Ernennung zum Mitglied der Akademie der Künste Brüssel. – 19. September: Uraufführung des Schauspiels *Struensee* von Michael Beer mit Musik von Meyerbeer. – 6. Dezember: Reise nach Wien

1847 18. Februar: Aufführung der Neufassung des *Feldlagers in Schlesien* unter dem Titel *Vielka* in Wien mit Jenny Lind in der Titelrolle

1848 Im Oktober Rückkehr nach Paris

1849 16. April: Uraufführung der Oper *Le Prophète* (Scribe) in Paris

1850 Friedrich August von Sachsen verleiht Meyerbeer das Ritterkreuz des Königlichen Sächsischen Verdienstordens am 28. Januar. – 28. Februar: Erstaufführung des *Propheten* in Wien, am 28. April in Berlin. – 10. Juli: Ernennung zum Ehrendoktor der Philosophischen Fakultät Jena. – 1. November: Ernennung zum Ritter des österreichischen Franz-Joseph-Ordens

1851 Uraufführung der *Ode auf Christian Rauch* (Kopisch) anläßlich der Feier am 31. Mai zur Enthüllung des Monuments Friedrich des Großen von Rauch in Berlin. – Mitglied des Senats der Akademie der Künste Berlin

1852 27. Januar: Meyerbeer gibt das Opernfragment „Die drei Pintos" von Carl Maria v. Weber nach Zahlung von insgesamt 4000 Talern Entschädigung an die Familie Webers zurück. – 26. Mai: Uraufführung der Festkantate *Marias Genius* zur Feier der Silbernen Hochzeit des Prinzen Karl. – 18. Juli: Ernennung zum Ehrenmitglied der Akademie der Tonkunst Wien

1854 16. Februar: Uraufführung der Opéra comique *L'Étoile du Nord* (Scribe) in Paris. – Am 27. Juni stirbt in Berlin Meyerbeers Mutter Amalia Beer. – 30. September: Verleihung des Komturkreuzes des Ordens der Württembergischen Krone, womit die Erhebung in den persönlichen Adelsstand verbunden ist, von dem Meyerbeer jedoch keinen Gebrauch macht

1855 9. Februar: Verleihung des Kommandeurkreuzes 1. Grades des Ernestinischen Hausordens von Hannover

1857 24. Februar: Ernennung zum Mitglied der Akademie der Künste Florenz

1859 4. April: Uraufführung der Opéra comique *Le Pardon de Ploërmel* (Barbier und Carré) in Paris

1861 21. Februar: Tod Eugène Scribes. – Frühjahr: Aufführung des *Krönungsmarsches* für Wilhelm I.

1862 20. April Reise nach London, wo am 1. Mai die *Ouvertüre* zur Eröffnung der Weltausstellung aufgeführt wird

1864 2. Mai: Tod in Paris, Überführung der Leiche nach Berlin, wo Meyerbeer am 9. Mai bestattet wird

1865 28. April: Uraufführung der Oper *L'Africaine* (Scribe) in Paris

Werkeverzeichnis

1. Opern

Jephtas Gelübde, Oper in 3 Akten, Libretto von A. Schreiber (23. Dezember 1812 München, Hofoper)

Wirth und Gast oder Aus Scherz Ernst, Lustspiel in 2 Akten, von J. G. Wohlbrück (6. Januar 1813 Stuttgart, Hoftheater)

Romilda e Costanza, Melodramma semiserio in 2 Akten, Libretto von Gaetano Rossi (19. Juli 1817 Padua, Teatro Nuovo)

Semiramide riconosciuta, Dramma per musica in 2 Akten, Libretto von Gaetano Rossi nach Metastasio (März 1819 Turin, Teatro Reggio)

Emma di Resburgo (= Emma di Leicester), Melodramma eroico in 2 Akten, Libretto von Gaetano Rossi (26. Juni 1819 Venedig, Teatro S. Benedetto)

Margherita d'Anjou, Opera semiseria in 2 Akten, Libretto von Felice Romani nach Guilbert de Pixérécourt (14. November 1820 Mailand, La Scala) – Umarbeitung von Thomas de Sauvage (11. März 1826 Paris, Théâtre Odéon)

L'Esule di Granata, Opera seria in 2 Akten, Libretto von Felice Romani (12. März 1822 Mailand, La Scala)

Il Crociato in Egitto, Opera seria in 2 Akten, Libretto von Gaetano Rossi (7. März 1824 Venedig, La Fenice) – Umarbeitung für Paris (25. September 1825 Paris, Théâtre Italien)

Robert le Diable, Opéra in 5 Akten, Libretto von Eugène Scribe und Germain Delavigne (21. November 1831 Paris, Opéra)

Les Huguenots, Opéra 5 Akte, Libretto von Eugène Scribe und Emile Deschamps (29. Februar 1836 Paris, Opéra)

Ein Feldlager in Schlesien, Oper in 3 Akten, Libretto von Eugène Scribe und Ludwig Rellstab (7. Dezember 1844 Berlin, Königliches Opernhaus) – Umarbeitung von Charlotte Birch-Pfeiffer als Vielka (18. Februar 1847 Wien, Theater an der Wien)

Le Prophète, Opéra in 5 Akten, Libretto von Eugène Scribe (16. April 1849 Paris, Opéra)

L'Étoile du Nord, Opéra comique in 3 Akten, Libretto von Eugène Scribe nach seinem Ballett La Cantinière (16. Februar 1854 Paris, Opéra comique)

Le Pardon de Ploërmel (auch unter den Titeln: Die Goldsucher; Die Wallfahrt nach Ploërmel; Dinorah), Opéra comique in 3 Akten, Libretto von Jules Barbier und Michel Carré (4. April 1859 Paris, Opéra comique)

L'Africaine, Opéra in 5 Akten, Libretto von Eugène Scribe, Endfassung von F. J. Fétis (28. April 1865 Paris, Opéra)

2. *Opernfragmente – Opernpläne*

Abu Hassan, Singspiel in 2 Aufzügen, Libretto von F. K. Hiemer?, Plan, Darmstadt 1810

Der Admiral oder Der verlorene Prozeß, Plan, Darmstadt 1811

Le bachelet de Salamanque, Skizzen 1815?

L'Almanzore, Oper, Libretto von Gaetano Rossi, geplant für das Teatro Argentino Rom, 1821

Ines de Castro, Melodramma tragico, Libretto von Gaetano Rossi, für Neapel 1825, Plan

Malek Adel, Melodramma, Libretto von Gaetano Rossi, Plan 1824

La Nymphe de Danube, Pasticcio, Libretto von Thomas de Sauvage, Plan, Paris 1826–1829

Le Portefaix, Opéra comique, Libretto von Eugène Scribe, Plan, Paris 1831

Le Brigands, Opéra, Libretto von Alexandre Dumas, Plan, Paris 1832

Cinq Mars, Opéra, Libretto von H. Saint-Georges und François de Planard, Skizzen, Paris 1837

Noëma ou le repentir (= L'ange au exil), Opéra, Libretto von Eugène Scribe und Henry Vernoy de Saint-Georges, Plan, Paris 1846

Die drei Pintos, Oper nach Skizzen von Carl Maria v. Weber, Skizzen und Fragmente, Berlin–Paris 1826–1852

3. *Bühnenkompositionen*

Der Fischer und das Milchmädchen oder Viel Lärm um einen Kuß (Le passage de la rivière ou la femme jalouse) Divertissement, Libretto von I. E. Lauchery (26. März 1810 Berlin Hofoper)

Das Brandenburger Tor, Singspiel, Libretto von E. Veith, Wien 1814 (Aufführung nicht nachgewiesen)

Gli amori di Teolinda (Tecelindens Liebschaften), Dramatische Kantate, Libretto Gaetano Rossi, für Solosopran, Soloklarinette, Chor und Orchester (Verona 18. März 1816)

Das Hoffest von Ferrara, Maskenspiel, Libretto von Ernst Raupach nach Tasso (28. Februar 1843 Berlin, Schloß)

Struensee, Schauspiel mit Musik, Tragödie von Michael Beer (19. September 1846 Berlin, Schauspielhaus)

La Jeunesse de Goethe (L'Etudiant de Straßbourg), Schauspiel mit Musik, Dichtung von Henri Blaze de Bury, Paris 1860–1862 (Aufführung nicht nachgewiesen)

4. Instrumentalmusik

Zahlreiche Jugendkompositionen, Klavier-Sonaten, Phantasien, Variationen, Klavier-Konzerte blieben ungedruckt

Fackeltanz B-Dur für Großes Orchester zur Hochzeit der Prinzessin Marie mit dem Kronprinzen von Bayern (Berlin 1842)

Fackeltanz Es-Dur für Großes Orchester zur Hochzeit der Prinzessin Charlotte mit dem Erbprinzen von Sachsen-Meiningen (Berlin 1850)

Fackeltanz c-Moll für Großes Orchester zur Hochzeit der Prinzessin Anna mit dem Prinzen Friedrich von Hessen (Berlin 1853)

Fackeltanz (mit God save the king) C-Dur für Großes Orchester zur Ankunft des neuvermählten Kronprinzen Friedrich Wilhelm mit Prinzessin Viktoria von England (Berlin 1858)

Festmarsch für Großes Orchester zu Schillers 100jähriger Geburtstagsfeier (Berlin 1859)

Krönungsmarsch für 2 Orchester zur Krönung Wilhelms I. von Preußen (Königsberg, während des Krönungszuges zur Kirche, 1861)

Fest-Ouvertüre im Marschstil für die Londoner Weltausstellung (London 1862)

5. Gelegenheits-Kompositionen

Mehrere frühe Kantaten für Festlichkeiten im Elternhaus blieben ungedruckt

Bayerischer Schützenmarsch, Kantate für 4 Soli und Blasorchester, Text König Ludwig I. von Bayern (München 1829)

Festgesang zur Errichtung des Gutenberg-Denkmals in Mainz für Soli und Männerchor (Mainz 1834)

Freundschaft, vierstimmiges Lied für Männerstimmen, Text von Emile Deschamps („L'Amitié, Gloire, Gloire") zum Gründungsfest der Berliner Singakademie (Berlin 1842)

Dem Vaterland („À la Patrie") für vierstimmigen Männerchor, 2 Tenöre und 2 Bässe (Berlin 1842)

Die lustigen Jägersleut („Les Joyeux Chasseurs") für Männerchor (Berlin)

Dem Meister des deutschen Lieds ein Lied, für Männerchor, zum Empfang von Louis Spohr (Berlin 1845)

Der Wanderer und die Geister an Beethovens Grabe, „Was schwebet durch die Räume", für Baß-Solo und 3 Soprane, Text von Ferdinand Braun, frz. Text von M. Bourges (Wien 1845)

Festhymne, „Du, Du, der über Raum und Zeit", für Soli und a-cappella-Chor, Text von Karl Winkler, zur 25jährigen Vermählungsfeier Ihrer Majestäten des Königs und der Königin von Preußen (29. November 1848 Berlin)

Friedericus Magnus, „Für solchen König Blut und Leben“, Lied für Chor und Orchester, Text Ludwig Rellstab, eingelegt in die Oper Ein Feldlager in Schlesien am Tage der Einweihung des Denkmals Friedrich des Großen von Rauch (Berlin 31. Mai 1851)

Ode an Rauch, „Steht auf und empfangt mit Feiergesang“, für Soli, Chor und Orchester, Text E. Kopisch, zur Akademiefeier für Rauch (9. Juni 1851 Berlin), später umtextiert von L. Rellstab „Opferhymne an den Zeus“

Maria und ihr Genius, „Erschienen ist der freudenreiche Tag“, Kantate für Sopran, Tenor, gemischten Chor und Orchester, Text von Goldtammer, zur Feier der Silbernen Hochzeit des Prinzen Carl (26. Mai 1852 Berlin-Glienicke)

Brautgeleite aus der Heimat, Lied für achtstimmigen gemischten Chor, Text von Ludwig Rellstab, frz. „Adieux aux jeunes mariés“ von Emile Deschamps, zur Hochzeit der Prinzessin Luise von Preußen mit dem Prinzregenten von Baden (Berlin, Juli 1856)

Nice à Stephanie, Kantate für Solo-Sopran und Chor, Text von Pillet, zum Geburtstag der Großherzogin Stephanie von Baden (26. Dezember 1857 Nizza)

Festkantate, „Wohl bist du uns geboren, gestorben bist du nicht“, für Soli, gemischten Chor und Orchester, zur 100jährigen Geburtstagsfeier von Friedrich Schiller (10. November 1859 Paris)

Bundeslied über das Thema God save the king, frz. „Invocation à la terre natale“, für Männerchor, Klavier ad lib.

Fest-Hymnus, Huldigungs-Kantate für 6 Solostimmen, Chor und Orchester, Text von Dr. Köster (24. Oktober 1861 Berlin)

Das Lied vom blinden Hessen, „Ich weiß ein theuerwerthes Land“, für Tenor-Solo und vierstimmigen Männerchor, Text von Carl Altmüller dem Hessischen Männergesangsverein gewidmet, frz. „Le Chant des Exilés“, Text von Duesberg (Berlin Juli 1862)

6. *Geistliche Musik*

98. Psalm, für gemischten Chor a cappella (17. März 1811 Berlin), ungedruckt

Gott und die Natur, Oratorium für Soli und Chor, Text Aloys Schreiber (8. Mai 1811 Berlin), ungedruckt

Gott ist mein Hirte, Psalm für Solostimmen und Doppelchor (1813 Berlin), ungedruckt

Hallelujah, Kleine Kantate für 4 gemischte Stimmen, Orgel ad lib. (1815), ungedruckt

An Gott, Hymne für 4 gemischte Stimmen, Klavier ad lib., Text Friedrich Wilhelm Gubitz (1817)

Prière d’enfants „Le souverain maître“ für 3 Frauenstimmen (Beilage Nr. 6 Allgemeine Musikalische Zeitung 1839)

Zwei religiöse Gedichte, „Gloria in der Höhe"; „Hallelujah, der Herr ist da", für 2 Soprane und Alt, Orgel ad lib., Text von J. Neuss (Mainz 1853)

Der 91. Psalm, Trost in Sterbensgefahr, für Solo und achtstimmigen Chor (Berlin 1853)

Pater noster, Motette für gemischten vierstimmigen Chor a cappella (15. November 1857 Berlin)

Bußlied „Qui sequitur me" für Solobaß und gemischten Chor, Text Corneille und Ludwig Rellstab (Berlin 1859)

Sieben geistliche Gesänge, „Morgenlied"; „Dem Dreieinigen"; „Vorbereitung zum Gottesdienst"; „Danklied"; „Nach dem Abendmahl"; „Wach auf mein Herz"; „Liebster Jesu wir sind hier", für 4 Stimmen mit Klavier-Begleitung ad lib., Text von Friedrich Gottlieb Klopstock (1841 Berlin und Paris)

Prière du matin, Morgengebet, für Doppelchor achtstimmig mit Klavier-Begleitung ad lib. (1864 Paris)

7. *Mélodies, Lieder, Romanzen, Elegien, Canzonetten*

Zahlreiche Lieder erschienen in Einzeldrucken, in Zeitschriften oder in Sammlungen

Ausgabe: 40 Mélodies, Paris 1850, M. Schlesinger

Briefempfänger und Briefdaten

Erstveröffentlichungen werden durch *, Übersetzungen durch ** gekennzeichnet.

Literatur (Auswahl)

Giacomo Meyerbeer, Briefwechsel und Tagebücher, hrsg. von Heinz und Gudrun Becker. I: Berlin 1960, de Gruyter; II: Berlin 1970; III: Berlin 1975; IV: Berlin 1985.

Johannes Weber, Meyerbeer, Notes et souvenirs d'un de ses Secrétaires, Paris 1898, Fischbacher.

Hermann Abert, Giacomo Meyerbeer, in: Jahrbuch Peters 1918, S. 37–52.

Julius Kapp, Giacomo Meyerbeer, Berlin [8]1932, Max Hesse.

William L. Crosten, French Grand Opera, an Art and a Business, New York 1948, S. 106–128.

Heinz Becker, Meyerbeers Ergänzungsarbeit an Webers nachgelassener Oper „Die drei Pintos", in: Die Musikforschung 1954, S. 300–312.

Frits Noske, La mélodie française de Berlioz à Duparc, Amsterdam–Paris 1954, Presses universitaires de France.

Heinz Becker, Meyerbeers Beziehungen zu Louis Spohr, in: Musikforschung X, 1957, S. 479–486.

Martin Cooper, Giacomo Meyerbeer, in: Fanfare for Ernst Newman, London 1958, S. 38–57.

Heinz Becker, Der Fall Heine – Meyerbeer, Berlin 1958, de Gruyter.

–, Giacomo Meyerbeer, in: Year Book IX of the Leo Baeck Institute, London 1964, S. 178–201.

Henning Fredrichs, Das Rezitativ in den „Hugenotten" G. Meyerbeers, in: Beiträge zur Geschichte der Oper, hrsg. von H. Becker, Regensburg 1969, Gustav Bosse, S. 55–76.

Heinz Becker, Meyerbeers Mitarbeit an den Libretti seiner Opern, in: Kongreß-Bericht Bonn 1970, S. 155–160.

Fritz Bose (Hrsg.), Meyerbeer. Sizilianische Volkslieder, Berlin 1970, de Gruyter.

Christhard Frese, Dramaturgie der großen Opern Giacomo Meyerbeers, Berlin 1970, R. Lienau.

Robert Wayne Gibson, Le Prophète. A Study in Operatic Style, Diss. Northwestern University 1972.

Joan Lewis Thomson, Meyerbeer and his contemporains, Diss. Columbia University 1972.

Bernd Böhmel, Thesen zu Meyerbeer, in: Meyerbeer, Les Huguenots, Materialien zum Werk, Edition Peters Leipzig, 1974, S. 15ff.

Peter Gülke, Versuch mit Meyerbeer, ebenda, S. 17ff.

Gerd Rienäcker, Gedanken zum Opernschaffen von Giacomo Meyerbeer, ebenda, S. 20ff.

Sieghart Döhring, Les oeuvres tardives de Meyerbeer, in: Schweizerische Musikzeitung, 1975, S. 57–65.
Heinz Becker (Hrsg.), Die „Couleur locale" in der Oper des 19. Jahrhunderts, Regensburg 1976, G. Bosse.
H. Robert Cohen, On the Reconstruction of the visual elements of French Grand Opera: Unexplored sources in Parisian collections, in: Kgr. Bericht der IGf Mw., Berkeley 1977, S. 463–481.
Sieghart Döhring, Multimediale Tendenzen in der französischen Oper des 19. Jh., in: Kgr. Bericht der Internationalen Gesellschaft für Musikwissenschaft, Berkeley 1977, S. 497–500.
John Howell Roberts, The Genesis of Meyerbeers „L'Africaine", Diss. University of California, Berkeley 1977.
Carl Dahlhaus, Motive der Meyerbeerkritik, in: Jahrbuch des Staatlichen Instituts für Musikforschung 1978, Berlin 1979, S. 35–42.
Karin Pendle, Eugène Scribe and French Grand Opera of the 19th century UMI, Ann Arbor 1979.
Heinz Becker, „... der Marcel von Meyerbeer", in: Jahrbuch des Staatlichen Instituts für Musikforschung 1979, Berlin 1980, S. 79–100.
–, Meyerbeer und seine Vaterstadt Berlin, in: Studien zur Musikgeschichte Berlins im frühen 19. Jahrhundert, hrsg. von Carl Dahlhaus, Regensburg 1980, G. Bosse, S. 429–450.
Carl Dahlhaus, Musikalischer Realismus, München 1980 (darin S. 105 ff. über den „Propheten"), Serie Piper.
C. Join-Dieterle, Robert le Diable, Le premier opéra romantique, in: Romantisme 1980, N. 28–29, p. 147–166.
Heinz Becker, Giacomo Meyerbeer in: Selbstzeugnissen und Bilddokumenten, Reinbek 1980, Rowohlt (rowohlt-Monographien Bd. 288).
Sieghart Döhring, Die Autographen der vier Hauptopern Meyerbeers: Ein erster Quellenbericht, in: Archiv für Musikforschung 1982, S. 32–63.
–, Réminiscences. Liszts Konzeption der Klavierparaphrase, in: Festschrift Heinz Becker, Laaber 1982, S. 131–151.
Herbert Schneider, Die Bearbeitung des „Pardon de Ploërmel" von G. Meyerbeer im Jahre der Uraufführung, in: Festschrift Heinz Becker, Laaber 1982, S. 152–161, Laaber Verlag.
Carl Dahlhaus, Französische Musik und Musik in Paris, in: lendemains 31/32 VIII 1983, S. 5–10.
Sieghart Döhring, Giacomo Meyerbeer: Grand Opéra als Ideendrama, in: ebenda, S. 11–22.
Gerd Rienäcker, Finali in Opern von E. T. A. Hoffmann, Louis Spohr, Heinrich Marschner und Carl Maria von Weber – Gedanken zur Theorie und Geschichte des Opernfinales, Diss. B., Berlin 1984, S. 1 ff.

Heinz Becker: Setkání v Boulogne-sur-mer: Wagner a Meyerbeer Begegnung in Boulogne-sur-mer: Wagner und Meyerbeer, in: Hudební věda XXI, 1984, S. 293–302.

Sieghart Döhring: Giacomo Meyerbeer: Grand opéra jako drama idejí (G. Meyerbeer: Grand opéra als Ideendrama), in: ebenda, S. 310–322.

Marta Ottlová und Milan Posbíšil: Smetanův Meyerbeer (Smetanas Meyerbeer), in: ebenda, S. 355–364.

Jitka Ludvová: Meyerbeer na pražském německém jevišti 1815–1935 (Meyerbeer auf der Prager deutschen Bühne 1815–1835), in: ebenda, S. 365–374.

Bořivoj Srba: Scénické výpravy Meyerbeerových oper da českém jevišti (Die Bühnendekorationen der Meyerbeeropern auf dem Tschechischen Theater), in: ebenda, S. 376–385.

Heinz Becker, Meyerbeers Wiener Reisetagebuch 1813, in: Festschrift für Rudolf Elvers zum 60. Geburtstag, Tutzing 1985, S. 29–47.

Carl Dahlhaus, Wagner, Meyerbeer und der Fortschritt. Zur Opernästhetik des Vormärz, in: ebenda, S. 103–116.

Heinz Becker, Zwischen Oper und Drama. Zu Meyerbeers Konzeption der dramatischen Szene, in: Wagnerliteratur und Wagnerforschung, Referate des Wagner-Symposiums München 1983, hrsg. von Carl Dahlhaus und Egon Voss, Mainz 1985, S. 86–94.

Sieghart Döhring, Meyerbeers Konzeption der historischen Oper und Wagners Musikdrama, in: ebenda, S. 95–100.

Theo Hirsbrunner, Ernest Reyer, ein Komponist zwischen Meyerbeer und Wagner, in: ebenda, S. 109–113.

Ursula Günther, Wagnerismen in Verdis „Don Carlos“ von 1867?, in: ebenda, S. 101–108.

Michael Walter, Zwei Hugenotten-Bearbeitungen des 19. Jh., in: Jahrbuch f. Opernforschung 1985, S. 122–143.

Norbert Miller, Große Oper als Historiengemälde. Überlegungen zur Zusammenarbeit von Eugène Scribe und Giacomo Meyerbeer (am Beispiel des 1. Aktes von „Les Huguenots“), in: Oper und Operntext, hrsg. von Jens Malte Fischer, Heidelberg 1985, S. 45–79.

Heinz Becker, Eine „Undine“-Oper Meyerbeers für Paris in: Festschrift Martin Ruhnke, Neuhausen–Stuttgart 1986, Hänssler, S. 31–44.

NEUAUSGABEN

G. Meyerbeer, Lieder, Band I, hrsg. von Reiner Zimmermann, Leipzig 1982 (VEB Edition Peters Nr. 9783a).

G. Meyerbeer, Die Hugenotten, Klavierauszug, hrsg. von Reiner

Zimmermann. Originalfassung. Deutsche Übersetzung Bernd Böhmel, Fassung der Leipziger Opernaufführung von Bernd Böhmel, Joachim Herz, Hans-Jörgen Leipold und Eginhard Rölig, Leipzig 1975.

G. Meyerbeer, Die Hugenotten. Textbuch. Übersetzung von Bernd Böhmel, Leipzig 1979 (VEB Edition Peters Nr. 10015).

NACHDRUCKE

Early Romantic Opera
New York and London, Garland:
Nr. 18 Il Crociato in Egitto (nach einem zeitgen. Ms.)
Nr. 19 Robert le Diable (Faksimile der Orchesterpartitur)
Nr. 20 Les Huguenots (dto.)
Nr. 21 Le Prophète (dto.)
Nr. 22 L'Etoile du Nord (dto.)
Nr. 23 Le Pardon de Ploërmel (dto.)
Nr. 24 L'Africaine (dto.)

Schallplatten

„Il Crociato in Egitto“ BJRS 128 (3).
„Robert il Diavolo“ (Scotto, Malagu, Merighi, Christoff) Sansogno MRF 20 (3).
„Les Huguenots“ (Sutherland, Arroyo, Vrenios, Ghiuselev) Decca 460 (4).
„Le Prophète“ (Horne, Scotto, McCracken, Hines) CBS 79400.
„Dinorah“ (Cook, du Plessis, Oliver) Opera Rara OR 5.
Lieder-Mélodies (D. Fischer-Dieskau, K. Engel) Archiv 2533 295.
„Gli amori di Teolinda“ (Julia Varady, Jörg Fadle), Ltg. Gerd Albrecht Orfeo S054831 A.

Personenregister

Worms de Romilly: bedeutender Pariser Bankier, später Präsident des jüdischen Konsistoriums in Paris 45

Zelter, Carl Friedrich (1758–1832): Komponist, Duzfreund Goethes, seit 1800 Leiter der Berliner Singakademie, gründete 1822 das Königliche Institut für Kirchenmusik in Berlin, zeitweilig Lehrer Meyerbeers 9

Zuccoli = *Zucchelli,* Carlo (1793–1879): bedeutender italienischer Bassist 60

Bildquellen

Archiv für Kunst und Geschichte Berlin (West): 21, 51
Deutsche Photothek: 57, 59
Deutsche Staatsbibliothek Berlin: 43, 53
Institut für Theaterwissenschaft der Universität Köln: 11
Sammlung Becker: 6, 7, 8, 9, 10, 12, 13, 14, 16, 17, 18, 19, 20, 23, 24, 26, 27, 28, 29, 30, 31, 32, 33, 34, 37, 38, 39, 42, 45, 48, 50, 54, 55, 58, 60, 65, 74, 75, 76, 77, 78, 79, 80
Stadtbibliothek Leipzig: 61
Städtische Musikbibliothek Leipzig: 62
Verlagsarchiv: 3, 63, 64, 66, 67, 68, 69, 70, 71, 72, 73
Verwaltung der Städtischen Schlösser und Gärten Berlin (West): 25
Die übrigen Abbildungen entnahmen wir der gleichnamigen Publikation in Heinrichshofen's Verlag, Wilhelmshaven 1983

Zu den Verfassern

Heinz Becker studierte nach 1945 an der Westberliner Hochschule für Musik und war Privatschüler von Hermann Grabner. Gleichzeitig studierte er Musikwissenschaft an der Humboldt-Universität in Berlin (W. Vetter, E.-H. Meyer), wo er 1951 promovierte. 1961 habilitierte er sich an der Universität Hamburg und wurde 1966 zum ordentlichen Professor für Musikwissenschaft an der Ruhr-Universität in Bochum ernannt, wo er das Musikwissenschaftliche Institut gründete (emeritiert 1987). Seit 1952 arbeitet er gemeinsam mit seiner Frau an der Edition des Meyerbeer-Nachlasses. Becker förderte die Opernforschung und veröffentlichte zahlreiche Beiträge, insbesondere auch zur Geschichte der Rohrblattinstrumente. 1955 gründete er die Editionsreihe „Die Oper". Becker ist Mitarbeiter an zahlreichen Enzyklopädien und ist Beiratsmitglied der Stiftung Preußischer Kulturbesitz und der Deutschen Bibliothek Frankfurt am Main.

Gudrun Becker, geb. Weidmann, studierte Violine an der Hochschule für Musik in Westberlin und Musikwissenschaft an der Humboldt-Universität in Berlin (W. Vetter, E.-H. Meyer), wo sie 1951 promovierte. Seit 1952 widmet sie sich der Edition des Meyerbeer-Nachlasses.

Inhalt

Universal Bibliothek

KUNSTWISSENSCHAFTEN

GEORG PHILIPP TELEMANN

Singen ist das Fundament zur Music in allen Dingen

Eine Dokumentensammlung

Herausgegeben von W. Rackwitz. Mit 17 Abbildungen und 77 Notenbeispielen. Band 845 (Sonderreihe) · Broschur 3,– M

Vielen Widerwärtigkeiten der Zeit zum Trotze schuf Georg Philipp Telemann (1681–1767) Werk um Werk, getragen von der Überzeugung, daß Musik eine notwendige Lebensäußerung sei, fähig, die menschlichen Zustände zu verbessern.

Wie keinen anderen seiner großen musikalischen Zeitgenossen drängte es ihn, seine Lebensumstände und Kunstabsichten vor der Öffentlichkeit auszubreiten; nicht aus Geltungsstreben, sondern um seinen Platz in dem widerspruchsvollen sozialen Gefüge der Zeit zu behaupten, dem Musikerstand zu größerem Ansehen zu verhelfen, schließlich auch in der gleichen belehrenden Absicht, die eine Reihe seiner Kompositionen hervorbrachte. Unsere Sammlung enthält autobiographisches Material, zahlreiche Vorreden und Widmungen zu seinen Kompositionen, ausgewählte Briefe und Dichtungen des Komponisten. Verschiedenartige Äußerungen der Zeitgenossen geben Einblick in anregende freundschaftliche Diskussionen, in den Widerstreit der Ideen jener Epoche wie in die verbreitete Wertschätzung seiner Werke.